U0961985

“阴谋”与野心

日本政治、外交的策略和困局

庞中鹏◎著

知识产权出版社
全国百佳图书出版单位

图书在版编目（CIP）数据

“阴谋”与野心：日本政治、外交的策略和困局 / 庞中鹏著. — 北京：知识产权出版社，2016. 10

ISBN 978-7-5130-4561-2

Ⅰ. ①阴…　Ⅱ. ①庞…　Ⅲ. ①政治—研究—日本　②外交—研究—日本　Ⅳ. ①D731.3 ②D831.3

中国版本图书馆CIP数据核字（2016）第256176号

内容提要

近年来，日本政治特别是外交动向非常引人注目，期间，一是发生了由大地震海啸而引发的福岛核事故，二是安倍晋三重新担任日本首相后日本政治外交形势发生了重大变化，诸如解禁集体自卫权、修改“和平宪法”、制定新安保战略、肆意否认与篡改“二战”侵略历史、积极配合美国的“亚太再平衡”战略遏制中国发展等。由于日本是一个至今在“二战”侵略历史方面没有进行彻底反省的国家，其在军事安全领域的任何敏感动向都会引发国际社会的高度关注，而日本近年来的形势发展实际动向，更加让人不得不加深对日本未来战略走向的思考，更加让人忧虑日本的动向将会让日本成为一个“什么样”的日本，更加让人关注日本未来到底将“走向何处”。

责任编辑：李　瑾　　　　**责任出版**：刘译文

“阴谋”与野心
日本政治、外交的策略和困局
庞中鹏　著

出版发行：	知识产权出版社有限责任公司	网　　址：	http：//www.ipph.cn
社　　址：	北京市海淀区西外太平庄 55 号	邮　　编：	100081
责编电话：	010-82000860 转 8392	责编邮箱：	lijin.cn@163.com
发行电话：	010-82000860 转 8101/8102	发行传真：	010-82000893/82005070/82000270
印　　刷：	三河市国英印务有限公司	经　　销：	各大网上书店、新华书店及相关专业书店
开　　本：	787mm × 1092mm　1/16	印　　张：	22.25
版　　次：	2016 年 12 月第 1 版	印　　次：	2016 年 12 月第 1 次印刷
字　　数：	360 千字	定　　价：	59.00 元

ISBN 978-7-5130-4561-2

引 言

不知有多少个不眠之夜了，我常常是苦思冥想，为推敲一个词语、斟酌一句话，抑或是久久思考一个观点，而踱步于屋内，凝望于窗外的星空，抑或看看古书典籍，寻思着从中获得些许古代先贤的启发。

就这样，时光悠悠，春去秋来，秋去春来，采英撷华，点点滴滴，有了一点点日积月累。

国别问题研究，可能在某些地方与国际问题的其他领域有所不同。国别问题，需要不断追踪具体动态，特别是对于一国的政治外交与经济乃至军事等动态进行长期与持续的跟踪研究，在跟踪研究动态的过程中，自然还需要深刻的思考；如果仅仅是停留在跟踪动态上，而没有进行深入的思考，或者即使进行了思考，但是思考不深入，或者只是如蜻蜓点水一样，对其仅仅做个“点状总结”，都未必能够切中肯綮。

近年来，笔者应邀为一些媒体连续撰写了有关日本时政动态的时评文章，这些文章主要是围绕着近年来日本外交与政治等时政动态而写的，对日本近年来外交与政治动态领域一些重要事项进行了分析与评论。

2011年3月11日，日本东北部地区发生了震惊世界的大地震与核事故，特别是福岛核事故，对日本以及国际社会造成了很大冲击与影响，其核事故善后工作至今仍旧处于纷繁复杂的状态。与之紧密相关的是，近几年来，日本外交与政治等领域发生了非常引人注目的变化，日本政治进一步趋向保守化，向“普通国家”乃至“政治大国”与“军事大国”方向转向的步伐明显加快，一些右翼保守政客频频向涉及日本侵略战争历史与“二战”后国际秩序等敏感问题“发难”或“挑衅”。安倍晋三重新担任日本首相以后，日本在外交、军事与安全保障等领域的动向更是“咄咄逼人”：极力谋划修改“和平宪法”、美化与否认“二战”侵略历史、正式通过新的“武器出口三原则”、正式实施以解禁集体自卫权为中心的新安保法、制定新版《日美防卫合作指针》、成为联合国安理会常任理事国的欲望更加强烈、“全球性外交”态势渐趋凸显等，这些动向的最终目的就是要让日本重新成为一个可以在政治、外交与军事等领域发挥重要国际影响力的“政治与军事大国”，同时在不知不觉间抹去笼罩在日本头上的“二战”战败国阴影。

历史上，日本都有突发性自然灾难伴随着政治与军事“冒进”的先例。发生于1923年9月1日的日本关东大地震是20世纪上半叶世界上受损最严重的地震灾害之一，深重的自然灾难不仅致使十几万日本民众遇难，而且更为重要的是，巨大的自然灾难催生了日本军部势力的逐渐膨胀，军国主义思想日益抬头，为了摆脱与转嫁国内危机，日本内阁制定了一系列对外侵略扩张政策，并把中国东北地区作为主要对外侵略目标之一，八年后，发生了“九一八事变”，最终暴露了日本的军事野心。

“历史的经验值得注意”。这里不是说过去的历史今天必然会重演，也不是说今天的现实状况必然是过去历史的继续，亦不是说今天的现实就一定与过去的历史有某种巧合；而是说历史上的规律与特点值得总结，历史中的一些经典事件值得仔细体味与研究，今天的现实毕竟是从过去的历史中走过来的，过去历史的经验与教训以及特点与规律可以为今天的现实提供某种有益的借鉴与启示，今天的人们也可以从过去的历史中去寻找当初，检视当初的对与错、好与坏。

“二战”以后的日本，因为得益于“和平宪法”的眷顾，经济得到了飞速发展，但是，如今的日本，却执意要修改“和平宪法”，其核心目标就是修改涉及“二战”后日本国家基本定位的“第九条”（永远放弃以国权发动的战争、武力威胁或武力行使作为解决国际争端的手段；不保持陆海空军及其他战争力量，不承认国家的交战权）。不过，在日本右翼保守的政坛高层势力眼里，“修宪”还不是最终目的，其终极目的乃是让日本成为一个“正常国家”，其中“修宪”只是达成这一最终目的的一个必要手段。

那么，日本所谓的“正常国家”到底是一个什么样的“正常国家”呢？

提到“正常国家”，就会想到另一个词汇——“非正常国家”，既然日本想成为一个“正常国家”，那就意味着日本现在还是一个“非正常国家”，因为，作为一个“正常国家”，必然得拥有能够独立自主制定外交政策以及能够独立自主开展外交行动的国家权力，同时，还要能够独立自主地在国际社会发挥出重要的国际政治、军事影响力。以这个重要标准来衡量日本，显然日本不具有这两大条件，故而日本还不是一个“正常国家”。因为，日本至今仍旧处在美日军事同盟的框架内，其外交政策的制定与外交行动、防卫军事政策的拟定与防卫军事领域的举动，都仍旧处在美国的掣肘、牵制甚至控制范围内，其中一个显著事实就是，美国仍旧在日本本土驻扎着大量军事基地与人员。

日本还不是一个“正常国家”，但日本却非常想成为一个“正常国家”，现实情况与未来梦想长期在日本心中不断交织与纠结。而成为一个“正常国家”，却又不得不面对过去不堪回首的历史，因为过去的历史不容回避，也不容躲避与逃避。历史与现实，现实与未来，历史、现实、未来，三者错综复杂、又错综交织，三者互为因果、互为条件、互为表里；三者缺一不可，三者又要同在。对于日本而言，何谓“正常国家”？如何才能成为“正常国家”？

每年的8月份，对于日本而言，都是非常“忙碌”的，这个“忙碌”，自然不是真正意义上的“忙碌”，而是说日本右翼保守势力的“精神忙碌”，这批人可能又在急匆匆地奔向供奉着“二战”甲级战犯的靖国神社去“顶礼膜拜”，内阁高层（包括首相在内）各位要员则在苦苦思索以什么方式（直接去参拜还是变相地间接去）去参拜靖国神社更为合适。总之，可以归结到一点，也即“二战”侵略历史在日本右翼势力眼里是可以任意“摆布”与“拿捏”的。

在日本首相安倍晋三的“政治梦想”里，有一个“梦想”是异常强烈的——修宪，只有修宪成功，安倍的“宏图大业”可能才算完成。但是，安倍眼里的“修宪”，涉及的是日本国家走向的根本问题：是继续走“二战”后延续多年的“和平国家”路线，还是重新走上可以“自由运用军力”与能够“发动战争”的“军事大国”之路。这两条路的方向，迥然不同，其结局自然也不同。

“二战”以后，日本保守阶层就一直对日本头上佩戴的“战败国”标签怀有不满情绪，梦想着有朝一日可以彻底去掉笼罩在日本身上的“战败国”阴影，从而能以一个“正常国家”的身份出现在国际舞台上。所谓的“正常国家”，在日本右翼心里，其标准是：可以发挥与美欧等国一样的政治与军事影响力，成为联合国安理会常任理事国，日本不是一个侵略战争发动国家，没有再向“二战”战争受害国道歉的义务，不必长期背负侵略战争与战败国的“罪责”等。

殊不知，这样的“正常国家”认知，其实是是非颠倒、混淆黑白的；这样的“正常国家”认知，本质是善恶不分、美丑不辨的，其最终结果肯定是大错特错的。

作为一个曾经发动了血腥残暴的“二战”侵略战争的侵略战争策源地国家，尽管战争的硝烟已经过去了七十余年，但是，至今日本右翼势力仍在否认与美化侵略战争历史，对于这样一个现实状况严峻的日本，国际社会自然有必要对日本的危险“转向”与错误的历史认知怀有警惕之心，也自然有严格审视的必要。

首先，真正的“正常国家”，是对日本自身过去的错误历史有一个清晰、明确、理性且有战略眼光的正确认识。这个正确认识包括：“二战”侵略历史是日本制造的，那场侵略战争是错误的，那场侵略战争给亚洲受害国与无辜平民造成了难以言状的苦难与悲伤，侵略战争没有正义感可言，不能有美化或掩饰侵略战争罪魁祸首的言行等。

其次，真正的“正常国家”，是日本要勇于承担侵略战争罪责，而不是逃避与推卸侵略战争责任。既然日本已经策划与发动了那场侵略战争，就要勇于担负起侵略战争所带来后果的一切责任，任何逃避与推卸侵略战争责任的言行都不是一个“正常国家”所应该有的正常言行，诸如“战争责任不能是日本一国的”，甚至“日本无须为那场战争承担任何责任”等荒谬言论，都与一个“正常国家”的标准相距甚远。

又次，真正的“正常国家”，是日本要对“二战”后形成的国际秩序、国际机制与框架有敬畏之心。“二战”后的国际秩序以及在此基础上建构的一系列国际机制与框架，是在付出了“血与火”的惨烈代价后才艰难形成的，并不是如日本右翼势力所形容的“战胜国对战败国的体制”。“二战”后的国际秩序，理应由“二战”后的国际社会精心维护，不能有任何诋毁与冲撞这个国际秩序的言行。诋毁与冲撞“二战”后国际秩序的言行，就是对“二战”中逝去的无数的无辜亡灵的不敬，更是对“二战”侵略战争的纵容。在日本右翼势力眼里，“远东国际法庭”对日本“二战”战犯的审判，是“战胜国对战败国的不当审判”，是“战胜国的操纵”，“战犯无须承担责任”，“战争是国家行为”，“担任公职的个人在国际法上并不承担责任”。所谓“战胜国对战败国的不当审判”“战犯无责”等谬论，其本质是为战犯开脱罪责，将战犯发动侵略战争的罪责完全推卸为“国家行为”，实乃“瞒天过海”，有违公允。

再次，真正的“正常国家”，是要担负起“正常国家”的重任，以维护国际公平、正当与正义为已任。以南海问题为例，日本本来不是南海问题的当事国，是一个与南海问题不相干的域外国家，理应客观公正看待南海问题，但是，日本却在南海问题上煽风点火、挑拨离间，唯恐南海形势不乱，这就与“正常国家”的身份难以匹配。一个不能在有关争议问题上站在理性、客观与公正的立场看待问题的国家，一个想利用有关争议问题乘乱谋利、趁火打劫的国家，何谈成为一个维护国际公平正义的“正常国家”？

日本一直“孜孜不倦”想成为联合国安理会常任理事国，但是，“联合国安理会”是一个神圣的概念，根据《联合国宪章》，安全理事会负有维护国际和平与安全的首要责任，日本在有关争议问题上不能持有客观与公允的立场，带有私心与偏见，偏袒错误的一方，这样的政治立场又怎能成为一个安理会常任理事国？

最后，真正的“正常国家”，不是带着偏见或者戴着“有色眼镜”看待邻国的发展，而是以尊重与理性之心客观看待邻国的发展；只有怀着对正确历史的尊崇之感、怀着对错误历史的深刻领悟之心、怀有对侵略历史的洗心革面之志，这样方能获得国际社会以“正常国家”的心态接纳日本。而如果日本仍旧抱着顽固陈旧的思维，继续以猜忌、怀疑与戒备心理看待邻国发展，继续持有“侵略历史未定论”，继续以参拜靖国神社是“个人心灵问题”为由，那么，日本离一个标准的“正常国家”——坚决克服自身错误、勇于站出来承担责任、必要时敢于捍卫国际公平正义、精心维护“二战”后的国际秩序——还有很远的距离。

作者

2016年8月写于北京

CONTENTS | 目录

"阴谋"与野心
——日本政治、外交的策略和困局

特朗普胜选后的日美关系不确定性因素增多 /1
安倍内阁改组"鹰派"色彩浓 /4
搅局者只会搅乱自己
——评 2016 年版日本《防卫白皮书》/7
日本无权在南海仲裁问题上说三道四 /10
参议院选举胜选后安倍应该按捺住修宪的欲望 /13
奥巴马访日不逢时　冲绳要案投阴影 /16
熊本地震后日本应把预防核电站事故放在重要位置 /19
日本应有传递和平与进步声音的媒体 /22
新安保法实施后的日本后患无穷 /25
日本民主与维新两党合并为哪般 /28
2016，安倍蹒跚前行 /31
日韩达成协议并不意味着彻底解决"慰安妇"问题 /35
对话是为了减少猜忌与增加共识
——评第十一届北京—东京论坛 /39
安倍改组内阁难言多大功效 /42
安倍强推安保法案——罪莫大焉 /45
执政党总裁连任后的安倍"道阻且长"/48
日本自己首先要摆正心态 /52

日本应当思考“战争与和平”问题 /55
731 部队——日本侵华战争的铁证 /58
“安倍谈话”到底在“谈”什么 /61
安倍内阁强行通过安保法案贻害无穷 /65
日本妄图联合美澳遏制中国行不通 /68
安倍的“安保法案”之路究竟走向何方 /71
真诚期望安倍能够“忠言入耳”/75
日美公布新版《日美防卫合作指针》意欲何为 /78
日本篡改教科书无益于邻国外交 /81
关键是日本首先要真心彻底认识过去 /84
本真面对历史才是日本唯一的出路 /87
日本“人质危机”拷问安倍外交 /91
2014 年中日关系十大新闻评选结果的点评 /95
2014 年中日关系年终回顾与总结 /99
日本大力推动武器装备出口的深层用意 /105
胜选后的安倍将走向何方 /111
铭记昨天，是为了更美好的明天
——纪念首个南京大屠杀死难者国家公祭日 /116
安倍提前解散众议院举行选举为哪般 /119
APEC 会议：日本须以真诚之心对待中日首脑会晤 /123
日本与澳大利亚加强防务合作关系意欲何为 /126
“慰安妇”问题不容撤销与否定 /130
日方更重要的是去行动与落实
——评第十届北京—东京论坛 /133
公开《昭和天皇实录》并不能否认日本的侵略战争罪责 /136
安倍外交“不要总是遏制中国”/139

内阁改组，安倍继续往“右”走 /142
日本应该悬崖勒马
——纪念中国人民抗日战争胜利（之二）/146
正义必定能战胜邪恶
——纪念中国人民抗日战争胜利（之一）/149
安倍访拉美“入常之梦”难实现 /152
极力渲染“中国威胁”，为解禁集体自卫权辩解
——评 2014 年版日本《防卫白皮书》/155
日本解禁集体自卫权就是打开“潘多拉魔盒”/158
日本缘何要加快“离岛国有化”步伐 /161
安倍——不要再次成为侵略战争的制造者 /166
安倍“整军经武”，不如“偃武修文”/169
“慰安妇”问题绝不能忘记 /172
日本应当迅速向国际社会公布核存储真相 /175
日本应该放弃战争冒险之野心
——甲午战争 120 周年之思考 /178
安倍解禁集体自卫权为哪般 /181
安倍解禁集体自卫权意欲何为 /185
“美日同盟”不是安倍的“安身立命之本”/190
“核不扩散”日本应该先行 /193
中国应高度重视海上能源航线安全 /196
要阻遏住日本的“核武野心”/199
历史不容抹杀，正义永存天地 /206
安倍访印难以拉印制华 /208
日本名护市市长选举结果折射安倍执政困局 /212
安倍“拜鬼”其实在自毁日本 /215

不应对安倍“拜鬼”感到意外 /218
日本正在滑向危险的深渊 /221
中国要加大北极参与力度 /225
日本难言“亚欧新丝绸之路”/228
何谓“积极和平主义”/231
安倍“好战言论”不能得逞 /234
新能源开发将是“重塑日本”的契机 /236
日本能源外交战略调整意味着什么 /239
日本举办“海上交通安全研讨会”意在扩大行使“集体自卫权”范围 /242
日本申奥成功后应该优先处理福岛核事故 /245
安倍战败日谈话就是发出“战争信号”/248
“出云”早已死，“参拜”更无用 /251
妄言“效仿纳粹德国”的日本难言“邻国外交”/254
“中期选举”胜选后的安倍应该做什么 /257
必须消除安倍图谋夺取东海海权的妄想 /260
日本围绕非洲的“焦急、嫉妒、恨”/263
安倍从西南围堵中国的图谋不能得逞 /265
“安倍经济学”给日本经济埋下隐患 /268
日本低估中国在俄外交天平上的分量 /270
日本加速右倾只会损害自身 /272
参议院选举胜利后的安倍内阁将走向何方 /275
日本参拜与修宪之危险倾向要坚决遏制 /283
3·11 两周年之际——日本须把心思放在重建上 /285
“二进宫”的安倍能走远吗 /287
“民族主义”并不是东亚岛争的真正动因 /289

民主党分裂暴露日本政治不成熟 /292
伊核问题让日本能源外交进退两难 /294
日本与东盟关系的分析与思考 /297
日本“野田式外交”用意何在 /303
普天间问题与野田外交的悖论 /306
日菲加强关系意欲何为 /310
知史对日本而言更是一种勇气 /313
日本频繁换相的深层次原因 /315
南海争端中不容忽视的日本因素 /318
菅直人虽涉险过关，但挑战犹存 /322
核电安全——非传统安全领域的新重点 /325
日本核危机或对国际能源格局产生影响 /328
能源——中日竞争还是合作 /331
日本与印度缘何不断接近 /335
后　记 /339

特朗普胜选后的日美关系不确定性因素增多

（2016年11月10日）

2016年的美国总统大选结果揭晓了，但对于此次美国总统选举，日本恐怕是最为纠结的国家之一。这是因为，特朗普还在竞选期间，就对有关美日同盟关系提出过一些“大胆”的观点，在如今特朗普已经胜选的现实面前，安倍内阁未来该如何面对这位以“狂言”著称的美国当选领导人？未来四年（甚至八年），日美同盟关系是否会发生一些变化？不确定性因素增多的日美关系是否会给安倍内阁带来不利影响？……

首先，在日美关系的定位上。特朗普主张重新审视美日同盟关系，认为“日本应全额负担驻日美军经费，若无法兑现则不排除撤军的可能”。

驻日美军的驻留经费是根据《日美地位协定》决定的日美负担比例。日本方面负责提供设施、区域以及相关经费，而美方则承担驻日美军的维持经费。但在20世纪70年代以后，在美军基地工作的日本员工的劳务费、照明和取暖费用等由美方负担的经费则作为“体贴预算”转由日本负担。如果特朗普正式就职后，作为一项政策要求日本大幅承担驻日美军经费，这将是安倍内阁必须要首先面对的一道棘手难题。

若由日本全额承担驻日美军经费，今后日本政府将不得不减少其他经费或增发国债，安倍内阁实现财政重建将会更加困难。

不仅仅是影响到安倍内阁实现财政重建的计划，更为重要的是，这颗特朗普踢过来的“球”，安倍该怎么“接好”，才能应付自如。如果安倍不接

"球",特朗普就会指责日方"免费搭美国防务班车"、不是一个称职的"同盟伙伴";而如果安倍接了"球",但仅仅是答应小幅增加驻日美军经费,肯定会引发特朗普不快;如果安倍在特朗普的压力下,落实大幅乃至全额承担驻日美军经费的要求,则会给"安倍经济学"带来麻烦的同时,招致日本民众与舆论的反对,直接会拉低安倍内阁的民调支持率,进而影响到安倍内阁执政的稳定。

其次,特朗普提出的日本可以"核武装论"的观点值得关注与思考。特朗普在今年3月接受美国《纽约时报》采访时称,如果美国继续表现出"软弱无力",日韩两国就会试图单独进行核武装。允诺日本可以"核武装",这是一件看上去非常震惊的事情,尽管特朗普此言的深层目的还有待继续观察,但是也暴露出了特朗普对今后美日关系走向的担忧。众所周知,日本在"二战"后一直处在美国的"核保护伞"之下,日本得以以最低的安全防卫负担而能腾出手来去专门发展经济,但是,日本拥有很高的核技术,也是不争的事实,尽管日本一再宣称坚持无核三原则,但是近年来曝光的日本囤积了分离钚和大量高浓铀等敏感核材料的消息,却也从侧面印证了日本潜在的核武能力。

特朗普的"日本核武装论",到底意味着什么呢?是对日本今后能进行"核武装"而故意放行,还是对日本真能进行"核武装"而感到焦虑与担忧,抑或是想利用日本"核武装"去遏制他国?如果说是第一点,"放虎归山"后的日本若是对美国"不敬",将有损特朗普"美国第一"的竞选理念;如果是第二点,就又与特朗普批评日本依赖美国军事保护而不肯真诚付出相矛盾;如果是第三点,又让人感觉到特朗普是在支持日本核武装和担忧日本核武装之间摇摆不定,或者让人感到捉摸不透、模糊不清。

姑且不论特朗普"日本核武装论"的真实目的,单就这个观点本身来看,也能揣摩出特朗普的真意乃在于,既要让日本在美日安全同盟框架内,以其须付的经费承担额来映衬日本的同盟伙伴价值,又要让"日本核武装论"这张"空头支票"发挥控制日本"尾大不掉"后患的功效,也即是,日本可以"核武装",但首先日本得做出大幅增加承担驻日美军经费的贡献,而且这个"核武装"是在美国继续保持军事超强的前提下。

再次，特朗普对跨太平洋伙伴关系协定（TPP）并不赞成，认为TPP若签署，将会损及美国国内的利益，而日本则又非常期待能够促成TPP早日完全生效，这种“南辕北辙”的态度，将会在特朗普正式就职后，围绕着TPP是否生效，在日美间展开复杂的博弈。

特朗普认为TPP一旦正式生效，将会使日本汽车大量进入美国，从而减少美国国内就业；但日方认为，若TPP无法生效，恐难以达成日本企业扩大出口等效果，日本经济可能受到影响。TPP本来是安倍极力想在贸易领域达成的一项政绩，但如若特朗普坚持反对，最终使得即将要在日本国会获得通过的TPP而完全搁浅，将是对安倍内阁的重大打击。

另外，特朗普上台后，将会影响到安倍孜孜不倦推进的日俄关系。安倍近来想通过普京访日从而解决长期悬而未决的日俄领土争端问题，但是，普京能够访日，是因为美国对俄罗斯持高压与遏制态度，普京通过拉近与日本的关系，既能从日本身上打开西方制裁俄罗斯的缺口，又能为俄罗斯远东经济发展寻找来自日本的投资。如果特朗普就职后，美国转而逐步改变奥巴马时期制裁俄罗斯的政策，甚至不排除改善与俄罗斯的关系，那么日本在俄罗斯眼中的重要性就要下降，日俄关系趋近的步伐在美俄关系逐步改善的情况下不可避免地要慢下来。

最后，安倍的安保防卫政策，能够得以大幅推进，与奥巴马政府的默许是分不开的，今后，随着特朗普的执政，安倍的安保防卫政策，特别是配合美军行使集体自卫权是否会发生变化，会是观察日美同盟关系走向的又一个焦点问题。特朗普在竞选期间，打出的是“美国第一”的旗号，他也以这个口号而赢得了选举，今后，美国是否会重新回归“孤立主义”，是否从世界各地进行战略收缩，甚而改变奥巴马时代的“亚太再平衡”战略，我们须进行密切跟踪思考。

安倍内阁改组"鹰派"色彩浓

（2016年8月8日）

8月3日，日本首相安倍晋三又对其内阁进行了改组，此次内阁改组是在日本执政联盟（自民党与公明党）赢得参议院选举后实施的，由于参议院选举中包括自民党在内的修宪派势力已经占据了参议院的三分之二议席，也即意味着修宪——从理论上来说在日本国会成为可能——离真正能够实现还有很长的一段路要走。此次安倍改组内阁，最大的看点之一就是，日本右翼女政客稻田朋美出任了内阁要职——防卫大臣，足见此次安倍改组内阁暴露出浓厚的"鹰派"色彩。

首先，此次改组内阁是"换汤不换药"。为了保持内阁运转稳定，三驾马车即副首相兼财务大臣麻生太郎、内阁官房长官菅义伟与外务大臣岸田文雄都继续留任，这三人从2012年12月底安倍重新执政后一直任职至今，堪称是"老臣"，构成了安倍内阁的"钢骨架梁"，安倍继续让这三人保留原职，一是说明了这三人的政治理念与安倍相似或相近，二是在贯彻安倍政治意志方面与安倍保持一致。安倍留任的这三人担任的职务，又是日本内阁历来最重要的三个职务，充分表明了安倍以稳定运营内阁为主要任务的执政理念，但从中也可以看出安倍的"谋划"：明是"保稳"为先，暗是为成为长期政权而铺路，有"老臣"辅助，方能使今后的执政之路不出现"乱子"。

其次，此次内阁改组，起用稻田朋美出任防卫大臣，是为正式实施与运用新安保法而布局。稻田是一位政治立场非常保守的政客，多次有涉及否认

“二战”侵略历史的言行以及经常参拜靖国神社，并且鼓吹“战争”甚至日本“拥核”。选择这样一位“鹰派”色彩浓厚的政客出任分管日本军事防卫这一要害敏感部门的主官，可以看出安倍的深意：从2016年3月29日开始，日本正式施行以行使集体自卫权为中心的新安保法，但目前新安保法的运用还有待具体落实，而让稻田出任防卫相，则有让她具体去落实的重任，因为新安保法的实施，在日本引起很大的反对声浪，国际舆论也对此高度关注，新安保法的实施牵涉到“二战”后日本国家根本走向的大问题——是继续维持和平国家发展路线，还是走上可以自由发动战争的危险之路？稻田政治理念偏激，在防卫相这一要职上，可以充分发挥出她本人所谓的“特长”：排除日本舆论与民众的干扰，鼓动自卫队员去“勇敢地”走到“战争前线”。

再次，此次内阁改组，安倍的政治对手石破茂离开内阁，埋下了“后安倍时代”日本政坛激烈竞争的伏笔。原本安倍希望石破茂能够留在内阁，甚至传言称安倍让石破茂出任防卫相，但是石破茂没有“恋栈”，毅然离开安倍内阁，那是因为，石破茂所属的派系人员认为，与其被安倍“留在”内阁而受到羁绊，还不如索性离开内阁，以便为两年后即2018年9月的自民党总裁竞选而早做准备。石破茂，是自民党“后安倍时代”最有力的竞争者之一，他本人曾经与安倍竞选过自民党总裁，梦想成为日本首相，按照现在自民党党章的规定，自民党总裁任期至2018年9月为止，也就是说，如果届时不修改党章的话，安倍的自民党总裁任期到2018年9月就自动届满，根据执政党党首即日本首相的法律规定，安倍到时就要退出首相职位，所以，石破茂正是瞄准两年后的总裁与首相宝座而尽早退出内阁的，因为若继续留在内阁，必须把大量时间与精力放在配合与执行内阁的工作上去，无疑会挤压掉准备竞选总裁的时间，而竞选自民党总裁需要做大量的准备工作，例如去各地拉票、演说、求得自民党各派系的支持等，这在剩下的两年时间内，都显得非常紧促，何谈还待在内阁“浪费时间”。

但是，石破茂离开安倍内阁，也意味着“后安倍时代”日本政坛激烈竞争时代的开启，石破茂是追求首相职位最为“不倦”的日本政客之一，石破茂在自民党内有较高的人气，周围聚集了不少拥立他的人，围拢在石破茂麾下的年轻议员数量相当多，而且石破茂在地方上人气也高过安倍。现在石破茂已经离开安倍内阁，未来两年将验证“自信满满”的石破茂究竟有多大能量。

又次，此次内阁改组，安倍维持了自己“独大”的优势，意在为今后的“修宪”而铺路。除了老臣继续辅助外，安倍此次新提拔的大臣也基本上都是与安倍执政理念一致的人，包括留用的大臣在内，此次安倍内阁绝大部分成员都对修宪持认可态度，这对今后安倍启动修宪工作做好了铺垫。

最后，此次安倍改组内阁，可以概括为：追求政局稳定、积极谋划修宪、突出鹰派色彩、布局长期政权。不过，有道是“心有余而力不足”。安倍的政治野心不可谓不足矣，其追求的最终目标是修改日本的“和平宪法”，从而让日本再次成为一个可以“自由运用军事力量”的所谓“正常国家”，但是，日本“修宪”不是一件轻松的事情，其还面临着不少的困难与变数，能否在余下的两年任期内，真正完成修宪？安倍能否说服党内所有派系，修改党章得以延长任期，成为长期首相？……仍须我们仔细跟踪与观察。

搅局者只会搅乱自己

——评 2016 年版日本《防卫白皮书》

（2016 年 8 月 4 日）

日本2016年版《防卫白皮书》于8月2日正式公布，新版白皮书最大的“卖点”之一就是对南海与东海局势极尽渲染之能事，白皮书无端指责中国“试图凭借力量改变现状，继续采取堪称高压式的做法”；对中国在南海进行正常、合理与合法的建设活动，白皮书竟然指责这是“切实推进既成事实化等，试图毫不妥协地实现单方面主张的姿态”。白皮书还对中国海军舰船在东海正常航行的做法表示出所谓“危机感”，称其“单方面升级行动，引发强烈关切”等。新版白皮书延续了往年所谓的“中国威胁论”，继续鼓吹中国“军备、军费增长及其不透明性”等不实之词。

2016年版日本《防卫白皮书》的出笼有两大背景：一是所谓的南海仲裁裁决结果公布，二是日本正式施行以解禁集体自卫权为中心的新安保法。在此背景下，日本正式出台防卫白皮书，自然有其深意。

首先，通过刻意营造出一种日本周边局势紧张的“氛围”，意图从“外部”向“内部”传导压力，从而可以在“不知不觉间”向日本舆论与民众诱导出“修宪”的主题。修宪，一直是安倍的“夙愿”与“梦想”，而参议院选举胜利后，安倍修宪的“宏愿”可能愈发强烈，然而，修宪之路面临的障碍与困难很多，其中最大的难关是“民意关”，若不能赢得日本大多数民众的支持或理解，修宪最终可能是“功亏一篑”。所以，做民意的工作，就是修宪准备工作中必须最先着手的。不过，民意之工作，是烦琐而艰巨的，直接宣示或开门见山都不是办法，必须拿出一个妥帖的方法。于是，从外部环境着手，编造外部威胁日益迫近的事实，渲染战争“火药味十足”的幻觉，就能让日本民意相信，周边局势之紧张已经到了刻不容缓的地步，“修宪”乃是不得不走的一步，而只有“修宪”才能缓解紧张局势，“修宪”才能彻底应对外部的威胁。

其次，配合美国等国，妄图继续搅局南海问题，以便乘乱谋利。南海仲裁案结果公布后，局势发展并不如美日等国所愿，更多的国家、国际组织与国际有识之士，纷纷出来声援中国的正义主张，美日等国原先的盘算——利用南海仲裁裁决进一步孤立中国的阴谋没能得逞，这让美日等国感到懊恼不已。特别是日本，是对南海局势最为“关注”的一个域外国家，南海问题，日本本不是当事国，理应置身事外，但是，日本却乐意看到南海问题升温，意图乘机“捞取利益”。南海局势越紧张，南海局势越混乱，对于日本而言就越是“佳运良机”，因为，南海局势“搞乱了”，军事冲突的可能性升高，南海一些周边国家就会“有求于”日本，这样日本就可以乘乱以加强友好关系为名向一些国家“兜售”军事武器装备，这样一可以为发展壮大日本军工产业服务，二可以向南海周边国家扩展军事影响力。

再次，把南海作为日本“军事实践”的一个试验场，为新安保法的落实寻找切入点。如果南海局势发生到“不可控”地步，日本就可以根据2015年新版《日美防卫合作指针》以及正式施行的新安保法，以对“日本和平与安全带来重要影响事态”为名，在配合美国军事行动的前提下，再按照行使所谓的“集体自卫权”，而与美国舰机一起出现在南海。这既是加强日美同盟实质关系的一环，更是日本实现自由“出兵海外”暴露军事野心的重要战略步骤。

不过，日本费尽心机地在“海洋问题”上大做文章，就一定能给日本带来实惠与安全吗？日本共同社就指出，“要确保国民的安全和安心，不能仅偏重于扩大自卫队活动，通过与近邻各国坚持对话等寻找有效的办法也很重要”。共同社还指出，“安倍政府去年出台的安保相关法对日本的安全有何效果，则只能说是雾里看花”。

日本已经享受了“二战”后长久的和平局面，今后，仍旧可以继续“沐浴在和平阳光的照耀下”，但是，“修宪”与“扩军”的逆流，只能是与和平背道而驰，“修宪”与“扩军”的步伐迈得越大，和平就越少，危险就越多。

目前，“安倍经济学”已经疲态尽显，日本经济仍旧在低位徘徊，少子高龄化的人口结构越发严重，“出兵海外”“扩军强军”等激进行动不能与国内社会、民意与经济相契合，这样的“强军战略”，只能是空中楼阁。

“欲搅局者，其乱自己也”。日本原本计划，利用南海问题，牵制与遏制中国发展，甚至打乱中国和平发展的脚步，日本正好可以从中渔利。但现实是，南海问题，一个本不应该存在的问题，那是在美日等域外国家的挑拨下被人为地炒作成了问题，而现在该问题并没有达到美日等域外国家希望达到的目的，反而是，该问题搅乱了日本自己的方寸。

日本无权在南海仲裁问题上说三道四

（2016 年 7 月 14 日）

7月12日，就在所谓的"南海问题仲裁裁决"公布的当天，日本外相岸田文雄就仲裁庭公布最终裁决称：根据《联合国海洋法公约》有关规定，裁决为最终结果，对当事国具有法律约束力，当事国有必要接受裁决，并称强烈期待当事国接受裁决。日本首相安倍晋三则计划在蒙古召开的亚欧首脑会议上提及南海问题，拟与亚洲和欧洲各国首脑确认所谓"法治"在海洋问题上的重要性。而安倍此前于7月10日晚在广播节目中声称："与国际社会合作支持菲律宾很重要，日本也将作为G7主席国尽到责任。"对此，我外交部发言人对日本外相的说法进行了批驳：日方应反思在南海问题上煽风点火的做法，停止插手和炒作南海问题，不要在错误的道路上越走越远。

针对7月12日的所谓"仲裁裁决"，中国已经做出了严正声明：仲裁庭无视菲律宾提起仲裁事项的实质是领土主权和海洋划界问题，错误解读中菲对争端解决方式的共同选择，错误解读《南海各方行为宣言》中有关承诺的法律效力，恶意规避中国根据《联合国海洋法公约》第298条做出的排除性声明，有选择性地把有关岛礁从南海诸岛的宏观地理背景中剥离出来并主观想象地解释和适用《联合国海洋法公约》，在认定事实和适用法律上存在明显错误；仲裁庭的行为及其裁决严重背离国际仲裁一般实践，完全背离《联合国海洋法公约》促进和平解决争端的目的及宗旨，严重损害《联合国海洋法公约》的完整性和权威性，严重侵犯中国作为主权国家和《联合国海洋法公约》缔约国的合法权利，是不公正和不合法的。

本来是一纸“无比荒诞”的谎言，但为何日方还费尽心机地支持这一“谎言”呢？

首先，这本来就是日本在背后作祟。就此，我外交部发言人已经公开明确指出：仲裁庭的组成是由国际海洋法法庭前任庭长、日本籍法官柳井俊二一手操办的；而柳井俊二同时担任安倍晋三的安保法制恳谈会会长，协助安倍解禁集体自卫权，挑战“二战”后国际秩序的束缚；从此可以看出，仲裁庭从成立之初就已政治化了；该仲裁庭的成立本就不具有合法性，其越权审理并做出的所谓裁决是非法的、无效的。正是柳井俊二，他在2011—2014年期间担任国际海洋法法庭庭长，在5人仲裁庭中，除鲁迪格·沃尔夫鲁姆（德国籍）仲裁员为菲律宾方指派，其余4人均由柳井代为指派，包括托马斯·门萨（英国与加纳双重国籍）、让·皮埃尔·科特（法国籍）、阿尔弗莱德·松斯（荷兰籍）、斯坦尼斯洛·帕夫拉克（波兰籍），柳井指派帕夫拉克为中方仲裁员代表，门萨为首席仲裁员。柳井俊二的政治立场属于右翼，对中国存在偏见，由这样一位日籍人员担任国际海洋法法庭庭长，其公正性就可想而知了。

其次，这是出于日本的“私心”“私利”作怪。日本本不是南海问题的当事国，只是一个和南海问题不相关的域外国家，但是，为了日本自身的“利益”，日本还是“千方百计”地想在南海“插上一脚”。因为，在日本看来，南海关系到日本的所谓“海上航行自由”，不愿意看到中国为维护自身合法权益而在南海开展的任何正当行动。其实，这是和美国一样的“无赖与霸权行径”，南海本无事，庸人自扰之。所谓的“南海航行自由”从来就不是一个问题，中方一贯坚持维护南海的和平稳定，坚持维护南海的航行和飞越自由，在各方的共同努力下，南海长期保持着和平稳定，走上繁荣发展的道路，南海的航行和飞越自由也得到了充分保障。

再次，这是日本“王顾左右而言他”的伎俩。其实，早在“南海仲裁裁决”出来之前，日本就已经在南海周边海域动作频频，其自卫队舰艇以参访或联合演习的名义，在南海周边“游弋”。日方表态支持“南海仲裁裁决”，无非就是为日本已经生效的安保法寻找可以进行实践的平台，也即为能够顺利行使集体自卫权而寻找冠冕堂皇的"借口"，以便乘机扩大日本在南海的影响力。

又次，这是日本配合美国而上演的"双簧戏"。近年来，日本在美国"亚太再平衡战略"中扮演着"急先锋"的角色，这样，一可以为加强日美同盟关系服务，二可以、也是更重要的是为实现日本的政治与军事战略做好铺垫。美国的"亚太再平衡战略"，其主要矛头指向之一就是中国南海，美国的真实目的是要继续在南海占有绝对的影响力，日本对此自然心领神会。而在南海问题上，日本是除美国以外的域外国家之中"叫得最响"的国家，与美国十足地上演了一出"双簧戏"：一个出谋划策、一个跑腿跟班；一个台上吆喝、一个台下捧场；一个台前表演、一个幕后指挥。

最后，所谓"南海仲裁裁决"是无效的、非法的，没有任何拘束力，不存在任何合理性、合法性与公正性，日本在南海仲裁问题上，暴露私心。要求当事方接受一个本不该存在的荒诞"裁决"，只能说是日方出于"私心"的"公器私用"。南海问题，公理与公道犹在，日本无权说三道四。

参议院选举胜选后安倍应该按捺住修宪的欲望

（2016年7月11日）

日本第24届参议院选举于7月10日举行，包括非改选议席在内，赞成修改宪法的“修宪势力”经选举占据了由国会提议修宪所需的三分之二（162个）以上议席，自民党获得了55个议席，公明党则获得14个，执政两党联盟的改选议席数超过半数（61个），在选举中获胜。包括76个非改选议席在内，执政联盟在参议院的议席数大幅超过半数（122个）。构成所谓“修宪势力”的包括自民党、公明党、大阪维新会、守护日本之魂党以及对修宪态度积极的其他党派与无党派议员，由于修宪势力的非改选议席为88个，再加上此次参议院选举中获得的77个以上议席，在参议院拥有议席数达到了三分之二（在众议院，自民党和公明党已占据三分之二议席）。

从参议院选举结果来看，包括执政联盟在内的“修宪势力”是取得了胜利，但是，参议院选举结束后，安倍如果加速在国会推动有关修宪的讨论，一是并不会如安倍等“修宪势力”所希望的那样能够快速在国会通过审议，二是安倍开“修宪快车”将会给日本未来发展带来意想不到的麻烦，三是安倍抬高修宪的论调，将会引起国际舆论的警惕与反感。

首先，从参议院选举自民党获得的议席数来看，安倍领导的自民党所获议席不满57个，未能时隔27年再度实现在参议院单独过半数。不仅如此，自民党的两名内阁大臣竟然在此次参议院选举中落选：一是力争在冲绳选区第3次当选的冲绳北方担当相岛尻安伊子，二是力争在福岛选区第4次当选的法相岩城光英。由于自民党未能单独在参议院选举中获得过半数议席，那么，要想在国会快速顺利通过修宪审议，还是面临着一些变数。就连执政联盟的公明党，也对快速进行修宪持谨慎态度，公明党党首山口那津男就修改规定放弃战争的宪法第九条表示，"目前没有必要，应珍视第九条"。

其次，如果安倍执意加速修宪，那么可能会使日本政坛、舆论与社会分裂，不利于其本人以及自民党长期执政。安倍通过此次参议院选举的胜利，已经巩固了其执政地位，如果不出现什么意外，可以任满到2018年9月，从而实现其本人成为一名长期首相的愿望，但是，安倍如果把此次参议院选举的胜利视作选民对其修宪的一种认可，那么，这就可能会给安倍带来一些意想不到的麻烦。此次参议院选举安倍领导的自民党之所以能够取得胜利，主要是因为，选民没有其他可以选择的选项，在野党阵营尽管一再攻击安倍没能取得应有的政绩，但是包括民进党在内的在野党并不能提出具有可行性且有说服力的政策措施，只是一味地与安倍互相攻讦，这只能给选民留下"在野党只是在与执政党争权"这样一个不是建设性的政党的不好印象，在选民"求稳"的心态下，继续选择自民党恐怕就是无奈之下的最好选择。这说明了，日本选民希望政坛稳定、希望有一位长期首相执政、希望日本经济能够尽快恢复景气与正常，而不是出现混乱与不稳、首相更迭频繁等乱象丛生的局面。如果安倍执意加速修宪，就会击碎选民的希望，因为，修宪意味着可以进行战争，修宪意味着普通民众可能被征召走上战场，修宪意味着平静的生活被打破，修宪意味着"儿子"甚至"丈夫"在作战中受伤与殒命。

修宪加速，将会人为地使日本政坛、舆论与社会分裂成不同的阵营：赞成派、否定派以及中立派。不管赞成与否，不管是否保持中立，都将会让日本普通民众陷入自我矛盾的焦虑中，在下一次众议院大选中，为了自身的安全与利益，选民有可能会选择抛弃自民党。

再次，修宪，修改的是涉及日本"二战"后立国的根本——"和平主义宪法"，这是一件高度敏感的事情，不仅仅是日本国内的事情，也会牵涉到国际社会的敏感神经。众所周知，日本作为"二战"的战败国，作为军国主义的渊薮，"和平宪法"就是限制与控制日本军国主义复活以及制止日本可能再次发动战争的“减速阀”与“制动器”，而今，安倍欲挟参议院选举胜选之势，加速修宪的步伐，那就意味着，安倍是想使日本挣脱“和平宪法”的束缚，让日本可以重新成为一个能够“行使交战权”的国家。如果修宪成功，国际社会将如何看待一个至今不能对自身犯下的累累“二战”侵略罪行做出彻底反省的国家呢？日本一直不懈追求的“入常”之梦能否变成现实？扩大权限能够顺利走出国门的日本自卫队（未来可能成为正式军队）又如何并以什么面貌出现在可能出现的战场？如果日本以配合美国军事行动为名，与美国一起到全球各地执行军事任务，那么，国际舆论又该如何评价？

在安倍及日本右翼保守势力眼里，修宪且最终实现日本军事行动的自由化，是其最大的梦想，殊不知，这是一把双刃剑：在炫耀日本终又能“耀武扬威”的时候，其实同时也给日本带来了巨大的危害。和平主义，给“二战”后的日本带来了经济发展与腾飞的“红利”，普通民众尽享和平主义的好处，但如今，安倍却要日本“改弦易辙”，让日本重新走上“战争之路”，这只能是一条危机四伏的险路。

最后，“二战”后的日本外交，通过为国际社会做“贡献”，获得了国际舆论的一些认可，但日本想要真正被国际社会所“接纳”，完全成为一个真正的“普通国家”，及至成为联合国安理会常任理事国，就应该继续为国际社会做出可行的建设性的“贡献”，这种“贡献”，是能让国际社会更加和平、繁荣与充满阳光的“贡献”，而不是相反的：带来杀戮、硝烟与生灵涂炭……

奥巴马访日不逢时　冲绳要案投阴影

（2016年5月27日）

对于日本外交来说，能够邀请美国在任总统访问广岛绝对是一件"破天荒"的大事，但是，让人意想不到的是，就在奥巴马赴日前夕，美国驻冲绳军队的一名文职人员（该人原来就是美国海军陆战队队员）涉嫌杀害一名冲绳女性而被捕，该案爆出后，无形中给奥巴马的访日行程增添了诸多麻烦。

奥巴马作为美国第一位在任总统访问曾经是美国投掷原子弹的地方——广岛，这原本是一件可以成为日美关系史上"大书特书"的隆重事件，但是，却在关键时候，出了一桩特别重要的"案件"，而且还是在非常敏感的冲绳，因为，长期以来，冲绳民众就为大量的驻日美军经常滋事而反感与抗议，可以说，冲绳是日本反美情绪最为强烈的地方，只要一有"风吹草动"，肯定会引发民众大规模的反美抗议示威，而这次，驻日美军的一名工作人员犯下的要案，必然会触动冲绳民众本就高度紧张的神经，继而影响日美关系，冲击到奥巴马对日本的访问。

首先，冲绳发生的要案会给日美关系投下阴影。对于安倍来说，能在自己任期内成功实现邀请美国在任总统访问核爆地广岛，将是安倍政治生涯中可以"青史留名"的标志性功绩。不仅如此，日本7月份要进行参议院选举，在选举之前，美国在任总统访问广岛，可以充分展现安倍的外交手腕与能力，可以为安倍领导的自民党在参议院选举中达到吸引选民关注、积聚人气效应的功效，从而为自民党在参议院选举中赢得更多席位赚得"资本"。对于奥巴马来说，能在其总统任期的尾声，对曾经的核爆地广岛进行历史性访问，将是贯彻其一再标榜的“无核武世界”的一次重要实际行动，既可以向国际社会宣示自己的政治理念，又可以借此巩固美日同盟关系、“拉紧”日本这个盟友为美国的亚太再平衡战略“冲锋陷阵”。

但是，“天有不测风云”，原本计划好的“美好访日行程”，却因一桩突如其来的冲绳要案而打乱了奥巴马访日的行程安排。作为冲绳要案的直接当事国，美国总统奥巴马，今后该如何应对冲绳民众以及日本舆论的压力，美日同盟关系能否“巩固”？

其次，冲绳发生的要案影响到冲绳美军普天间基地的搬迁工作。将冲绳美军普天间基地搬迁到名护市边野古地区，多年以来一直是日美关系中颇为棘手的事情，而现任冲绳县知事翁长雄志对搬迁持反对态度，而安倍内阁则坚持按照日美协议推动普天间基地搬迁到名护市边野古地区，本来围绕着搬迁问题，以翁长雄志为首的冲绳反对人士就和日本中央政府处于“僵持”状态，现在恰好出了美军基地人员犯下的要案，这也给翁长雄志等反对搬迁人士提供了一个充足的“反对”理由——既然冲绳美军基地人员不断犯事，那么就应该停止搬迁事宜，甚至美军应完全撤出冲绳。同时，冲绳美军基地人员犯下的这个要案，也给奥巴马总统出了个大难题，既有面子上的极大尴尬，更有驻冲绳美军“何去何从”的战略抉择。

再次，冲绳发生的要案会连带波及日本、美国与冲绳地方政府三方之间的复杂博弈关系。5月15日，是冲绳“回归”日本44周年的日子，当天冲绳民众举行了和平示威游行，游行民众呼吁“全国团结起来抗争”以阻止日本政府把美军普天间机场迁至该县名护市边野古地区。而此时却发生了要案，将会使本就高度复杂的日本、美国与冲绳地方政府三者之间的关系变得更加扑朔迷离。从理论上来说，冲绳是日本中央政府管辖下的地方，不具有代表日本与美国进行交涉的外交事务权力，但是，由于冲绳历史经纬的复杂，冲绳这个驻日美军最为集中的地区，却是日本最大的反美怨气聚集地区，同时也是最多与美国直接发生关系的地区。多年以来，冲绳地方政府与日本中央政府围绕着驻日美军与基地存留问题进行了长期的拉锯抗争，直至今日，普天间基地搬迁问题如何解决仍旧是日本中央政府与冲绳地方政府一个难以解开的心结。就在此次冲绳要案发生后，冲绳县知事翁长雄志就匆匆赶赴东京与安倍首相进行会晤，就该案件寻求日本中央政府安排翁长本人直接与奥巴马会面，但是日本政府没有答应翁长的要求。对于翁长提出的与奥巴马直接对话的要求，日本内阁官房长官菅义伟表示难以实现，称"外交应在中央政府之间协商"。看似简单的翁长想要与奥巴马会面的要求，实则深刻反映了日本、美国与冲绳地方三者之间的复杂关系，这三者的关系可以概括为"两国三方"，其核心表现是，冲绳地方政府和民众对日本中央政府与美国的严重不信任与不满情绪，一旦在冲绳发生不测事件，冲绳民众的不满就会像火山临界那样突然喷发。5月23日，由反对美军普天间机场搬迁至名护市边野古的冲绳政党和企业组成的"全冲绳会议"决定，准备于6月19日举行围绕着冲绳要案而向日美两国政府进行抗议的大规模集会（6月19日那天恰好是5月19日美军基地涉案工作人员被捕、女性遗体被发现过去一个月整的时间节点），届时，冲绳与日美两国政府的复杂博弈将会更加凸显。

最后，冲绳发生的要案将深刻影响到未来日美同盟关系的走向。美国总统参选人特朗普在竞选时就声言"将在当选后对美日同盟关系进行重新考虑"，其言外之意是要求日本"自立"，不能永远白躺在美国的"保护伞"下。姑且不对特朗普的言论做进一步研读，但从另一个侧面反映了日美同盟关系未来走向的不确定性。如果冲绳民众对日本中央政府与美国的不满心情进一步发酵，而且日本中央政府与美国继续对冲绳民众的正当吁求采取不闻不问或者置之不理态度的话，冲绳民众将会对日本中央政府与美国萌生更多怨恨乃至游离的心思，未来，冲绳驻日美军基地存留的问题，将会成为深刻影响日美同盟关系走向（是继续加强还是若即若离）的关键问题。

熊本地震后日本应把预防核电站事故放在重要位置

（2016年4月28日）

4月中旬发生在日本熊本的系列连环地震已经过去一段时间了，大地震后，按照惯例，一般而言都是尽快恢复震后灾区秩序与重建家园，更重要的是，尽量减少灾后次生灾害的发生，以及预防与减少由于次生灾害而引发的其他意想不到的灾害，如水库溃坝、传染病、泥石流等，特别是核电站事故，更是应该引起高度注意的高危机事情。

在熊本地区的周边，就有三座核电站，分别是九州鹿儿岛县萨摩川内市的川内核电站、九州佐贺县玄海町的玄海核电站和位于四国地区的爱媛县伊方核电站。尽管说此次熊本地震没有引发这些核电站出现异常情况，但是，鉴于2011年福岛核事故的惨痛教训，今后，日本是否应该把着眼点放在如何预防和防止地震引发核电站事故呢？

4月20日，受熊本多发地震的影响，鹿儿岛县的市民团体聚集在川内核电站正门前抗议，要求立即停止核电站1、2号机组运行，而位于鹿儿岛县萨摩川内市的九州电力川内核电站是目前日本国内唯一运行中的核电站。萨摩川内市山之口自治会会长川畑清明呼吁道："地震发生后是否对核电站有影响还不得而知，万一出现危险不堪设想，核电站一方应该充分考虑到其危险性，先停止核电站的运行。"

福岛核事故迄今已经过去五周年了，但如何处理福岛核事故的后续影响仍旧是现在与未来日本政府必须要直面的巨大难题，福岛核事故的巨大阴影，特别是，应从福岛核事故中吸取什么教训、总结什么经验，这是首要而迫切的问题。而在如今熊本又发生大地震后，如何切实预防核电站事故，这一严峻课题，日本不能回避，也无法绕过去，在无法预测的核事故面前，任何推诿与遮掩都显得苍白无力。

此次日本熊本地震中，侥幸的是，震区周边的核电站没有危险发生，但这并不意味着今后日本就不会发生核电站事故，更不意味着，日本核电站就能经得起大地震以及其他重大灾害的考验。

首先，日本核电发展应安全先行，而不是经济利益优先。日本核电已经经营与发展了许多年，但是，安全问题始终是其中的"软肋"，因为，在核电巨大的经济利益的驱动下，安全问题，这一不是更为"迫在眉睫"的问题，就被"经济利润"挡住与遮盖了，而且，在核电曾给日本经济与社会带来更多"利好"的"裹挟"下，加上核电事故的鲜有发生，更使日本的"拥核电者"极力推崇甚而迷信核电的无限好处。福岛核事故后五年多来，日本国内引发的"拥核电者"与"反核电者"之间的巨大矛盾，其实就是经济利益与百姓安全福祉之间的"撕扯"与"博弈"。

其次，在预防和预测未来日本新的大地震发生的同时，也应研究如何预防与防止日本核电站事故的再次发生。东日本大地震发生后，日本就一直在研判未来是否会发生诸如"南海大地震"（是指以日本纪伊半岛的纪伊水道至四国地区的南方为震源的大地震的统称）那样的毁灭性地震，而一旦发生那样的毁灭性地震，核电站事故就不可避免。如果由毁灭性大地震带来核电站事故，那么，这种核电站事故，绝对也是灾难性的，鉴于日本的地理特点，核电站分布较为密集，毁灭性大地震，带来的绝不是一座核电站事故，而是一连串核电站事故。故此，预测大地震应与预防核电站事故并行，而且预防与防止核电站事故更为重要，尤其是要制定周密与切实可行的预防方案。

最后，核电站事故没有国界，核电站事故不仅会给日本带来难以估量的灾难，而且也会波及国际社会。4月26日，是原苏联切尔诺贝利核电站事故发生30周年纪念日，切尔诺贝利核事故的巨大教训之一是核事故的国际影响，而福岛核事故的后续影响，也已经显现，如其往大海不断倾倒的核污水给世界海洋生态环境带来的深远消极影响等。

熊本地震，没有带来九州地区的核电站事故，但是，假如发生了，又该怎么办？一系列假设，不是真实，但假设，未必是坏事，至少，可以未雨绸缪。

日本应有传递和平与进步声音的媒体

（2016年4月15日）

4月13日，日本《朝日新闻》发表题目为《批判TBS，难道是妥当的言论活动吗？》的社论，这篇社论的主要观点是：日本右翼势力向TBS（日本一家著名民营电视台）的赞助商施加压力，声称TBS违反了日本《放送法》；而TBS就此进行反驳，TBS认为：日本新闻报道的使命就是要介绍多样性的观点、对现政权进行监督以及制作公平与公正的节目等；日本一些机构向TBS的赞助商施加压力，这是向自由表达权利的重大挑战；日本《放送法》的目的就是确保自由表达权利能发挥作用。

其实，近两年来，日本右翼势力就一直对日本持中立客观立场报道的新闻媒体进行打压，早在2014年2月，日本首相安倍晋三在参议院预算委员会上，对《朝日新闻》展开激烈批判，认为它是以"打倒安倍政权"为宗旨的。2015年6月，自民党青年议员组织"文化艺术恳谈会"邀请日本首相安倍晋三的好友、《永远的零》作者百田尚树作为嘉宾出席内部学习会，在谈到冲绳问题时，百田尚树表示"一定要整垮冲绳的那两张报纸"，得到在场自民党议员的一致支持，有人甚至主张立即就去找日本经团联商量"断绝报纸的广告收入"。上述言论曝光后，掀起日本社会对百田尚树以及自民党的声讨。

古馆伊知郎是日本朝日电视台节目《报道Station》的知名主持人，2016年3月31日他在最后一次主持节目时对右翼势力打压媒体的做法表达了愤怒："用无可非议的谨慎言辞弄出来的节目是无趣的，若含着热情去制作节目，多少会有所偏颇。"古馆在节目最后称，"最近的新闻节目能感受到无法直言不讳的氛围"。

2016年2月29日，日本六位著名的新闻界人士举行记者会，并发表一份声明，强烈抗议日本总务大臣高市早苗声称要关闭反对安倍政权电视台的"电波使用权"言论，声明还指出，"电波是属于国民的，而不是属于安倍政权的"。之前，日本总务大臣高市早苗在国会答辩和记者会上，多次强调日本一些电视台批判安倍政权的言论是"违反日本《放送法》第4条"，并声称"不排除停止电视台电波使用权的可能"，高市的发言引起了日本舆论的强烈反弹。

上述一桩桩日本右翼势力打压一些持中立客观立场媒体的事件，可以说反映了日本这么一个严峻现实状况：安倍政权被右翼势力所左右，对持中立客观立场的媒体抨击安倍在"二战"历史认识、修宪与解禁集体自卫权问题上的危险倾向，安倍日益不满并对其进行压制与排挤；如果这种"逆潮流"任其发展下去，"二战"后日本舆论界一些持中立客观立场的媒体以及媒体人就有被边缘化甚至完全湮没的危险；日本舆论将会被右翼势力所把持，其所传递的声音会被"过滤"，支持安倍政权否定"二战"侵略历史、修宪与行使集体自卫权的媒体会被大力扶持，而和平与进步人士的声音则逐渐"消失"。

自从安倍二次执政以来，日本政坛就呈现出浓厚的"向右转"的危险倾向，安倍顺从右翼势力做出了一系列危险动作：不顾舆论与民众极力反对强行通过了新安全保障法，使得"二战"后日本的防卫政策发生了根本转变：由以前奉行的"专守防卫"政策转而可以"行使集体自卫权"，此后，日本自卫队可以"自由地走出国门"，配合美军参与世界上任何的军事活动，日本成为

“军事大国”可能重新变成现实。

为了遏制安倍政权以及日本右翼势力大幅走向“危险之途”，日本需要有能够传递“希望日本继续走和平发展道路”的正确声音的媒体，需要有能够反映日本普通民众“反对战争、反对解禁集体自卫权、反对派兵海外以及反对日本重新成为军事大国”等正确诉求的媒体，只有这些媒体能够继续生存与发展下去，安倍政权及其右翼势力“向右转”的危险做法才有可能不会完全“失控”。

日本舆论界多一些传递“和平与进步”声音的媒体，是日本民众之福气；反之，如果多一些鼓吹“否定与美化‘二战’侵略历史”、多一些宣扬“修宪和扩军备战”的媒体，则是日本民众之祸患。

新安保法实施后的日本后患无穷

（2016年3月29日）

3月22日，日本内阁会议决定自3月29日起正式实施新安保法。新安保法实施后，一个核心问题就自然跃上水面——日本自卫队可以行使集体自卫权，届时，日本自卫队可在美国的“召唤”下，在全球范围内执行任务。获得行使集体自卫权后的日本准军事组织——自卫队今后的走向以及扮演的“角色”，到底会是什么？日本在军事安全领域的日益活跃，是否会给日本国家战略带来深刻变革？又是否会影响到亚太地区以及全球的和平与安全？

第一，日本自卫队的历史角色将发生根本性的变化。“二战”战败后的日本，在“和平宪法”的制约下，日本军队的职能与角色被进行了大力的压缩与控制，仅仅保留必要的最低限度的本土自卫功能——自卫队。自卫队，顾名思义，以自卫为其根本职责，不能像其他大国（美国）的军队那样拥有装备攻击性与战略性武器以及在海外遂行军事任务的职能与权利，简言之，日本自卫队，不具备真正与严格意义上的国家的军队的职能。而也正因为如此，日本右翼势力，一直对此耿耿于怀，梦想着有朝一日，能够修改宪法与解禁集体自卫权，可以让日本恢复真正拥有自己的军事力量。自从安倍二次执政后，日本在军事安全领域的动向就一直非常引人注目，而且安倍也没有“辜负”右翼势力的“寄望”，紧锣密鼓地在军事安全领域做出了一系列“夺人眼球”的动作：2015年7月与9月，由日本执政党控制的国会众、参两院不顾在野党和日本民众的强烈反对，强行表决通过了新安保法，同年9月30日，日本政府正式公布新安保法，而法案在公布后6个月（2016年3月29日）实施。

第二，日本自卫队的职能与发挥的作用将大力扩展。新安保法实施后，即意味着日本放弃了"二战"后一直奉行的"专守防卫"的军事安全基本政策，转而可以行使"二战"后被视为"禁区"的集体自卫权。所谓的新安保法是由《和平安全法制整备法》和《国际和平支援法》两大部分构成，核心内容在于解禁日本集体自卫权。《和平安全法制整备法》是对10部旧法加以整合与修改，新增的"危急存亡事态"将"武力守护对象"由原来的日本扩大到与日本有密切关系的盟国；并用"重要影响事态"替代"周边事态"，这将日本自卫队为外国军队提供支援的范围从日本周边扩大到全球。而《国际和平支援法》实质为"自卫队海外派遣永久法"，旨在松绑自卫队海外军事行动，该法实施后，日本可以随时根据需要向海外派兵并向其他国家军队提供弹药运送、战机加油等后方支援。

第三，日本自卫队能够行使集体自卫权后，将深刻影响到日本的国家战略。碍于集体自卫权的难以施行，"二战"后日本自卫队只能在非常有限的范围里执行一些需要自卫队发挥作用的任务，今后，随着新安保法的正式实施，一系列后续性重大影响将随之跟来：一是修改宪法，既然自卫队都可以行使集体自卫权了，既然自卫队都可以走出"国门"了，可以到海外执行军事任务了，那么，日本"和平宪法"明确规定的"弃战"之根本原则，也就失去了其存在的意义，也即意味着架空了"和平宪法"，"和平宪法"名存实亡，必须对之进行修改，以"适应"变化了的日本形势，更好地为日本实施军事安全战略"让路"。二是日本"和平国家"形象将彻底颠覆，日本将又会成为一个可以在海外"交战"的国家。"二战"后的日本，鉴于战败的深刻教训，日本是以"和平"的形象出现在国际社会面前的，但是，可以大幅行使集体自卫权的日本，其"和平"的使命与形象都出现了跳跃式的"蜕变"，日本已经处在关键国家战略关口——是战，还是和？

第四，获得行使集体自卫权授权后的日本自卫队，将会给亚太地区以及全球和平与安全带来一些意想不到的变化。新安保法实施后，从法律意义上讲，只要盟国美军提出要求，即可由日本政府判断是否可出动自卫队对美军行动给予配合或者各种支援与援助。这实质上意味着，日本自卫队将会成为美国这个在全球任何范围内都能执行军事任务（美军军事基地分布在全球各地）的“仆从军”，日美在全球“并肩作战”，日美军事人员与装备出现在世界上各个热点与焦点地区，特别是关系到美国与日本战略利益的地区，例如在某些关键海峡、关键海上航线、重要岛屿与战略要地等，美军以“日本须分担美军防务”或者“减轻美军执行任务负担”为名，要求日本出动自卫队到全球某一个地区执行军事任务。如果届时日本政府根据新安保法命令自卫队奔赴海外，那么，鉴于日本至今仍旧在敏感的“二战”历史认识问题上顽固“抱错”，日本自卫队“出兵海外”，其消极影响，不可谓不令人深忧。

3月21日，日本首相安倍晋三在出席防卫大学毕业典礼时做出了这样一番训话：“日本的安全保障环境日趋严峻，冷峻的现实不容无视；在新的任务中，现场的队员们也要在确保安全的情况下妥善实施，必须预想到任何场面，做好周全的准备……”此话颇具玄机，个中含义可以理解为：因为日本周边安全环境堪忧，而且日本正面临着各种安全危机，所以日本自卫队必须做出应有的贡献，为日本国家安全服务甚至做好出现生命危险的思想准备。这其实也道出了安倍实施新安保法的真正目的——日本能拥有一支真正的军队、日本军力可以在海外展示威力与影响力。

不过，另外一则防卫大学的消息，也从侧面为所谓的日本“扬威于海外”埋下了阴影：防卫大学今春毕业的419名日本学生中有47人表示将辞退自卫官任命，辞做自卫官的人数超过毕业生的一成，约为上年度25人的两倍。据分析其重要原因乃是对新安保法实施后日本自卫队任务扩大的担忧。

一方面是安倍首相训示即将赴任的防卫大学毕业生要做好“万全准备”，另一方面是防卫大学毕业生主动放弃自卫队任职，这鲜明的对比说明了什么呢？其实，那则古希腊经典神话故事——潘多拉魔盒，最能解释行使集体自卫权后的日本的境遇：是祸患，抑或是希望？日本应该会想到……

日本民主与维新两党合并为哪般

（2016 年 3 月 1 日）

近日，日本两大在野党——民主党与维新党正在密集磋商合并事宜。2月26日，日本民主党党首冈田克也和维新党党首松野赖久在国会内举行会谈，双方签署了确认“争取3月内组成新党”的文件，就两党合并正式达成了协议。

一个是日本最大的在野党，一个是曾经雄心勃勃的在野党，那么，究竟是什么深层原因推动这两个在野党“走到一起”呢？

第一，是日本维新党在分裂后面临着如何继续生存下去的巨大问题。去年8月26日，维新党的创始人桥下彻宣布正式退出维新党，这意味着日本维新党的彻底分裂，而分裂后的维新党即面临着“何去何从”的巨大问题：新任党首松野赖久是否能挑起重担？是否具有维新党的灵魂人物桥下彻那样的影响力？如何与其他在野党协调关系？如何与安倍领导的执政党相抗衡？而事实证明，在桥下彻离去的情况下，松野赖久的个人影响力与个人魅力远远不能与桥下彻相提并论。2014年9月维新党成立时在众参两院共拥有53个席位，而到了2015年8月，大阪市长桥下彻离党后，相继有议员退党或被除名，目前维新党内国会议员数量只剩下26人，日本共同社于2015年11月28、29两日实施的民意调查结果显示，维新党的支持率仅为1.1%，远不及桥下领导的新党“大阪维新会”（5.1%）。

在此艰难背景下，与别的政党合并，也就成为松野赖久领导的维新党的无奈(也可以说是唯一)选项。松野在去年12月就曾说:“要改变日本的政治,必须重组在野党。”在经过与民主党的数次协商后,也就有了2月26日两党合并协议的签署。

第二,日本维新党党首松野赖久本人以前本来就是民主党人,此次两党合并,也算是松野赖久重归民主党。松野出身于日本政治世家,曾在民主党鸠山政权期间担任内阁官房副长官,2012年,他脱离民主党加入日本维新党前身日本维新会。

第三,日本民主党意欲通过合并维新党从而壮大自己的实力,为7月份的参议院选举积蓄力量。两党合并后将拥有众议院475个议席中的93个,参议院242个议席中的59个,将极大地增强民主党的影响力,例如,由于国会席位的增多,在一些关键问题上(包括安保法实施、修宪等)可以对安倍政府大幅冒进的政治与军事安保政策起到一定的制衡作用;同时,由于国会席位的增多,无形中扩大了在选民中的号召力与影响力,届时在参议院选举时,会给一些摇摆不定的选民增添投票给民主党的信心,这样在即将到来的参议院选举中,可以相对扭转民主党一路下滑的颓势。

虽然,两党合并后,可以说是双赢的结果:对于民主党来说,可以增加自己与自民党抗衡的力量;而对于维新党来说,避免了自身走向解体与消亡的危险。但是,民主与维新两党合并,并不意味着就一定能够马上颠覆目前自民党势力“独大”的现实状况。

首先,两党合并,还面临着很多问题需要处理。两党合并后,第一个必须要解决的问题就是党名问题,到底是保留“民主党”这一传统党名,还是另起炉灶,重新起一个全新的名字,这是两党合并后亟待解决的问题。“名正才能言顺”,含糊其辞的党名,难以吸引选民的眼球,也难以迅速提振现有两党的士气;而保留旧有党名,就涉及原来维新党党员的心理感受问题,他们内心会感到有一种被“吞并”的感觉,或者是一种“失败后投降”的感觉,如果在党名问题上处理不妥的话,就会给将来新党的运转埋下隐患。

其次,两党合并,如果仅仅是为了着眼于几个月后的参议院选举,那么,这种为了眼前利益而忽视了长远打算的“合并”,充其量也只是“利益结合”,

未必能够长久合作下去。即将到来的参议院选举，剩下的时间也就是四个月了，在短短的四个月内，要想把整合到一起的两个政党，团结在共同的纲领与政策下，是必须要花费相当的精力的。合并后的新党，将会在新的党首带领下，去迎战参议院选举这一政治关口，而新的党首，能否带领新党打赢参议院选举这一仗，关系着新党以后的存续。也就是说，新党的党首要为7月份的参议院选举负总责，打赢了，自然是新党的党首获得大家拥戴，新党也得以继续立于日本政坛；而一旦失败了，或者说输得很惨，那么，新党的党首当然得对失利承担起责任，而辞职将会是最大的可能，届时，新党将又会面临着人事大洗牌。本来，新党的整合，时间很短，凝聚力也不是很高，不排除新党又面临着分化组合的可能性。

最后，合并后的新党到底能走多远呢？这取决于四个条件：一是新党的党纲（或者竞选纲领）能够真正引起日本普通民众的共鸣，特别是能够吸引住选民的注意与认同；二是新党要确保自身的成员不出问题，特别是新党所属的议员不要爆出丑闻；三是新党能够及时推出得力的候选人，为赢得参议院选举乃至于可能到来的众议院大选做好万全准备；四是新党的党领导层要快速凝聚起人气，以全新的面目出现在选民与舆论面前。如果合并后的新党，能够完全满足以上四个条件，或者说基本符合了这四个条件，那么，这个合并后的新党，一是会有继续发展与壮大的潜力，二是可能会在参议院选举中有不俗的表现，三是以后可以成为日本政坛“有声有色”的一极。

2016，安倍蹒跚前行

（2016年1月16日）

2016年，对于安倍内阁来说，是极为关键的一年，同时又是面临非常大挑战的一年，这一年，对于安倍，这位誓言要成为“长期执政”的首相来说，是否能够“长期执政”，也在于2016年安倍能否安然挺过。

2016年1月10日下午，日本首相安倍晋三携夫人昭惠及母亲洋子前往老家山口县长门市，为其父亲、前外相安倍晋太郎扫墓。安倍之后对媒体表示：“我告诉了父亲自己的首相任期迎来第4年，决心今后继续为日本倾尽全力。”安倍说这番话，暗含的意思为，2016年，是安倍第二任首相生涯中，非常不平静的一年，这一年，他须处理与应对的问题还很多，挺过这一年，安倍成为长期执政首相的“概数”可能会多一些，否则，无法预料的变数与意外，也不是说就不会发生。

第一，安倍的第一关，也是最为关键、对安倍内阁前途至关重要的大事——7月份的参议院选举。

参议院选举，尽管不像众议院选举那样是政权更迭的选举，但是，对于安倍本人来说，是有着刻骨铭心的经历的选举。安倍曾在他第一任首相任期的2007年的参议院选举中，不幸惨败，最终无奈辞去首相职位，如今将近9年的时光倏然过去，安倍不可能不记得曾经的“政治滑铁卢”，为洗刷掉自己以及自民党的“政治耻辱”（2007年7月29日，安倍晋三领导的自民党于参议院选举中大败，是自民党立党五十二年来，第一次在参议院成为第二大党，首次失去参议院的控制权)，安倍绝对不可能对即将到来的参议院选举掉以轻心，夏天的参议院选举，对于安倍及其领导的自民党来说，是只能赢而不能输的选举，且还要赢得更多席位，而不是仅仅以“微弱多数”过关了事。

第二，2016年3月底安保法正式施行后，日本“军事转向”怎么走?

日本安保法案已经于2015年9月30日正式颁布，按照计划将在6个月之内即2016年3月底前实施，安倍内阁考虑的方案是在期限临近前的3月29日内阁会议上下达规定实施日的政令，即日起实施。

安保法实施后，自卫队行使集体自卫权，对应对国际纷争的他国军队展开“后方支援”将随时变为可能。为免遭舆论与民众反对，避免影响到2016年夏季的参议院选举，安倍内阁准备把依据安保法的新任务适用时间延至2016年秋后。鉴于安保法将实施，日本防卫省开始着手修改规定自卫队武器使用标准等程序的“部队行动基准”(ROE)，并有意在其修改后加强应对营救遭武装组织袭击的联合国人员的“驰援警卫”等海外新任务的训练。

但这种所谓的对他国军队的“后方支援”，既能应用在援助联合国维和人员身上，也能用在美军身上，而且，可能更多地会出现在配合美军在全球各地实施的军事行动中，如此一来，就会发生“美日军队”一起出现在战地的“罕见事情”，这将是日本在“二战”战败后，首次能“自由”地运用自己国家的“武装力量”，并且出现在可能的“海外军事行动”中。

日本自卫队实施“后方支援”，带来最大的问题是，突破了“和平宪法”束缚，也即“架空”了“和平宪法”的框架，这扔给日本一个大是大非的“战争与和平”问题，而受到直接冲击的莫过于普通民众特别是青年群体，因为，日本自卫队在以后更多的“军事行动”中，如何“补充员额”会是最为“头痛”的课题。等待安倍的将是：日本舆论与民众的巨大指责与压力，国际社会对日本“军事走向”的巨大怀疑与担忧。

第三，修宪会否成为2016年参议院选举的焦点?

2016年1月4日，日本首相安倍晋三在官邸召开新年记者会，表示想把修改宪法作为2016年夏季参院选举这一最大政治决战的争论焦点。安倍政府考虑创设比较容易获得朝野各党赞同的“紧急事态条款”，打算视舆论等动向进行应对。“紧急事态条款”将规定在遭遇大规模自然灾害及外国武力攻击时，可以延长国会议员任期、强化首相权限并限制国民权利等。

“修宪”对于日本朝野政党来说，都是一个高度敏感的话题，而在7月的参议院选举中让修宪成为朝野争论的焦点，将是一把“双刃剑”：一方面，修宪是安倍本人的政治“宏愿”，如能在参议院选举中，把修宪作为争论焦点，接受选民的“评判”，可在赢得参议院选举的同时，达到成功修宪的目的；另一方面，“修宪”会遭到一些在野党以及普通民众与舆论的极力反对，搞不好，弄巧成拙，由于“修宪”而致使参议院选举失利，安倍不会不汲取2007年参议院选举失利的教训，而当年失败的重要原因就是提出修宪。

第四，如何处理外交，继续考验着安倍。

尽管在去年年末，日本与韩国仓促达成了有关解决慰安妇问题的协议，但是，这仅仅是一个“口头协议”，而不是两国间首脑签署的正式书面文件，既然是“口头协议”，就随时会面临着各种变数，双方能否遵守，特别是安倍政府能否如实遵守履行协议，着实在考验着安倍的外交智慧。

2016年，对于安倍来说，外交上的头等大事，是要日本做东，举办让欧美国家“满意”的G7峰会，但是，国际恐怖主义肆虐，日本也不能置身事外，G7峰会首要的是安保，确保各国首脑的绝对安全，确保会议能顺利、安全与如期举行，不仅考验着安倍的外交能力，而且还考验着安倍的危机管理能力。

2016年，能否实现普京一再推迟的访日，以及安倍自己能否成功顺利访俄，推动日俄关系从徘徊中继续前行，是要让安倍“大动脑筋”的棘手外交难题，日俄关系的症结，不仅在于领土争端，也在于日俄两国与美国的互动关系。安倍能否拿捏好日美同盟关系与灵活处理领土争端的分寸？能否在美俄之间日益紧张的关系中搞好平衡？对俄外交，将是审视安倍是否能成为一位有“战略眼光”的领导人的一个平台。

2016年下半年，美国要迎来总统大选季，也就是说，奥巴马政府已接近尾声，美国新政府即将登场，对于日本来说，如何与“后奥巴马时代”的美国新政府搞好关系，将又是安倍外交中必须谨慎应对的重大事项。随着日本新安保法的实施，能够行使集体自卫权的日本，今后很可能会追随美国的脚步，而在全球各地“彰显武力”。但是，这又是一个“利弊兼有”的问题，美国在乐见日本分担美国全球防务重责的同时，是否会乐见日本“武装”“羽翼渐丰”？是否会继续乐见日本在全球“军事影响力”的“扩张”？

第五，历史认识观问题，安倍不能“无视”。

2016年，尽管不是“逢十”的“二战”重大纪念年份，但是，日本有关“二战”历史认识观问题并不会销声匿迹。只要日本右翼保守势力仍旧在“二战”历史认识观问题上继续顽固坚持已有的观点，并且继续在各种场合叫嚣，甚或不排除一些政坛要人继续参拜靖国神社，那么，安倍本人该如何应对？安倍本人及其亲信是否会去参拜靖国神社？这都将检验着安倍去年“二战”70周年重要谈话的真伪。

第六，日本是否真正“插足”南海问题，将考验着安倍的对华外交。

日本根本不是南海问题的当事方，本无资格随意置喙南海问题，但近来却放出风来，说是日本在印度洋执行反海盗任务的P3C侦察机从索马里返航途中，将在所谓的南海“声索国”加油。此前P3C只是在远离中国南海的泰国和新加坡进行油料补给，如果今后日本军机的加油地点选择在越南金兰湾或者菲律宾的巴拉望和马来西亚的拉布安岛，鉴于巴拉望基地离中国南海仅160千米，那里还有菲律宾监视中国南海的尖端雷达系统，届时，日本军机可以借“加油”之名乘机侦察中国南海动向。

如果日本侦察机真的选择在越南与菲律宾等国加油，那么，将考验着安倍能否处理好与中国的关系，而中日关系，对于日本外交来说，是必须高度谨慎处理的重大问题。

日韩达成协议并不意味着彻底解决“慰安妇”问题

（2015年12月30日）

在2015年的年末岁尾，日韩出人意料地“闪电”般通过“外长会谈”的形式，达成了“解决慰安妇问题的协议”。众所周知，“慰安妇”问题是日韩关系中最大的悬案之一，这一问题磕磕绊绊困扰了日韩关系达半个多世纪之久，时至今日，日韩突然宣布，“解决”了“慰安妇”问题，这着实让国际社会感到“吃惊”。目前以及今后一段时间，国际舆论关注的焦点在于，日韩达成的“解决慰安妇问题的协议”如何真正落实？日韩关系今后是否还会再出现“慰安妇”问题之争？是否真如日方所说的“最终的、不可逆的”而“一劳永逸”地解决了“慰安妇”问题？等等。

首先，日韩达成“解决慰安妇问题的协议”，是在美国多方施压下的“折中产物”。日韩突然就非常棘手的“慰安妇”问题达成协议，离不开背后美国的影子。就在日韩达成“解决慰安妇问题的协议”的当天，美国国务卿克里对日韩就最终解决“慰安妇”问题达成共识一事发表声明表示欢迎，称“将有助于治愈创伤、改善美国最重要的两个盟国之间的关系”，呼吁国际社会支持这一共识；声明强调，日韩共识将使“慰安妇”问题得到“最终的、不可逆的解决”，称赞日本首相安倍晋三和韩国总统朴槿惠的“勇气和远见”，并表示将在安全及经济两方面加强日美韩三国的合作。

美国国务卿克里的声明不是偶然的，而就在2015年，美国总统奥巴马已经通过首脑会谈多次直接敦促日本首相安倍晋三和韩国总统朴槿惠解决

“慰安妇”问题，与此同时，美国负责东亚事务的政府高官在2015年下半年离开华盛顿，奔走于东京和首尔，进行了细致的调整。

美国之所以不断在日韩间进行斡旋，根本原因在于，美国不希望看到其亚洲两大盟友出现嫌隙，从而造成其“苦心经营”的亚太防务网出现“崩塌”，以至于给其“亚太再平衡”战略带来致命性损害。所以，在美国的拉与打等多方施压下，在共同应对所谓的“亚太安全问题”之共同利益面前，日韩最终达成了“解决慰安妇问题的协议”。

其次，日韩达成“解决慰安妇问题的协议”，是日本欲解“东亚外交之困”的手段。近几年来，日本因为领土争端与历史认识问题，与周边亚洲邻国都处于“外交僵局”状态，直接造成了日本在东亚地区的外交回旋余地不断缩小的尴尬局面，为了尽快从“东亚外交之困”中解脱出来，安倍内阁“四处出击”，希望从“俯瞰地球仪外交”上打开外交困局，但安倍在“世界各地的奔走”并不能换来周边外交困局的解决，无奈之下，还得回过头来，去破解周边外交困局。鉴于韩国是美国的盟国，美国又急于看到日韩和解，而美日韩在安保上拥有共同的利益，所以，韩国被日本纳入了解决“周边外交之困”的突破口与切入点，以期从韩国身上，“撕开”困扰日本周边外交僵局的“出口”。

再次，日韩达成“解决慰安妇问题的协议”，是日本迎接2016年夏天参议院选举的需要。2016年7月份，日本要举行参议院选举（日本舆论猜测可能要同时举行众议院大选），这对安倍内阁来说，是一件必须全力认真应对的大事，不能有丝毫大意与含糊。而在迎战参议院选举之前，以外交成果赢得选民青睐，拉抬内阁支持率，获得舆论好评，将会给执政的自民党与安倍内阁带来意想不到的好处，同时也能无形中化解在野党对安倍“周边外交不力”的指责，对自民党与安倍内阁打赢参议院选战（乃至可能到来的众议院大选）起到良好的“加分”功效。

最后，日韩达成“解决慰安妇问题的协议”，是日韩双方相互让步与妥协的结果。此次日韩达成的协议当中，有一项至关重要的成果：日韩双方商定，将由韩方发起成立“慰安妇”受害人援助基金，日方将利用财政预算向该基金提供10亿日元（约合830万美元）资金。日本坚持认为，日方根据1965年《日韩请求权协定》“已完全且最终解决”；韩国认为“慰安妇”“不在该协定适用对象之列”，一直要求明确国家责任并进行赔偿。日本吸取之前向“慰安妇”支付“补偿金”的“亚洲女性基金”（2007年解散）未能得到充分理解和协助的教训，此次坚持以韩国政府参与的形式由双方共同设立新基金。于是，双方最终同意由韩方设立财团，日方出资约10亿日元，而关于政府财政支出的性质，双方也各自留有解释的余地，日本将其定位为“人道主义援助”，而韩国鉴于安倍做出“道歉及反省”，将其解释为“事实上的赔偿”。关于“慰安妇”的“责任问题”，日本外相岸田文雄在与韩国外交部长官尹炳世举行外长会谈后的联合记者会上强调：“在军方的参与下，伤害了众多女性的名誉和尊严，日本政府痛感责任。”韩方理解为内容提及“法律责任”，日方也能将其解释为仅提及“人道主义责任”。到底是“法律责任”，还是“人道主义责任”？双方的理解实际上“含糊其辞”。

从上述分析中可以看出，日韩此次达成的“解决慰安妇问题的协议”，难以说是“彻底的、不可逆转”的解决办法，未来还面临着不少变数与不确定因素。

第一，韩国舆论、普通民众与“慰安妇”受害者，难以从心底里真正接受。就在日韩外长会谈解决“慰安妇”问题的当天，前来抗议示威的韩国市民团体络绎不绝。一些民众批评韩国政府为强化韩日军事同盟而草率协商“慰安妇”问题，谴责日本政府在解决“慰安妇”问题上态度消极，也有民众要求日本政府除“慰安妇”问题外，还应就殖民统治朝鲜半岛期间强征劳工等问题进行诚挚道歉并拿出切实解决方案。韩国市民团体“挺身队问题对策协议会”发表书面声明，指出虽然日本政府表示对“慰安妇”问题负有责任，但共识没有包括涉“慰安妇”罪行是由日本政府和军队犯下的有组织犯罪的相关内容；共识没有指明日本政府是犯罪主体，日本首相安倍晋三本应代表日本政府亲口道歉，但道歉形式仅止于由他人代读，道歉对象也过于模糊。现年88岁高龄的“慰安妇”受害者李容洙当天召开记者会表示，完全不接受韩日政府间达成的共识，她强调称，受害老人们想讨回的是日本政府“依法赔偿”，而不是所谓的“补偿”。

第二，“慰安妇”问题不仅仅是韩国一国的“慰安妇”问题，亚洲多个国家都有“慰安妇”受害者，“慰安妇”问题是一个深刻的历史认识问题，在日本不能从内心里彻底解决历史认识问题之前，难以说“慰安妇”问题就得以解决。日本“慰安妇”问题研究专家石田米子认为，虽然岸田在发言中提及“日本的责任”和“道歉”，但综观共识内容并参考安倍政权在历史认识问题上的一贯态度，并不能从中看出日本政府真正的诚意。石田米子表示，随着日韩共识达成，看似双方已经解决“慰安妇”问题，但历史问题的最终解决取决于让两国国民铭记历史事实，并通过历史教科书、社会教育等方式传递给后世，从这一层面来说，“慰安妇”问题离获得真正的解决路途尚远；而如何解决包括中国在内的亚洲其他受害国“慰安妇”问题，更是日本政府应该面对的紧迫课题。

第三，日本政坛弥漫的历史修正主义气氛，考验着日韩达成的“解决慰安妇问题的协议”。日本的一些右翼势力，至今仍在有关“二战”历史认识问题上发出刺耳的杂音，此次日韩双方达成的协议，只是日本方面在不得已的情势之下不得不做出的“无奈之举”，难以说是真正出自日本“内心”的忏悔与省悟。可以说，彻底落实日韩“解决慰安妇问题的协议”，完全抚平“慰安妇”内心伤痛，不“拖泥带水”地解决历史认识问题，真正实现日韩和解，未来还有很长很长的一段路要走。

对话是为了减少猜忌与增加共识
——评第十一届北京—东京论坛

（2015 年 10 月 26 日）

2015年10月24—25日，第十一届北京—东京论坛在中国北京举行，本届论坛的主题为“困难与举措：如何发展长期健康稳定的中日关系——东亚的未来与中日两国应发挥的作用”。500余位来自中日两国政界、经济界、学术界、传媒界的嘉宾和省市代表，在双边政治与外交、经济贸易、媒体与文化、安全，以及特别5个分论坛中，对涉及中日政治、外交、经贸、安全、文化、环保、旅游、地方合作等领域的重要议题进行了讨论。

北京—东京论坛从本届开始，已经进入了第二个十年，十一年时光，中日关系尽管经历了许许多多的起伏与波折，但纵观十一年，北京—东京论坛，作为中日“民间外交”的重要平台，对推动中日关系的改善与发展发挥了不可或缺的作用。

近几年来，中日关系不可谓不处于难以言说的“冷淡”状态，这种状态，自然是由于日本执政高层接连做出的一系列严重损害中日关系互信的言行所直接造成的。但是，为了中日关系和平与发展的大局，同时为了顺应中日两国人民以及亚太地区乃至整个世界求和平、谋发展与促共赢的时代潮流，在2014年11月7日，中日双方达成了四点原则共识，而四点原则共识是建立在严格遵循中日间已经签署的四个政治文件的原则与精神的基础上，所以，中日四点原则共识的达成，就为中日关系接下来的转圜创造了一定的条件。而今年的第十一届北京—东京论坛就是中日四点原则共识达成后召开的第一届论坛，因此，该届论坛，也就具有了别样特殊重要的意义。

长期以来，中日关系的“民间渠道”就对中日关系的改善与发展，发挥了非常重要的作用。在20世纪70年代中日恢复邦交正常化之前的很长一段时间里，“民间先行”“以民促官”，就是中日关系的“生动写照”，而“民间先行”“以民促官”，这一中国外交思路，也恰到好处地促成了中日邦交正常化的恢复，可以说，没有中日“民间外交”的先行先试，没有中日“民间外交”的冒险破冰，也就没有1972年中日邦交正常化的开始。

“对话”，这一现代汉语词汇，包含了这样的含义：双方或多方之间接触或会谈；指对立或无联系的国家、集团等之间所进行的接触或谈判；也指政府机构负责人士等与群众就某些问题交换意见的谈话。我们这里的“对话”，显然可以拿第二种释义来解释，即“对立或无联系的国家、集团等之间所进行的接触或谈判”。

对话，就是为了使处于对立的两个国家，找到一种沟通的渠道，以便能增信释疑，从而找到减少猜忌、增加共识的办法或者举措，北京—东京论坛，无疑就是为了“对话”而来，无疑就是为了“增信释疑”而来，无疑就是为了减少中日两国之间的“猜忌”与增加中日两国之间的“共识”而举办的对话会。

只有对话，而不是对抗，才是中日关系的共处之道。中日关系跌入持续多年的“冷淡”状态，这自然不是一件好事，当然，究其原因，日本是要承担完全责任的，个中缘由，已经是众所周知。举办北京—东京论坛，就是让日本方面深刻认识到，历史与领土问题，是中日关系发展征程中绝不能触碰的高度敏感问题。正是因为日本执政高层近三四年来，一而再再而三、反复冲撞中日关系中的高度敏感问题，才致使中日关系“冷却”。不是中国方面不想发展中日关系，而是从根本上说，日本方面的“所作所为”，已经严重伤害了中国人民的感情与尊严。如果日本方面，再不去深刻反思与警醒，就难以再去探讨“继续深入推进中日关系发展”这样的“豪论”。

只有对话，且是深入持久有效的对话，才能寻获中日关系“更上一层楼”

的启迪与智慧。十一年来，北京—东京论坛，经历了风风雨雨，但始终坚持以“对话”的姿态，深入持久地在两国各界有识之士之间广泛地开展对话，取得了有目共睹的成绩，以实际行动证明了，只有对话，而且是深入持久的、行之有效的对话，才是推动中日关系进一步发展的重要渠道。中日关系如何才能避免“冲突”？如何才能找到“更上一层楼”的良方？如何才能使中日关系“持久健康发展”？等等，这是每一个关心中日关系的人士都在苦苦思索的问题。开拓领域，拓展渠道，多方面、多视角对话……中日关系涉及方方面面，涉及多个领域，只有广揽各界各领域的有识之士，从多个渠道、多个领域、多个视角，进行广泛深入的对话，或许才是历史已经进入21世纪第二个十年中期的中日关系有所深入发展的一条路径，这条路径，再经过多年的摸索，可以从中寻获中日关系“更上一层楼”的启迪与智慧。

只有对话，才能找到合作共赢之有效方法。习近平主席在2015年5月中日友好交流大会上着重指出：“中日友好的根基在民间，中日关系前途掌握在两国人民手里。越是两国关系发展不顺时，越需要两国各界人士积极作为，越需要双方加强民间交流，为两国关系改善发展创造条件和环境。”对抗与零和思维，对中日关系的改善与发展没有任何好处，而中日关系要想发展，合作与共赢，当是两国关系的必然选择。而如何追求合作与共赢？在中日关系仍旧存在难以回避的敏感问题这一现实困境面前，在日本政坛仍旧还有顽固的右翼保守政客在叫嚣的时候，对话——通过两国民间期盼中日关系改善与发展的有识之士的深入对话与交流，才能逐渐找到适合中日两国关系继续深入发展的合作共赢之有效方法。

安倍改组内阁难言多大功效

（2015年10月10日）

2015年10月7日，日本首相安倍晋三对内阁进行了又一次改组，此次改组内阁，并没有"亮点"出现，因为，传统上的几大要职如内阁官房长官、外相、财务相与防卫相等，都维持了原貌，仅仅是对其他一些不是"太要紧"的内阁职位做了更迭。正如日本媒体评论的那样，此次安倍内阁改组，其意在"重守求稳"，重心着眼于明年夏天的参议院选举。

安倍之所以改组内阁，主要原因在于，9月份在国会强行通过的安保系列法案，严重伤害了民意，致使日本民众反对安保法案的风潮不断扩大，其中一个最大的冲击，就是拉低了安倍内阁的支持率，这对于志在做"长期首相"的安倍而言，不啻是"警钟鸣响"。内阁支持率下降，将会直接导致首相凝聚力减弱，无异于让自民党内"反安倍势力"找到了最好的迫使安倍提前下台的"口实"，为了把自民党内的"反安倍势力"控制在萌芽状态，内阁改组势在必行，以赢得选民的重新信任，拉抬内阁的支持率，从而打压自民党内的"反安倍势力"，为安倍顺利做满第二个"三年任期"创造有利条件。

内阁改组后的安倍，不是说就"万事大吉"了，摆在安倍面前的难题繁多，而且这些难题，解决起来，都费心费事，如果不能解决，或者解决得不好，都会影响到快要到来的参议院选举（距离现在仅有九个月时间）。对于安倍来说，要想如愿完成"长期首相"的任期，必须（且没有任何退让余地）打赢明年夏天的参议院选举这一硬仗。

毋庸置疑，赢得明年夏天的参议院选举，一个直接方便的路径就是获得大量日本选民的“青睐”，而获得选民垂青的“法宝”，不外乎一个——打经济牌。

安倍在此次内阁改组中特地新设了一个职位——一亿总活跃大臣，而且把这个职位给了他的心腹加藤胜信，这个人事任命有三个含义：一是安倍经济学“第一版”出现了问题，需要提出新的提振经济的举措；二是只有让自己的心腹出任此职，才能发挥出其所谓的“功效”；三是提出一个“光鲜”的口号，以吸引选民的注意力。

所谓的“一亿总活跃”，其核心内容是遏止日本已经加速形成的少子高龄化人口结构，以重新激发日本社会的活力与创造力，并有效复兴日本久已疲惫的经济。为此，安倍提出了振兴日本经济的安倍经济学“新三支箭”：强大的经济、育儿支援与社会保障。但是，日本经济积弊已久，人口结构也已是积重难返，这不是安倍在参议院选举前仅仅几个月的时间就能完全“革弊立新”的。

也许不仅是巧合，就在安倍改组内阁的重要当口，拖延多年的TPP（跨太平洋伙伴关系协定）谈判达成了协议，而且安倍还把TPP达成协议当作是一件值得炫耀的大事来看，殊不知，TPP是一把双刃剑，既能获得自由贸易与市场拓展带来的便利，同时给日本国内农产品市场带来很大的冲击，这一冲击，其最直接的麻烦在于侵蚀了在日本拥有盘根错节势力的农业团体的利益，如果农业团体利益受损进一步扩大，将动摇自民党的执政根基，大批原先支持自民党的选民会转而支持其他政党，危及明年夏天的参议院选举，甚至其后的众议院大选。

日本《每日新闻》对于安倍改组内阁评论道：改组内阁强调“以经济为最优先课题”，但在参议院选举之前，特别强调经济政策应对，很难不让人觉得是为了修正此前表现出的“强势鹰派形象”；安倍是以选举为重心，在参议院与众议院选举中以经济政策为主，但一旦选举结束就赶紧着眼于安保与修宪等话题；安倍不能用重视经济掩盖所有的问题。

确实，安倍改组内阁具有“应景式”的“转移选民视线”的目的。但问题是，真能把日本选民从"聚焦安保法案带来的危险"中转移过去吗？

按照计划，新的安保法案将从明年3月底正式实施，正好是在参议院选举之前的三个月内，本来，强行通过安保法案已经撕裂了日本社会，明年3月底正式生效后的安保法案，将会具体如何执行？而安保法案正式生效后，将会在随时到来的海外执行任务中发生怎样的结果？自卫队员的生命如何保障？等等这些问题，将考验着日本选民的耐心，拷问着日本选民的良心。当"经济牌"不能起到立竿见影的功效后，选民在"受到欺骗"的感觉之下，还会否把选票投向安倍领导的自民党？安倍的"以重视经济遮挡反安保法案风潮"的"魔术"到底能"变幻"到何种程度，给人留下的是大大的"问号"。

在安倍改组内阁后，还有一个很重要的且留待舆论高度关注的问题就是安倍外交了。大家注意到，安倍外交活动这段时间非常忙碌，其重点放在了突破对俄外交上，围绕着普京年内能否访日，安倍可谓是做足了功课，但是，无论是领土谈判也好，还是普京访日也罢，由于涉及根本的"二战"历史结果评价问题，而在安倍根深蒂固的修正主义历史观"指导"下，日俄关系能走多远？相信答案不言而喻。

可以预见，安倍要想干满未来几年的任期，内阁继续改组不可避免。但内阁改组可变，不变的是安倍的内心。在安保法案已经通过即将落实的情况下，在安倍继续奉行右倾保守的错误历史认识的背景下，在安倍的"理想"是要将日本变成"军事大国"的推动下，改组后的安倍内阁，一些右翼思想顽固的政客得到了留用或者重用，而在这批右翼大臣"围拢"中运营的内阁，究竟能给日本外交带来什么好的结果？

以"新瓶"装的"旧酒"，这种酒还能有多醇的味道？"换汤"但不"换药"，这种"药"还能有多大"疗效"？可谓是，"旧酒"不能解安倍"新愁"；"老药"亦未能治日本"沉疴"。

安倍强推安保法案——罪莫大焉

（2015 年 9 月 19 日）

2015年9月19日凌晨，由安倍内阁一手“策划”与“导演”的安保法案在日本参议院被强行通过，至此，以解禁集体自卫权而使日本今后能够自由动用武力为核心内容的安保法案正式成为法律。安倍内阁强行通过的安保法案，是战后日本在军事安全领域采取的前所未有的重大举措。就在国际社会都在追思过去、展望未来，严肃纪念“二战”胜利结束70周年的重大转折年份，日本安倍内阁，却以大幅转变安全防卫政策为标志，而做出了与国际社会背道而驰的“荒诞举动”。这种“举动”，真的就如安倍自己所言的那样“是防患于未然以保护日本和平与安全”吗？安保法案，究竟是保护和平，还是带来祸患，抑或是种下罪根？

首先，安保法案的通过，是对日本战后信守和平立国的背叛。关于安保法案，日本朝野争论最为激烈的是违宪与否——即日本宪法的核心第九条，其本质内容是，是否能够行使集体自卫权，而行使集体自卫权，则意味着日本战后70年坚持的“专守防卫”的防卫政策发生了颠覆性的变化，日本战后“和平宪法”规定的“走和平之路”的承诺，就会成为一纸空文。“和平宪法”，尽管没有做出修改，但已经被日本国会通过的安保法案完全“架空”，“和平宪法”面临着何去何从的命运转折。

其次，安保法案的通过，是为日本重新走向“军事大国”而松绑解缚。“二战”战败后的日本，为了防止军国主义死灰复燃，特意制定的“和平宪法"严肃规定了日本只能保有最低限度的本土自卫能力，而此次获得正式通过的安保法案，则意在为日本重新成为"军事大国"而剪掉捆绑已久的"宪法绳索"，因为，安保法案中已经规定，日本可以在"全球范围"配合美军实施军事行动。这个"全球范围"，其界限非常模糊，可以是日本周边范畴，可以是远离日本本土的区域，也可以是日本跟随美国执行军事任务的全球任何一个角落，甚至不排除在外太空领域等。这么一个可以任意伸缩的地理空间，将为日本再次成为"军事大国"创造了自由发挥的条件。今后日本，将在盟国美国的"召唤下"，可以派遣军力，随意"投放"至包括日本周边在内的全球任意一个地区。

再次，安保法案的通过，将加速刺激日本军工产业的运转，为日本再次成为"武器装备大国"提供"良机"。安保法案的重心是能在海外"自由"与"大幅"行使集体自卫权，而所谓能够"自由"与"大幅"，其后盾与基础，肯定是要具备先进的军事技术与装备武器（包括攻击性的军舰与飞机乃至太空武器等）。目前，日本一些大的企业集团（如三菱重工与川崎重工等），本来就拥有制造先进武器的能力，安保法案通过后，随着日本加速转换军事防务政策，日本军力远距离投放海外必需的先进装备就须马上跟进，特别是在大型军舰与飞机制造方面，那些日本军工集团，必然会大批量投产，再次成为"武器装备大国"的梦魇将又在日本上演。

最后，安保法案的通过，将为日本再次成为亚太地区的"不稳定因素"甚或"不稳定之源头"创造条件。"二战"前的日本，由于军国主义的肆虐，成了臭名昭著的亚洲战争"策源地"，但70年光阴过去，日本并没能很好反思侵略战争的教训，更没能对罪恶的侵略战争做出真诚忏悔，相反，右翼势力还在千方百计肆意否认与美化侵略战争。而安保法案通过后，"反思侵略战争""不让战争再次发生"以及"子孙后代不能再次流血"等呐喊与呼吁，将只能是有良知与正义的日本各界民众的自发之情。在美国的默许纵容与要求下，在一系列安保法案的规定中，今后的日本，将会在所谓"影响到日本的存亡危机事态"之冠冕堂皇口号下，一次次走向"战场"，而且这些"战场"，更多的是日本自己"认为"的"战场"，例如，安倍不断声称"世界上一些关键海峡通道的安全关系着日本的生死存亡”，日本将不惜一切代价保护攸关日本安全的海峡通道，当这种“保护日本安全”成为日本惯用的伎俩后，日本再次成为亚太地区的“不稳定因素”甚或“不稳定之源头”就已经不再是“野心”与“企图”了。

另外，安保法案通过后的日本，不一定会永远听从美国的指挥，军力再次“膨胀”的日本，反过来，终究是美国的“祸患”。

安倍内阁之所以能够“成功闯过”安保法案的大门，跟美国的默许有莫大的关联，美国在“亚太再平衡”的需求下，需要日本这个“伙伴”替美国分担负担，但是，有道是“放虎归山”“养痈遗患”，美国在纵容日本“彰显军力”的同时，未来的日本会否永远甘心做美国的“跟班”？安倍之所以要架空“和平宪法”，就是因为“和平宪法”是美国操纵制定的，长久套在日本身上，日本自然感到不舒服，现在，安保法案的通过，正为日本悄悄解脱美国的束缚迈出了第一步，今后随着日本行使集体自卫权的逐步推进，日本军力的“坐大”，必然会使美国“尾大不掉”，甚或被日本所拖累。

老子有云：“罪莫大于可欲，祸莫大于不知足，咎莫大于欲得。”安保法案的通过，再次印证了中国古训的先见之明。安保法案，是安倍及其他日本政坛右翼势力贪欲的“伸展”，这种“贪欲”，一旦没有止境，就是罪咎与祸患。

“二战”前的日本军国主义在“不知足的贪欲”驱使下，发动了罪恶的侵略战争，最终彻底失败；“二战”后的今天，日本安倍内阁，又在做“贪欲要得”的美梦，又妄想重新成为“鲸吞全球利益”的“大国”，而这种贪欲，罪莫大焉，但又焉能得到？

执政党总裁连任后的安倍"道阻且长"

（2015年9月10日）

"安倍不经投票再次连任自民党总裁"，这是2015年9月8日，日本各大媒体普遍报道的话题。按照西方国家那套所谓的"民主程序"，一个政党领导人当选，无论如何都得走走"党内选举程序"，但日本自民党，却上演了一场"独角戏"——安倍晋三自导自演、自拉自唱。

连任自民党总裁的安倍，按照自民党总裁三年任期期限的规矩，得到2018年9月为止，也就是从理论上来说，安倍的首相任期可自动延长到2018年9月。蝉联执政党总裁的安倍，按理说，应该是"春风得意马蹄疾"了，但是，未来几年，对于安倍来说，不会轻松，安倍接下来的执政之路"道阻且长"。

首先，从日本内政上来看，在十个月后（2016年7月），日本要举行参议院选举，这是安倍及其领导的自民党，必须要认真面对且是非常不轻松的一场政治考试。

参议院选举尽管不是像众议院选举那样的"政权更迭大选"，但在日本，因为参议院选举失败，也会给首相执政带来致命麻烦，2007年7月安倍就因参议院选举中自民党大败而不得不辞去首相职位。

目前，日本朝野各政党正在摩拳擦掌，备战明年的参议院选举。即使在自民党内部，也不是说就是铁板一块，早就怀有"异心"的石破茂，就在9月9日公开宣布要准备筹建自己的政治派别——"石破派"，而且石破茂本人并不讳言地向记者表示，成立自己的政治派系就是为了瞄准“后安倍时代”。石破茂欲成立“石破派”，其目的有二：一是着眼于明年的参议院选举，以拉拢与扩大支持自己的人士；二是在未来三年里，一旦安倍因种种不可预料的事情而突然下台，石破茂就可以半路杀出而角逐首相宝座。

在野党方面，也是把明年的参议院选举，看作是打“翻身仗”的机会，所以各政党都高度重视明年的参议院选举。在野党的盘算是，最大目标是让参议院再现“扭曲国会”的局面（即众议院由执政党控制、参议院由在野党控制），从而处处“杯葛”执政党，让执政党制定的很多法案都难以顺利通过，从而打乱执政党的战略部署，迫使执政党内讧，最终造成首相无奈下台。

所以，对于安倍来说，日本政坛波诡云谲，未来的十个月里，必须小心行事，稍不留神，或者不小心出现政治纰漏，都会成为在野党群起攻击的“靶标”，从而给参议院选举造成被动局面。

其次，从日本经济来说，“安倍经济学”实施将近三年，未见有多大的效果出现，所以今后三年时间，对于安倍来说，“安倍经济学”往何处去，如何才能彻底使日本经济恢复景气，以赢得日本广大民众的支持，是安倍必须应对且要认真解答的一道难题。

最新数据显示，日本经济在2015年第二季度以折算年率-1.2%的速度缩减，东证指数在不到一个月内就从八年前的最高点下跌了超过15%。日本民众对“安倍经济学”的信心下降，《日本经济新闻》8月31日公布的调查结果显示，37%的受访者赞赏安倍的经济政策，而45%则持否定态度。

“安倍经济学”的实际效果让人存疑，日本《东京新闻》9月8日就一针见血地指出：因为日元贬值使中小企业陷入原料进口成本增加的困境，普通民众的薪资上涨幅度赶不上物价上涨程度，再加上消费税率被提高到8%，食品等价格上涨，消费者负担加重；领取生活保障补助的家庭数量不断刷新历史最高纪录，民众经济差距扩大，两极分化愈演愈烈。

如果在未来三年时间里，“安倍经济学”的各项措施，仍旧处于“提出容易、落实难"的阶段，而且普通百姓得到的实惠很少或者得不到实惠，那么安倍经济学的反效果就会显现：远的不说，明年的参议院选举，如果普通选民认为"安倍经济学"并不能给自身带来实际利益的话，"安倍经济学"就会危及"安倍政治学"，参议院选举不排除出现安倍被"安倍经济学"拖累的不妙景象。

当然，安倍本人也意识到了"安倍经济学"的消极后果，他在9月8日发表的为新总裁选举拟定的政策见解中，强调了将为摆脱通缩在执政中最优先考虑经济的态度，而自民党干事长谷垣祯一也已向安倍建议在安保法案通过后，内阁工作重心应放在经济政策上。不过，日本经济积弊已久，想要彻底恢复景气实现经济快速增长，"安倍经济学"日后还须费心费力。

另外，在至关重要的外交与安保上，未来三年，更是考验安倍执政能力的巨大问题。在9月27日，日本本届国会结束前，安倍费尽心机力推的安保法案，预计会在安倍及其执政联盟的强力促使下，获得通过。但接下来的问题是，安保法案通过后的安倍内阁，如何应对一系列本就是非常棘手的外交问题：中日关系、日韩关系、日俄关系等，以及如何配合美国行使集体自卫权。

安倍二次执政以来，由于在涉及非常敏感的"二战"侵略历史问题方面，不断做出刺激与伤害受害国国家与人民的言行，而且仍旧在"历史修正主义观"之路上继续往下滑行，这就直接导致了日本与邻国的关系日趋冷淡，且罕见地同时出现了日本与中俄韩等邻国的"外交僵局"。当然这种结果，是安倍内阁一手造成的。如今，获得了又一个三年任期的安倍，该如何处理这一系列外交难题，将是他未来三年能否巩固政权的试金石。

但是，外交与安保问题，安倍应该想到的是，安保法案通过后的日本，既要配合美国大幅行使集体自卫权，又要彻底让中日关系、日韩关系以及日俄关系获得有效的战略性发展，岂不是自相矛盾？

行使集体自卫权、日美同盟、解决邻国外交僵局，这是一环套着一环的连环相扣问题，不存在互相孤立、互不相关。在配合日美同盟关系的同时达到行使集体自卫权的目的，而集体自卫权的扩大，无疑会损及日本与邻国的关系。

日本国内民众风起云涌抗议安保法案的浪潮，如果进一步扩大，安保法案就是一把双刃剑，既能威胁邻国，更能割裂安倍及其执政联盟与广大日本民众的关系，如果把更多的日本民众推向安保法案的对立面，那么，未来三年，安倍的政治招牌——“安倍安保学”，将可能给安倍成为“长命首相”带来意想不到的损害。

日本自己首先要摆正心态

（2015 年 9 月 7 日）

2015年9月7日，针对联合国秘书长潘基文再度反驳日本政府谴责他出席中国抗日战争胜利70周年纪念大会，日本官房长官菅义伟在记者会上再次对联合国秘书长潘基文出席中国抗战胜利日阅兵表达了不满，菅义伟称："联合国当然应该中立且公平公正，甚至觉得他在玩语言游戏。"这已经是菅义伟第二次表达对潘基文的不满，此前，即中国阅兵的当天，这位日本内阁官房长官竟然说："中国不应该把焦点对准过去，应该更多地面向未来。"

事实上在潘基文确认要出席中国9·3阅兵之时，日本政府曾向联合国总部提交一份意见书，认为潘基文出席活动是草率决定，并要求潘基文秘书长在政治上保持中立，对此潘基文秘书长再次重申，中国在"二战"中的贡献和牺牲，应该被世界认可和感激。对于日本的指责，9月4日，潘基文在接受中国中央电视台专访时义正词严地说："有些人错误地认为联合国秘书长都是中立的，实际上并不是所谓'中立'，而是公平公正。"

而就在中国阅兵的前夕，即9月2日，中国外交部发言人华春莹对于"日前日方对联合国秘书长潘基文将来华出席9·3纪念活动表示抗议"的问题，就明确表示，在国际社会都在以各种方式纪念世界反法西斯战争胜利70周年的时刻，日方有关言论完全是无理取闹。

日本之所以对身为联合国最高行政长官的潘基文出席中国阅兵一事一再表达不满，其根本原因是，不能也不愿意彻底对"二战"侵略历史做出清醒认识，在全世界都在隆重纪念世界反法西斯战争胜利70周年之际，日本却在掩耳盗铃，而且还在不断“吹冷风”“说凉话”，其实这种做法，只能让包括中国人民在内的所有曾受到过日本军国主义残害的国家人民“心寒”。

那么，日本再三地对潘基文与中国纪念抗战胜利阅兵表达不满，其深层次目的还有哪些呢？

首先，是对日本自身至今还戴着“战败国”的帽子耿耿于怀。《联合国宪章》明确规定有“敌国条款”（也叫战败国条款），即指“二战”后为防止侵略战争重演，世界反法西斯同盟在《联合国宪章》中对日本、德国等战败国所订立的相关约束性条款。日本一直在做着成为联合国安理会常任理事国的“美梦”，而“入常”的重要政治障碍就是“战败国条款”。日本近年来想方设法要废除“战败国条款”，欲“摇身一变”成为一个和“二战”侵略历史以及“战败国”不光彩帽子完全脱离关系的“正常国家”，但要想废除“战败国条款”，就得千方百计从“二战”侵略历史中脱身，而潘基文秘书长代表联合国出席中国这个打败了日本军国主义的战胜国的胜利日纪念仪式，就是凸显了日本的“战败国”身份，自然会让日本废除“战败国条款”的希望渺茫，自然会让日本有一种向联合国缴纳大量会费以及向联合国维和行动做出各种“贡献”的努力“白费”的感觉，所以，日本政府就要再三向潘基文“发难”，再三指责潘基文出席中国抗战胜利纪念仪式，以发泄对潘基文以及联合国的怨气，而这本质上是一种“恼羞成怒”的“短视行为”。

其次，是对日本右翼势力长期以来矢口否认侵略历史以及公然美化侵略历史等张狂行为的配合。在中国等“二战”战胜国都在大规模纪念战胜法西斯的特别纪念年份，日本右翼自然会感到“滋味难受”，因为日本右翼势力长期以来都根本不承认日本曾经发动过侵略战争，更不承认日本军国主义对受害国犯下的罄竹难书的罪行，而中国举办盛大的胜利纪念活动，潘基文又作为世界上最权威的国际组织的代表出席中国的胜利纪念仪式，这对日本右翼势力的冲击力是很大的，日本右翼势力觉得，“常年不断否认侵略历史”的“势头”有点被压下去的“感觉”，这是日本右翼势力断然不能忍受的，也是右翼势力绝不愿意看到的，所以右翼势力必然会向安倍政府施压，逼迫安倍内阁向潘基文与中国“表达不满”，以消解右翼势力的不安与焦躁之情。

再次，是对中国正在成为一个真正的世界大国流露出的“嫉妒之心”。中国在2015年抗战胜利70周年之际，第一次隆重举行包括阅兵在内的大规模纪念仪式，这是日本在中国2010年GDP超过日本成为世界第二经济大国之后感到“失落”后的“又一次失落感”。日本觉得，日本才是代表亚洲的世界大国，日本无法容忍中国超过日本成为代表亚洲的世界大国，更不能容忍中国以战胜国的姿态邀请包括联合国秘书长在内的众多国家首脑与国际组织代表来中国参加纪念仪式，这在日本看来，是一种压力，也是一种“挑战”，所以，其“嫉妒之心”自然会溢于言表。

其实，日本首先应该摆正自己的心态，首先认清自身的定位，首先清醒认识到自身在侵略历史问题上做得到底有多“够格”。

近年来，特别是安倍执政以来，日本政坛“正气不足”而“右翼保守”气氛有余，安倍大幅解禁集体自卫权，其最终目的乃是为日本重新成为军事大国做战略铺垫。屡屡否认侵略历史，公然向国际公理与正义挑衅，这种倒行逆施的行为，又怎能删除“战败国条款”而成为联合国安理会常任理事国？

潘基文出席中国抗战胜利纪念活动，代表的是公理、正义、和平，代表的是正确的“二战”历史观；日本不断向潘基文与中国表达不满与遗憾，只能是再次失信于世界上所有爱好和平的国家与人民，失信于国际正义，失信于严肃的世界历史。

日本应当思考“战争与和平”问题

（2015年9月2日）

2015年8月30日，包括首都东京在内的日本全国各地举行了规模约有一百万人的大型集会抗议活动——反对安倍内阁正要在国会强行通过的安保法案。这是日本近年来非常少见的大规模民众抗议活动，而这一情景，让人马上就会联想到55年前日本那场声势浩大的抗议浪潮——1960年650万日本民众抗议日美安保条约。

55年时间，如白驹过隙，但抗议的核心内容却有惊人相似的一面：都涉及日本很可能要卷入战争，都直接关系到老百姓的切身利益，抗议针对的政治人物岸信介、安倍晋三——安倍家族。

历史不能用巧合来解释，但这种“巧合”，却又让人不得不深入思考，今天的百万日本民众抗议安倍内阁的安保法案意味着什么？

青年学生抗议群体的出现，这是此轮抗议浪潮的最大亮点。在此次抗议活动中，一个名为“自由民主主义学生紧急行动”（SEALDs）的组织引发了媒体和舆论的关注，SEALDs成立于2013年12月，其成立的初衷是抗议日本国会强行通过的《特定秘密保护法》。在经过近两年时间的磨炼后，这个学生组织也在不断成熟，如今，站在了反安保法案运动的前头，其核心成员之一奥田爱基，也成了“风云人物”。之所以说，青年学生抗议群体的出现，是此次反安保法案运动的一大亮点，那是因为，自20世纪60年代起，日本再没出现过重要的学生示威活动，从那时候起，抗议示威参加者基本上是“头发灰白"的中老年人士。

究其深层原因，笔者认为，是安保法案必然会牵涉到日本普通民众尤其是青年学生的身家利益。安倍内阁正在通过的安保法案，是以行使集体自卫权为核心的，其根本目的是，为日本重新成为军事大国而松绑让路。对于日本这个人口结构加速老龄化的国家而言，十七八岁、二十一二岁，这个黄金年龄段的青年群体，就显得尤为珍贵了。这个"珍贵"，在日本当政者眼里，则被赋予了另外一层别样的含义——宝贵的"兵源"，将来一旦出现形势紧张情况，按照日美同盟框架的一系列条约与协议，再根据安保法案的规定，就必须派遣日本自卫队配合美军的军事行动，如果这种军事行动进一步扩大化或者长期化，自卫队员出现伤亡则是难以回避的严峻问题，而伤亡后，自卫队缺额就须补充，补缺的最大来源在哪里？自然是青年学生群体。在自身命运前途迷惘不定的情况下，为了把握住自己的"命运"，就必须"勇敢站出来"，所以能够出现如奥田爱基这样的青年反安保法案运动的代表，也就不足为怪了。

许多律师与法学学者等知识界群体加入到反安保法案运动的行列中来，也是值得注意的一个现象。近段时间以来，有日本各界人士表态反安保法案，特别引人注目的是，包括日本前最高法院法官、前内阁法制局长官、日本律师联合会会长及宪法学者约300人指出法案违宪，另外全日本已有108所大学教职员连署要求废除法案。

一般来说，这些日本知识界精英，是不会轻易表达自己政治立场的，但2015年的反安保法案浪潮，却也"激活"了日本知识界精英的热情。这个群体的加入，是因为安保法案动摇了日本"和平宪法"的精髓——第九条，架空了"和平宪法"，其实就是对"二战"后日本一直引以为傲的"和平宪政"的践踏，而作为从事法学工作或研究的知识群体，如果再不表达自己的立场，将有损自身的"法学威严"，进而丧失在日本民众心目中"高大以及可以值得信赖"的形象。从切身利益来考虑，加入到反安保法案运动的行列，也是"维护自身的职业操守"；如果从更宏远的角度来看，这批以法学学者为代表的日本知识界精英，敢于举起反安保法案的"义旗"，从某种意义上来说，也说明日本社会还不是“右翼完全当道”，不是右翼势力“一手遮天”。

一批日本前首相以及众多在野党人士大声疾呼，反对安保法案，则是这场反安保法案运动的另一个政治现象。近日来，日本前首相细川护熙、羽田孜、村山富市、鸠山由纪夫、菅直人纷纷发声反对安倍欲通过安保法案，据日本《每日新闻》8月30日报道，5位日本前首相批评安倍无视国民、破坏日本立宪主义，要求立即撤回安保法案。而民主党、社民党、共产党、生活党四位日本在野党党首则共同参加了在国会大厦外举行的大规模抗议示威活动，要求废除安保法案。这些在野党党首们严厉炮轰力争通过该法案的安倍晋三政府，认为法案解禁集体自卫权“违反宪法”。

日本政界精英反对安保法案，姑且不从政坛博弈角力的角度去讨论，单就这个现象来说，其集中与统一的口径与步调，就让人不得不浮想联翩。正如民主党党首冈田克也强调的那样，现在反对安保法案是为了“避免在十年后受到‘（当时）都在干什么’的指责”。这个发言，其背后余音就是，安保法案“撕裂”了日本社会，一半朝着“战争”的方向发展，另一半则在声嘶力竭地呐喊着“和平”。

现在，尽管还难以断言，2015年的日本反安保法案运动，是否就一定能像1960年的反日美安保条约大规模运动那样形成效应（当时的首相岸信介被迫辞职），但是，2015年的反安保法案运动，至少说明了日本普通民众，还是有勇气与力量的，他们并没有迷茫，他们的行动，让未来日本执政高层，不得不去思考，日本如何处理“战争与和平”——这个70年前日本就亲身验证的巨大问题。殷鉴不远，战争的血与火，教训深刻；和平的光与明，值得追求。

731部队——日本侵华战争的铁证

（2015年8月24日）

731部队，即第二次世界大战期间的"侵华日军关东军防疫给水部"，对外称"石井部队"或"加茂部队"，又有"石井绝密机关"之称，其全名为"日本关东军驻满洲第731防疫给水部队"。731部队是在中国抗日战争和第二次世界大战期间，日本法西斯从事生物战细菌战研究和人体试验相关研究的秘密军事医疗部队的代称，也是日本法西斯侵略中国东北阴谋发动细菌战争期间（从1931年到第二次世界大战结束的1945年）屠杀中国人民的主要罪证之一。

但是，日本某些右翼极端分子，至今仍在掩饰甚至否定沾满广大受害国民众鲜血的臭名昭著的731部队。而就在2015年4月，日本九州大学医学历史博物馆正式对外开放，展品中包括1945年日本教授对被俘美国飞行员进行活体解剖的罪证，由此，可以马上想到，日本军国主义在长达14年的侵华战争中对无辜的中国人民制造的惨绝人寰的细菌战。

日本军国主义密谋发动细菌战的目的在于：首先，细菌战特有的杀伤力，可以给日本军国主义发动的侵华战争节省大量资源与成本。作为日本细菌战的主要元凶之一的石井四郎毫不避讳地说："缺乏资源的日本想要取胜，只能依靠细菌战"，"细菌武器的第一个特点是威力大，钢铁制造的炮弹只能杀伤其周围一定数量的人，细菌战剂具有传染性，可以从人再传染给人，从农村传播到城市，其杀伤力不仅远比炮弹为广，死亡率也非常高；第二个特点是使用少量经费即可制成，这对钢铁较少的日本来说尤为适合”。“鼠疫、霍乱或者伤寒病病菌都比炸弹来得便宜”，具有相当的可操作性。

其次，细菌战具有很强的隐蔽性与恐怖性，可以在悄无声息中杀死众多中国民众，从而给中国民众制造难以名状的恐慌情绪。所谓“隐蔽性”，表现在“细菌战”有不易被对方发现的特点，它所引发的疾病和自然界发生的疾病也往往难以区分。日军施放的细菌武器无声、无色、无形、无臭，常依附在其他日常所见的载体上，所以被攻击的中国军民多没有必要的警惕。而“恐怖性”是指，通过细菌战的多种手段，例如，地面撒播、活体注射、空中撒布、战略投放等各种方法相结合的实施细菌武器的方法，让水源与食物受到细菌污染，在中国民众中引起恐慌。石井四郎就说：“把敌人赶到适合于细菌攻击的地方再进行一般攻击也会是一个方法。一个美国人曾给我捎信说只有这件事，千万不要做！足见对此的恐怖。”

又次，细菌战具有深远的战略破坏性，可以使中国民众难以彻底治愈，从而受到长期的疾病折磨。因细菌战而引发的疾病流行即使当时得到了治疗与控制，病原体也会残留于自然界及生物界当中，使得疾病再次流行的可能性长期存在。从这个意义上来说，细菌战既破坏了各个地区的社会安定，也造成了长期的环境污染。细菌战所导致的直接人身伤害至今还在折磨着中国民众。例如，在浙江金华一带仍有1942年日军浙赣作战中受到炭疽菌感染的幸存者，他们终生致残，并且至今无法治愈，一直受着病菌的折磨。20世纪90年代对浙江、湖南两省曾经遭受日军细菌武器侵袭地区的鼠血清检查报告中，鼠疫菌抗体阳性的案例仍时有发生。

再次，细菌战是为了磨损与削弱中国人民的抗战斗志。石井四郎说：“（细菌战能）给敌人以巨大的精神打击，对敌国内部加以广泛深入的攻击，对破坏作战意志，有政治上的极大效果。”大批的中国民众因细菌战而伤亡，在无法找到有效预防与治愈方法的情况下，中国普通民众会在日军的淫威下，丧失抗战意志，进而逆来顺受，甘愿受日本军国主义殖民奴役。

731部队将细菌武器用于残害大量无辜百姓，这是人类文明史上最野蛮、最无耻的行径，给中国人民造成了巨大灾难。一是受害范围广。日本进攻内蒙古、浙江、江西、湖南、云南等地期间，在广大地区都使用了731部队研制的细菌武器，致使这些地区鼠疫、霍乱、伤寒等烈性传染病暴发性大流行，制造了难以想象的人间灾难，有的甚至造成平民全家死绝的惨剧。二是遇难人数众多。根据《日本侵华细菌战罪行调研报告》（中共党史出版社出版）一书的粗略统计："日本侵华期间，在中国内地对20个以上省市实施了细菌攻击，疫情暴发蔓延约298个市县旗，造成传染疫患者约237万人，其中死亡者约65万人。"而始作俑者，正是邪恶的731部队。

731部队的累累罪行，是日本军国主义发动侵华战争的铁证。铁证如山，不容抵赖，不容否认。在迎来世界反法西斯战争暨中国人民抗日战争胜利70周年的今天，日本更应该直面侵略历史，以坦然而不是刻意回避的态度，正确对待包括731部队在内的日本军国主义侵华战争历史问题。

正如日本731部队及细菌战问题研究专家森正孝（日本国立静冈大学教授）近日指出的那样，"日本发动的细菌战造成大量中国人民死亡，是日本无法抹杀的罪行，不亚于南京大屠杀"。"作为一名历史教师，我觉得把历史的本来面目告诉学生是一个正直有良知教师应有的职责。"森正孝又认为，"日本应该承认事实，勇敢地面对历史，否则是看不到未来的，我研究731及细菌战等问题，目的就是让更多的日本人正确面对历史"。

“安倍谈话”到底在“谈”什么

（2015年8月15日）

2015年8月14日，日本首相安倍晋三正式公布了受到国际社会高度关注的“安倍谈话”。此份“谈话”，之所以说“高度瞩目”，那是因为，一是，这个“安倍谈话”，是关系到日本当今政府关于如何正确对待70年前日本发动的侵略战争这个大是大非的关键问题；二是，早在2015年年初，安倍为了营造所谓的“谈话氛围”，就开始“精心酝酿”，还为此专门成立了一个“专家恳谈会”，以为他本人的谈话“预热”；三是，围绕着“安倍谈话”，国际舆论的焦点在于，这份“谈话”是否会沿用“村山谈话”中的四个关键词——侵略、殖民统治、反省以及道歉，特别是这四个关键词在“安倍谈话”中如何具体运用。

首先，“安倍谈话”选择的时机就很耐人寻味。是“8·14”而不是“8·15”，这是在故意回避“8·15”这个日本无条件投降的敏感日子，且是与在“8·15”这天发表的“村山谈话”相区隔，其根本目的乃在于，淡化“安倍谈话”之中应该表述日本承担的侵略战争的罪责，以转移国际舆论紧盯“安倍谈话”之中是否有诚恳谢罪措辞的视线。

其次，“安倍谈话”出现的“侵略战争与殖民统治”这些关键词，表述得非常暧昧与模糊，无法让国际社会信服。“安倍谈话”中这样表述：“不能再次重演战争惨祸；事变、侵略、战争，任何武力威吓和行使都不能再次成为解决国际纷争的手段；永远与殖民统治诀别，必须创造一个尊重所有民族自决权的世界。”这是“安倍谈话”中有关“侵略战争与殖民统治”的重要表述，但是，安倍眼里的“侵略战争与殖民统治”，日本反倒成了一个与侵略战争毫无关系的“第三国”在冷眼旁观曾经发生过的一场战争。安倍所谓的“侵略战争与殖民统治”，并没有非常明确地点出：到底谁是侵略战争的发动者，这场侵略战争到底侵略了哪一个国家，到底殖民奴役了哪一个国家，到底哪一个国家是侵略战争与殖民统治的受害国。在暧昧与模糊的语境下，实质上是混淆与模糊了侵略国与受害国的界限，而在侵略国与受害国的界限被大幅混淆的前提下，日本作为第二次世界大战亚洲战争的策源地以及亚洲侵略战争的发动者的狰狞角色，也就被彻底搞得混沌难辨了。

再次，“安倍谈话”中有关“反省与道歉”的表述，并没有清晰传递出这份谈话作为日本政府的官方见解所应该表达的“反省与道歉”的诚意。“安倍谈话”中这样表述：我国多次、一贯表示了深刻的反省和由衷的歉意；日本战后出生的人已经超过总人口的八成，这些“与那场战争没有任何关系”的世代及其后代，“不能再背负继续谢罪的宿命”。这些话语，看了之后，就让人觉得，日本已经做了够多的反省与道歉了，日本现今在世的人及其子孙后代不必再次担负反省与道歉的责任。其实，这些话，还暗含了这样的意思：安倍本人也是战后出生的一代人（安倍出生于1954年），那么，战后出生的日本政治家以及其他人士，因为与战争无关，自然不必再去记住日本曾经的侵略战争历史与罪责，淡化侵略战争也好、美化侵略战争也罢，甚至否定侵略战争，都可以以战后出生一代以及其后的子孙后代为挡箭牌，而不必在乎国际社会对日本一再上演的“历史修正主义”闹剧的指责。

又次，“安倍谈话”完全回避日本挑起亚洲侵略战争的深层内部原因，而是更多地强调世界大环境等客观因素对日本走上侵略战争道路的推动作用。“安倍谈话”中在开篇中大幅地描述了日本发动亚洲侵略战争之前的世界历史，其中这样认为：一百年前的世界，以西洋各国为中心，殖民地浪潮席卷世界，也波及亚洲，对于日本来说，由之带来的危机感，是日本近现代化的原动力；日本在亚洲最早开创了立宪政治，日俄战争之后，打破了殖民地的支配权；“一战”后，经历了残酷战争洗礼，新的世界潮流随之诞生，之后，世界经济大危机发生，日本经济也深受打击，处在外交与经济孤立无援的困局中的日本，试图通过武力解决危机，当时日本国内的政治体制又无力制止，就这样，日本陷入了迷茫；满洲事变（即中国九一八事变）之后，日本退出了国联，日本逐渐成为国际秩序的挑战者，遂弄错了应该前进的航向，从而走上了战争的道路。读罢这段“安倍谈话”，可以感觉到，安倍这是在偷梁换柱、置换概念、颠倒因果、推卸责任。众所周知，铁的历史事实已经印证，是日本自己一手精心策划了侵略中国的战争，而在“安倍谈话”里，却是，当时的世界客观环境，在逼迫日本不得已发动战争以解决经济危机，日本反倒成了一个无奈的值得同情的不得不进行战争的国家，完全掩盖与遮蔽了日本是侵略战争的策划者与发动者的主体责任，经过“安倍谈话”这么精心的“打扮”，日本发动亚洲侵略战争的罪因，便“烟消云散”了。

最后，“安倍谈话”对“慰安妇”问题避重就轻，甚而完全回避了令亚洲受害国妇女深受心灵创伤的“慰安妇”问题。“安倍谈话”中认为：也不能忘记在战场背后存在名誉与尊严深深受到伤害的女性们。“名誉与尊严深受伤害的女性”，到底是指什么样的女性？安倍没有明言直说，这些“女性”可以是指日本国内的妇女，也可以是指广大被侵略国家的无辜受害女性，但是，安倍就是不去言明——这就是“慰安妇”。这是安倍故意在回避“慰安妇”问题，因为，安倍深知，“慰安妇”问题非常棘手，也是深深影响日本与邻国关系的一个难解问题，而且，安倍以及日本右翼势力，一直在极力否认明确承认日本曾强征“慰安妇”问题“河野谈话”的正当性，所以，“安倍谈话”里，就要极力模糊“慰安妇”问题，甚至干脆不再提及“慰安妇”这三个字。

正如日本前首相村山富市一针见血地指出的那样，整个“安倍谈话”，罗列了华丽的辞藻，但没有说明“对什么道歉”“今后怎么办”；谈话模糊了焦点，完全不知道想说些什么。确实如是。"安倍谈话"，充分照顾了日本右翼保守势力的感受，契合了右翼保守势力极力要把日本变成一个像战前日本那样的"正常国家"的要求，同时，大力鼓吹了安倍自己极力推行的通过安保法案以行使集体自卫权为中心的"积极和平主义"的理念。

对于"安倍谈话"的真意，安倍本人，倒也直言不讳，他在发表战后70周年首相谈话之后的记者会上，提及了安保相关法案，安倍指出，"这是防战争于未然的法案，日本政府将在诚挚倾听国民意见和批评的同时，为加深理解而多加努力"。

说白了，安倍的潜台词就是，"安倍谈话"是一份为日本今后能成为大幅行使军力的国家而做铺垫的"宣言书"。

安倍内阁强行通过安保法案贻害无穷

（2015 年 7 月 16 日）

继7月15日在众议院和平安全法制特别委员会凭借着自民、公明两党的赞成票表决通过了以解禁集体自卫权为核心的安全保障相关法案之后，7月16日，日本执政党再次凭借着在众议院占有多数席位的优势，“强行”在众议院全体会议上表决通过了安保法案，如果不出什么意外，按照安倍的盘算，安保法案在送交参议院后，如果参议院“搁置不理”，那么，根据日本国会“60天规则”，安保法案重新返回众议院进行“二次表决”，届时，将会顺着安倍编导的“剧本”节奏，在9月27日本届国会期满之前，完成安保法案的所有国会程序，从而使安保法案正式获得通过。

在安保法案完全正式通过已经基本上没有什么“悬念”的情况下，整个国际社会与舆论（包括日本舆论与广泛民众在内）都在关注着一系列关键问题——已经获得所谓国会“立法授权”可以行使集体自卫权的安倍内阁，将在所谓“整军经武”的旗号下，要把日本打造成一个“什么样”的国家？未来的“日本”，还会是“和平宪法”之下的日本吗？未来的“日本”，会否又会重新成为“从瓶子里跑出的魔鬼”呢？

首先，安保法案正式通过后的日本，不可避免地会出现以下可能出现的情形：在已有的军工企业巨头的产能基础上，伴随着周边以及世界上其他任何地方出现可能会危及美军或者日本安全利益的突发事件时的“紧迫脚步”，军工企业会加紧开动生产机器，批量制造出飞机、军舰以及其他军需产品等先进武器装备，以为日本自卫队“奔向海外”提供必需的军备支撑；为了提高日本自卫队的战时应变能力，日本自卫队会频繁地参与美军等其他西方国家军队的军演；一旦美军遇到袭击或者美军发动局部战争，日本自卫队就须在行使集体自卫权的名义下，快速出动和美军“并肩作战”；当与美国和日本均是关系紧密的国家（即第三国）遇到紧急情况时，日本自卫队也可以在行使集体自卫权的名义下紧急出动驰援“第三国”；为配合美军在世界上“任何角落”发动军事行动时，出现兵员伤亡，紧跟着为补充兵员不足，在国内启动兵员“征召”程序，大批适龄青年被“动员征召”走上战场。

以上这些“情形”或者“前景”，会受到直接冲击的是日本普通民众，特别是成长中的年轻一代，未来遇到突发事件时，或者以应对“突发事件”的名义，而现有自卫队的规模又不足以应对突发事件时，就必须“扩充兵员”。

其次，安保法案正式通过后，会使日本转型成为所谓的“普通国家”的步伐加快。安倍一个长久追求的梦想就是要使日本成为一个真正的“普通国家”，把日本从以前的“特殊国家”状态扭转过来，能像其他西方大国那样“名正言顺”地拥有“军队”与“强大的军事影响力”，而为行使集体自卫权做铺垫的安保法案的通过，则无疑为日本成为“普通国家”排除了国内法制的障碍。今后，日本可以在行使集体自卫权的名义下，“冠冕堂皇”地“派兵海外”，不必顾及曾经是“战败国”而不能拥有“军力”和“出兵作战”的羁绊，可以“悄无声息”地“转身成为”一个符合大国身份的“普通国家”。

再次，安保法案正式通过后的日本，会暴露出日本曾经拥有过的“暴戾”的真实面目，而这个“暴戾”面目的重新出现，会对亚洲以及整个国际局势产生消极的影响。“二战”期间的日本，以无比暴戾的形象永远定格在世界历史的画卷上，并不会随着时间的流逝而湮灭，如今，日本又以行使集体自卫权的名义妄图重新挽回已经丧失的军事影响力，这就令国际社会所有爱好和平的人士，不能不警惕与怀疑日本行使集体自卫权背后的真实目的。

又次，安保法案正式通过后的日本，到底会给国际社会留下怎样的“遗产”？在日本右翼势力至今仍旧顽固坚持“二战”侵略历史“未定论”，仍旧在模糊“二战”侵略历史结论，仍旧在粉饰与美化“二战”侵略历史过程，仍旧在颠倒“加害”与“受害”次序、扰乱“加害”与“受害”界限的事实面前，今后可以顺利行使集体自卫权的日本、可以随意四处彰显军力的日本，难以让人相信，日本行使集体自卫权是以“维护国际社会和平”和“为国际社会做贡献”为目的的。

“树欲静而风不止”。安保法案正式通过后的日本，须给安倍等日本右翼势力“踩刹车”。

首先，日本政坛上的在野党，应该发出自己的“强有力的反对声音”，虽说不掌握政权，但发挥出在野党“建设性”的作用，也不是难事。在野党应该抓住日本大批普通民众强烈反对安保法案的时机，义无反顾地站在普通民众的一边，以民众之合力，用手中拥有的“选票权”，在下届大选时，以“反对票”严肃表达对安倍等右翼势力的不满。

其次，在国际社会求和平、谋发展、反战争、促平等的滚滚大潮面前，国际社会所有相信未来世界是一个彼此无法分离的命运共同体的国家与有识之士，可以借助联合国这一庄严的国际讲坛宣示，绝不能容忍颠覆“二战”战后秩序与结果、矢口否认“二战”侵略历史事实的日本，以行使集体自卫权为名而谋壮大军事影响力之实；如果日本继续要“洗白”“二战”侵略历史问题，那么，日本的“入常”目标，必然会“遥遥无期”。

最后，在瓶子里监禁已久的“魔鬼”，一旦跑出来，其后果将不堪设想，这是一个人尽皆知的寓言故事，目前令人忧虑的事情是，曾经把魔鬼放入瓶子的人——美国，又在暗地里“纵容”魔鬼从瓶子里跑出，美国不会不知道重见天日的魔鬼会对这个世界做什么，如果美国真不知道，那是美国的愚昧与昏庸；如果美国真不知道，那是美国故作镇静。但是，“故作镇静”，终究是“故作”，如果美国放纵不管，放虎归山，终会殃及美国自身。

日本妄图联合美澳遏制中国行不通

（2015 年 7 月 13 日）

2015年7月5日，美国、澳大利亚、日本和新西兰在澳北领地和昆士兰州开启为期两周的大规模联合军演，参演总兵力超过3万人，其中日本陆上自卫队和新西兰军队为首次参加。虽然在3万人规模的大型军演中，日本只派出40人参加，但这40人并非普通日本士兵，而是来自日本陆上自卫队西部方面普通科联队，简称西普连，西普连是日本正在组建中的"水陆机动团"的核心连队，负责的正是所谓的"西南诸岛"防御和"夺岛"作战。2013年，也就是上一届军演进行的时候，日本还只是一个观察员的角色。

此次日本派出自卫队的精锐参与美澳联合军演，尽管日本声称军演不针对第三国，但是，7月11日，参与在澳大利亚北领地雾湾（Fog Bay）举行的美澳联合军事演习的日本陆上自卫队公开进行了假设从敌方手中夺回被占领土的登陆作战联合训练。当天的训练在假设被敌方部队占领的海岸进行。自卫队员从近海的美方舰船乘小艇出发，作为侦察部队与美澳两军一起依次登陆，登陆后，他们用步枪等对周边进行警戒，同时将部队推进至海岸深处的树林。

从7月11日举行的实际演习中，不难看出，所谓的演习不针对第三国，是难以令人信服的，笔者认为，此次日本参与美澳举行的"护身军刀"大型军演，有以下几个目的：

第一，是为日本目前正要在国会通过的安保法案（为顺利行使集体自卫权做好国内法律铺垫）营造氛围。安倍内阁为了能顺利行使集体自卫权，而不惜顶着日本在野党与各界有识之士的重重压力，欲强行在国会通过安保法案，而为了证明通过安保法案与行使集体自卫权的“合法”与“合理”性，派遣日本自卫队精锐参与美澳联合军演，就是一个可行的“办法”。美国是日本的盟国，而澳大利亚是美国的盟友，澳大利亚又是日本的友好国家，参与美澳联合军演，“于情于理”都说得过去，而且，参与军演，可以营造出一种“日本周边正面临着危险日益临近的临战状态”的战争氛围，可以为国会通过安保法案提供“充分”的依据。

第二，对中国正在推进的21世纪海上丝绸之路战略进行牵制。此次日本参与的美澳“护身军刀”联合军演的演习地点，是在澳大利亚北部海域，此处海域距离中国南海不是很远，且该处海域是中国正在推行的21世纪海上丝绸之路战略向南延伸的海域之一，所以此次美日澳联合军演，不能不说带有牵制中国海洋战略的意味。2014年11月包括美国在内的美日澳三国首脑会谈就加强安全保障领域合作的方针达成一致，日本已部分公开了海上自卫队高性能潜水艇的技术信息，并决定参与澳大利亚新型潜水艇的共同研发、生产国选定等手续。在澳大利亚举行的美日澳联合军演，能够传递出一个清晰信号——日美澳欲形成包围网遏制中国，且日澳两国通过安全合作，起到分散中国注意力的作用。

第三，为日本欲扩军备战以成为“军事大国”而做好战略铺垫。长期以来，日本以太平洋海洋大国而自居并自傲，而现在安倍内阁正在大幅推进扩军备战政策，其最终战略走向乃是重新成为一个“军事大国”，特别是成为一个“海上军事强国”，澳大利亚地处太平洋与印度洋两洋结合部，是一个天然的海洋大国，日本欲成为“海上军事强国”，积极发展与澳大利亚的军事合作关系，就显得日益迫切。把澳大利亚作为战略突破口，利用澳大利亚也是美国战略盟国的有利条件，打造美日澳三国同盟体系，就是未来日本成为“军事大国”的一个“便捷通道”。

不过，不管是为日本顺利行使集体自卫权营造紧张氛围以及牵制与遏制中国发展也好，抑或是为日本成为“军事大国”服务也罢，日本积极参与美澳联合军演，其深层目的，不可谓不“周密”，但是，这只能说是日本的一厢情愿，不可能完全按照日本的“图谋”发展下去。

首先，澳大利亚不会完全随着日本的节奏“起舞”，澳大利亚不是日本的“随从”与“跟班”，澳大利亚也有自己的战略规划，清楚自己如果加入日本的“遏华阵营”会带来的消极后果。其次，安倍的“军事大国”野心，不可能会“顺顺利利”达到目的，因为，日本至今没有彻底解决历史认识问题，且仍旧在不断否认侵略历史，所以，日本的任何军事图谋，都会遭到国际社会的警惕与反对。最后，日本遏制中国发展，只是陈旧的冷战思维，在中国综合国力蒸蒸日上的情况下，日本所谓的“遏华思维”难以奏效。

安倍的"安保法案"之路究竟走向何方

（2015年6月30日）

这几天，日本政坛朝野双方正上演着一场激烈的"安保法案攻防战"，朝野双方互相攻讦，互不相让，一方是执政党自民党，另一方是以民主党为首的各个在野党，攻防战的目标只有一个——是否在本届国会会期之内通过涉及行使集体自卫权的相关安保法案。当然了，对于安倍领导的执政党自民党来说，目前最迫切的愿望是一举通过安保相关法案，以便今后能够顺利行使集体自卫权，为日本成为"军事大国"做好必要的国内法律铺垫；而对于在野党来说，阻止安倍内阁"安保暴走"的唯一可行办法就是在国会极力迟滞安保法案的通过。围绕着安保法案，朝野各派势力在进行激烈博弈，而目前，安倍为了使安保法案能够通过，更不惜"祭出"了大幅延长国会会期这面"大旗"——尽管这一招广受诟病，但是，这已是安倍的最后"一招"了。

不过，日本朝野政党如何激烈争斗姑且不论，包括日本在内的国际舆论所更为关注的是，安倍的"安保法案"之路到底会有什么结局？到底会走向何方？因为，这是一个关系着日本今后若干年战略走向的至关重要的大问题。

这里，请允许笔者对此做几种可能性的推测。

第一种结局：对于安倍而言，最理想的结局是，安保法案最终在9月底国会会期结束之前顺利获得通过，而且在野党的集体"杯葛"也没能起到效果，安倍最终实现了其"梦寐已久"的愿望——可以顺利行使集体自卫权、日本“扩军备战”之步伐可以正式“启动”了。这种结局，对于日本朝野政党以及包括亚太地区在内的国际社会来说，是“悲喜两重天”。对于安倍本人来说，那自然是一项可以“大书特书”的“千古政绩”，今后他可以不用愧对外祖父岸信介对他的期许，他也可以成为一名“铁腕首相”；但对于日本在野党乃至全体日本普通民众以及整个国际社会来说，却是一件潜藏着异常“危险”的事情——从此之后，日本很可能不再是一个保持“不战之力”的国家了，日本要准备大幅度开动起“军事机器”，紧随美国，出现在地球上任何一个可以出现的“角落”。这对于在野党来说，衬托出在野党的“力量虚弱”，而对于全体日本普通民众而言，意味着今后其子孙很有可能被“征召走上战场”，甚至出现“流血伤亡”。更为严重的是，对于整个国际社会来说，日本这个不曾彻底忏悔“二战”侵略历史且仍在不断美化篡改侵略历史的国家，又会成为一个令人头痛的“梦魇”。

第二种结局：朝野政党以及各派政治势力，经过激烈的讨价还价，甚至不排除可能涉及内部交易，终在双方互相有所让步的情况下，勉强通过了安保法案。也即，在野党提出一些限制安保法案的条款，以阻止今后大幅自由行使集体自卫权，以起到在野党（特别是民主党，要扮演最大的在野党的角色，就须展示威力）“在野”但不“边缘”的作用；而安倍领导的自民党内也有少部分人对大幅行使集体自卫权持保守观点，另外执政联盟党——公明党，也对大幅快速行使集体自卫权持有另外一些看法，为了保证自民党以及执政联盟的凝聚力，也为了不给舆论留下“霸道与独裁”的负面印象，安倍在充分权衡各方利益后，对安保法案部分条款做出象征性的修改，一可以获得在野党的理解，二可以安抚自民党内部分人士及盟友公明党，达到聚集安倍阵营的人气与力量的目的。这种结局，是一种朝野政党以及各派政治势力相互妥协的结果，既然是“妥协”，那么，对于各方来说，就是一种“将就”，尽管不是最理想结局，但这种结局，有个好处就是，可以在必要时对安倍的“安保暴走”起到一种“刹车”效果，因为安保法案是在包含了限制大幅自由行使集体自卫权的前提下才通过的，为了证明在野党的“力量存在”，以民主党为首的在野党会在今后的行使集体自卫权行动中，尽力拖延与牵制安倍，当是可以预见的。这种“拖延”与“牵制”，客观上对日本普通民众有利，制约着日本加速成为“军事大国”的进程。

第三种结局，在日本各界知名学者认为“安保法案违宪”的大力鼓动下（6月29日，由宪法学者和作家等组成的日本“反战1000人委员会”向日本众参两院递交了约165.89万个签名，签名者以“正面否定了宪法第九条”为由，要求撤回解禁集体自卫权的内阁决议并废除安保相关法案），日本全国各地掀起声势浩大的反“安保法案”浪潮，各界人士甚至包括公务员都加入到反“安保法案”的队伍中来，全国各地特别是在首都东京，示威游行与集会抗议的热潮不断涌现，乃至一浪高过一浪，在野党人士也纷纷加入到集会抗议队伍中去。由于示威游行队伍不断增多，可能影响到交通运行，不排除可能出现警民冲突，面对这种情况，安倍为了避免事态出现“不可控”的局面，不敢按照既定计划在7月中旬在众议院表决通过安保法案，而有可能在7月底或者8月初在众议院表决通过安保法案。但是，由于延长国会会期是截至9月27日，那么，就难以运用“60天规则”（日本国会运行规则，即如果参议院不表决而返回众议院再度表决通过的60天期限，因为自民党控制了众议院）而在众议院举行二次表决，因为，如果到9月27日，国会会期结束，由于恰好不能满足“60天规则”，安保法案难以在众议院举行二次表决，安保法案就可能成为废案，安倍的“安保暴走”计划有可能落空。即使说，安倍为了自己的颜面与政绩，为了自己在9月份自民党总裁选举中获得连任而保住权位，可能会动用权限，在众议院“强行”进行二次表决，凭借着自民党对众议院的控制，“强行表决”也能够通过安保法案，但是，“强行表决”是不得已而为之的选项，一旦跟“强行”挂上钩，就给日本舆论与民众甚至整个国际舆论都留下“安倍是独裁与霸道”的负面印象，到那时，即使安保法案通过，也会造成很多尴尬，各种压力会随之而来，安倍甚至有可能会被迫辞职。

以上三种结局中，希望看到第三种结局，紧密跟踪与慎重观察第二种结局，尽力避免第一种结局出现。

第二种结局，对日本朝野各派政治势力来说是一种“多赢”的结局，且照顾与平衡了朝野政党的颜面和利益，是可能出现的结局；第一种结局，是安倍单方面"赢"的结局，如果出现这种局面，将是日本战后政治的大倒退，也是日本今后战略走向的拐点，日本普通民众以及国际社会也不愿意看到这种结局；第三种结局，是日本各界有识之士与大部分民众希望看到的结局，也是国际社会所有希望日本继续走和平之路的人士所愿意看到的结局。

对于正在高度关注日本安保战略走向的日本各界有识之士和普通民众乃至国际舆论（包括主流国际社会）来说，都真心希望日本能够继续沿着和平安稳之路健康走下去，而不是逆历史潮流，重新捡起"军国扩张"余孽而再次成为国际社会的"危害"。

真诚期望安倍能够"忠言入耳"

（2015年5月26日）

2015年5月23日，这是一个中日关系史上值得记住的日子，就在这一天，人民大会堂，中国国家主席习近平亲自出席了中日友好交流大会，接见了日本3000人大型访华团，并发表了重要讲话。如果说，这一情景，在近年来，特别是由于日本右翼势力的极度干扰与破坏，中日关系陷入了邦交正常化以来最为严重的僵局的背景下，是极为难得的，那么，如果追溯历史的话，再现这一盛大情景的，还是在31年前——1984年，中国政府邀请3000名日本青年访华并参加国庆35周年观礼。

近年来，中日关系出现了一些两国友好人士所不愿意看到的波折，其是非曲其、其个中缘由，也是一目了然，其根本原因，乃是日本右翼势力一手挑起的，而正是由于日本右翼势力的挑拨与搬弄是非，也使得两国众多有识之士，扼腕痛惜，并且积极从中斡旋，期望找到机会，真心期盼能够使中日关系重回正轨。

让中日关系重回正轨，这是所有愿意看到中日世代友好的两国各界有识之士所衷心期盼的。但中日关系能顺利、良性、有序得到发展，不是很容易就能实现的，其重要的是，日本方面，特别是日本政府，能够真心认识到发展中日关系对日本现在与将来发展的极端重要性，而不是要两面手法，说一套、做一套。

最重要的，首先是安倍政府，安倍作为日本政府的首脑，其有义务也有责任抑或说是也有权力，为中日关系的良性发展，提供一种正面推动之力。这种正面推动之力包括：能够静下心来，真心反思忏悔过去的侵略历史，利用今年“二战”结束70周年的特殊纪念年份，在即将发表的国际社会高度瞩目的“安倍谈话”中，能够抓住这一难得的历史机遇，以令亚洲受害国人民特别是中国人民信服与满意的内容，真诚大度展现日本追悔错误历史、真心拥抱和平未来的清新形象，来赢得亚洲受害国人民特别是中国人民的理解与宽恕；同时，安倍应该把国内的财力用在发展与改善民生上，特别是去彻底整治仍在危机不断的福岛核电站上，而不是把财力与心思用在琢磨如何充实壮大日本武库与军备、如何在防务安全领域防范与牵制中国上，更不能是一门心思用在如何大幅方便行使集体自卫权而到全球炫耀日本的军力是“如何如何精良与强大”上。

重要的，还是安倍以及日本政坛要人，能够为中日关系顺利发展提供多一些健康与积极的因素，而不是相反。这种健康与积极的因素，包括：安倍作为日本政府首脑，应该是以中立、客观、公允的面目示人，而不是偏向某一派势力，特别是不能严重偏向右翼势力，如果连日本首相都成了右翼势力的铁杆一员，那么，整个日本政府就非常危险了，因为，那就离日本重返法西斯军国主义政权近在咫尺了；能够做到中立、客观与公允，也不难，那就是，安倍应彻底放弃参拜靖国神社的念头，同时，彻底摒弃一年中数次向靖国神社供奉相关物品的行为，与靖国神社能否彻底切割，是检验安倍是否中立、客观与公允的“试金石”；另外，安倍作为政府首脑与执政党总裁，应该约束其内阁成员与执政党要员，远离靖国神社，而不是以“默认”的方式，纵容其内阁成员以及执政党要员以各种方式去靖国神社“拜鬼”。试想，一边是日本政府不断提着“中日改善关系”，一边却是政坛要人“浩浩荡荡”去“拜鬼”，这种“人格分裂”，很难使中日关系彻底转圜。

重要的是，日本政界要人，能够以客观、全面而不是带着“有色眼镜”的心情去看待中国的正常发展。这种客观与全面的“心情”包括：中国的一切发展都是正常的，是一个人口众多的大国在其正常范围内的一种正常发展，不可能给日本带来威胁，更不可能给日本造成“灭顶之灾”，中国的发展会给日本的发展带来更多机会与机遇，中国的发展不是一种“中赢日输”的“零和游戏”，中国的发展也不是在逐步挤压日本发展的空间，应该尽早加入到与中国合作发展的队伍中来，与中国的合作对日本只会是“机遇”而不是“损失”。最明显的例子莫过于“亚投行”，在对待“亚投行”上，日本应该尽早做出决断，而不是犹犹豫豫，更不能带着“异样”的眼光看待“亚投行”，“亚投行”对于日本来说，不是一种威胁，更不是国际金融主导权的争夺，加入到“亚投行”，对日本来说是多一份机会，即使不加入“亚投行”，日本也应该以客观与全面的态度，诚心诚意对待“亚投行”，而不能总是以“挑剔”或者“警惕”甚至是“满腹狐疑”的态度对待“亚投行”的发展。

更重要的是，安倍以及日本政界要人，要能够真心接受中国的“忠告”，“忠言要入耳”，而不是“忠言总逆耳”。

习近平主席在出席中日友好交流大会上发表的重要讲话中，郑重指出：“日本军国主义犯下的侵略罪行不容掩盖，历史真相不容歪曲。对任何企图歪曲美化日本军国主义侵略历史的言行，中国人民和亚洲受害国人民不答应，相信有正义和良知的日本人民也不会答应。前事不忘，后事之师。牢记历史，是为了开创未来；不忘战争，是为了维护和平。”

时值中国人民抗日战争暨世界反法西斯战争胜利70周年的纪念年份，中方隆重接待日本3000名各界友好人士大型访华团，真诚向日本以及整个国际社会展示了中国作为一个负责任、有道义、爱好与追求和平的大国所应该具有的博大胸怀，而习近平主席的谆谆话语，则鲜明地告诉了日本，历史不可重复，但历史记忆不容磨灭，历史值得认真学习，历史教训值得汲取，历史的经验值得注意。

日美公布新版《日美防卫合作指针》意欲何为

（2015年4月29日）

4月27日，日美两国政府在美国纽约举行了由两国外长和防长一起出席的安保磋商委员会（即2+2）会议，出台了新版《日美防卫合作指针》，此次新公布的《日美防卫合作指针》是时隔18年（1997年）之后，日美两国再次修订防卫合作指针，而特别受到国际舆论关注的是，此次新修订的《日美防卫合作指针》，无论从修订背景还是从合作内容与范围来看，都与1997年版的《日美防卫合作指针》有着非常大的区别。

按照日本媒体公布的《日美防卫合作指针》的内容，此次新修订的防卫合作指针主要在以下几个方面进行了大幅修订：修订新指针的所谓历史意义称"将促进旨在应对21世纪新产生的课题的更为有效的日美同盟关系"；新指针突出强调了日美同盟的所谓"全球性"，提出了从平时到发生突发事件时的所谓"无缝"合作，指出日美将为"亚太及其他地区"的和平与安全"发挥主导作用"；新指针最为明显的修改是将"周边事态"这一日美防卫合作的范围转向为"重要影响事态"，即由以前的有关对以往设想朝鲜半岛发生突发事态的"周边事态"重新定义为"对日本和平与安全带来重要影响的事态"（即重要影响事态），新指针以"无法限定地区"为由，明确了日本自卫队活动将不仅仅限于日本周边地区；新指针列举了今后日本所面临的所谓"存亡危机事态"，日本自卫队可以在包括拦截弹道导弹、停战前的海上扫雷与美国舰船护卫等领域行使集体自卫权；新指针还将日美防卫合作的矛头明确指向中国，指出要对“海洋活动日益频繁的中国提高威慑力”，且在指针中写入了所谓的“在岛屿防卫中日美共同作战”，规定了所谓日本自卫队负责“实施岛屿夺回作战”、美军负责“支援和补充”的具体分工。

新版《日美防卫合作指针》，是在2015年——世界反法西斯战争与中国人民抗日战争胜利70周年的特殊年份——这一历史背景下推出的，在这样一个全球都在追忆历史、反思战争、确保和平、寻求合作、追求共赢的新时代，日美两国却做出了反其道而行之的“备战之举”，这种怪诞的举动，到底为何呢？

首先，是为安倍内阁正在推进的行使集体自卫权等安保战略提供一个“可实现”的“冠冕堂皇”的平台。自从去年7月，日本内阁决议解禁行使集体自卫权以来，安倍就为如何才能顺利、大幅且“合法”行使集体自卫权而大费周章；而美国奥巴马政府正面临着所谓“亚太再平衡”战略如何充实的问题，而且美国也愿意看到日本这个盟友替美国充当维持美国亚太霸权的“急先锋”。于是乎，日美两国在互有所需的情况下，通过重新修订《日美防卫合作指针》这一较为“稳妥”的手段，以达到双方的目的，特别是对于安倍来说，只有重新修订《日美防卫合作指针》，才能为行使集体自卫权找到最“合理”的理由与借口，也即，日美是军事盟友，在美国盟主“有事”或者“需要”的前提下，日本配合“盟主”行使集体自卫权，是“天经地义”的。

其次，是为安倍提出的“积极和平主义”外交政策提供“注解”。此次安倍访美的一个重要目的是要在美国扩大其所谓的“积极和平主义”外交政策的影响力，以在美国寻求理解与“共鸣”，而配合美国修订《日美防卫合作指针》本身就是“积极和平主义”外交政策的重要一环，可谓是“一箭双雕”：既能加深日美军事同盟关系，又能支撑起“积极和平主义”外交政策框架。而“日美全球层面无缝军事合作”就很好地诠释了“积极和平主义”中“积极”二字的真实含义，“积极”在前，“和平”在后，“积极”为实，“和平”为虚，而且“积极”更代表了安倍的“心声”，只有“积极”了，才能完全实现安倍所谓的“安保战略”，以达到日本成为一个真正的“军事大国”的最终目的。

再次，是为安倍的“历史修正主义”而进行涂抹与遮掩。在“二战”结束

70周年之际访美，而且美国又是曾经"二战"期间的敌手，日美曾经在"二战"中经历过惨烈的战争搏杀，美国国内舆论对安倍的"历史修正主义"持极为怀疑的态度，特别想要知晓安倍的"历史修正主义"到底意味着什么，是想颠覆"二战"的结果？还是想伺机向美国"复仇"？抑或是推翻日美同盟关系架构，以对日美关系进行重新定位？等等。美国的这些疑虑不是没有道理，因为安倍重新上台以来的种种言辞都表明了安倍对"二战"侵略战争事实的蔑视与否认，一个持"侵略战争未定论"的日本首相，"矛盾般地"要继续加强与美国的同盟关系，这种"人格分裂"，令美国都无所适从。重新修订《日美防卫合作指针》，以美国可以看得见的、可以满意的行为——大幅在军事领域配合美国的全球军事战略——打消美国对安倍"历史修正主义"的顾虑，而这本身就是一种"障眼法"，以新版《日美防卫合作指针》为幌子，在"明着"跟随美军"闯世界"的同时，"暗中"继续做着否认"二战"侵略历史的"勾当"。

另外，不得不提到的是，新版《日美防卫合作指针》，其意在针对、防范与遏制中国的意图非常明显，是日本安倍内阁欲借美国之力妄图继续牵制中国发展的一张牌。废除"周边事态"的提法，改之为"重要影响事态"，实质上是扩大了牵制中国的范围，这个"范围"可以从以前的日本周边地区无限延伸，东海、南海、太平洋、印度洋乃至于北冰洋等（甚至不排除太空与网络领域），都可以定位为影响日本安全的"重要影响事态"范畴，届时可以为日本行使集体自卫权找寻充足的借口。

其实，新版《日美防卫合作指针》，在为日本"充实军备""擂响战鼓"的同时，也为日本随时可能卷入战争提供了"入口"，这个"入口"一旦进入，就不仅仅会给日本行使集体自卫权打开方便之门，更为重要的是，日本将会重新陷入战争的"泥淖"，而陷入"泥淖"，就不是那么轻易地可以"跳脱"，必然会"愈陷愈深""不能自拔"。

日本篡改教科书无益于邻国外交

（2015 年 4 月 13 日）

近日，日本文部科学省公布了2016年将采用的初中教科书审定结果，部分教科书在历史认识问题的描述上再次出现倒退。此次通过审定的教科书中，关于“南京大屠杀”（日方称之为“南京事件”），一些教科书则修改了表述方式，例如，把现行版本里日军“杀害了众多俘虏和居民”修改为“波及俘虏和居民，出现了众多死伤者”，另有教科书甚至删除了“日军的暴行遭到谴责”这样的表述。在与日本相关的领土争议问题（如钓鱼岛、独岛）上，地理、历史、公民三种教材18本教科书中，均提及日本政府的立场和主张，且大多沿用了所谓的“固有领土”这一日本官方说法。另外，对有关日本对亚洲受害国进行殖民统治与侵略的问题以及“慰安妇”问题和太平洋战争等的表述，也是极力淡化与回避乃至还进行了美化和歪曲。

2015年，本来是一个极具历史纪念意义的年份，这一年，对于日本来说，不是一个负担，而应该是一个彻底反思过往错误历史的良机，站在2015年这个历史感尤为强烈的年轮上，日本尤为应该思考，过去的历史，为什么就错了？今后的历史，日本究竟该如何认认真真地去书写？

不过，被右翼思潮严重裹挟的日本执政者，却又一次以令人无比失望的举动，在至关重要的“历史问题”上做出了“欺骗历史”的行为，这就不能不让人思考日本背后的深层目的。

“欺骗历史”是为了蒙蔽日本普通民众，以使安倍内阁正在大力推行的

“扩军行动”（即解禁集体自卫权与出台系列安保法案等）得到民众的响应与认可。安倍自打重新执政以来，就极力在“行使集体自卫权”问题上大做文章，其最终目的在于让日本成为一个和其他西方大国一样可以任意在海外动用军队的“军事大国”，但行使集体自卫权与成为“军事大国”的谋划，并不能得到日本国内上下完全的理解与支持，如果得不到普通民众支持的话，或者说如果日本全国上下都反对安倍的“扩军计划”的话，那么，不仅是安倍推行的“扩军行动”有“搁置”的麻烦，而且还会致使民意支持率大幅降低从而危及安倍政权的稳定。为了使日本民众相信“扩军行动”是“正当行为”，只有在“历史问题”上大做文章，通过篡改与美化日本在“二战”中的错误历史，以恢复日本民众对日本过去历史的“自豪感”，而在所谓“自豪感”的激励下，日本民众自然就会信任与支持安倍正在推行的系列“扩军谋划”，如若得到了日本大多数民众的理解与支持，安倍的“扩军行动”就能加速推进与落实。

“欺骗历史”是为了使日本可以“名正言顺”地摆脱“战败国”的地位。2015年是世界反法西斯战争胜利70周年，但对于日本这个昔日的“战败国”，那就“别有一番滋味在心头”。“二战”后多年以来，日本一直有一个沉重的梦魇——战败国，为了彻底终结“战败国”的尴尬地位，从“历史问题”入手，特别是从教育下一代的教科书入手，就是最便捷的手段。通过篡改、歪曲乃至美化日本在“二战”中制造的罪恶历史，让日本的年轻一代彻底忘记日本曾经的不光彩历史，以使日本民众从内心深处的“战败国”阴影中走出来，激发出所谓的“民众昂扬斗志”，而在日本不是一个“战败国”思想的指导下，将来一旦爆发战事，被错误历史观“洗脑”的年轻一代，就有意愿“甘心”去奔赴战场。

“欺骗历史”是为了日本可以“不带障碍”地跻身世界强国行列。2015年既是世界反法西斯战争胜利70周年，同时也是“二战”后维护国际和平与安全的最权威的国际组织——联合国——成立70周年，而成为联合国安理会常任理事国更是日本“二战”后多年的“梦想”，为了“美梦成真”，日本的“入常”征程可谓费尽心思，但“入常”对于日本来说，总有一种“远在天边，近在眼前，但就是得不到”的酸苦心理，究其原因，日本觉得，那是因为联合国安理会是“二战”结束前夕由战胜国阵营一手策划的，日本作为“战败国”自然难以成为常任理事国，但是，如果日本颠覆性地篡改“二战”历史，可能就是另外一种“结果”了。除了向国内民众灌输经过“过滤”的历史外，更重要的是要向国际社会展示：曾经“二战”中的日本，不是一个发动侵略战争的国家，相反，更是一个“传播文明”甚至“敢于向欧美国家挑战”的亚洲大国，这样的一个“亚洲大国”，怎么可以被联合国安理会“拒之门外”？

篡改影响下一代人“历史观”的教科书，日本不可谓不“处心积虑”也。但果真就能“遂愿”吗？答案，肯定是非也。

日本篡改教科书，可以篡改日本过往的侵略历史，却篡改不了国际公理与正义；日本篡改教科书可能很容易，但离日本真正成为一个具有国际正义的国家却越来越遥远。更为重要的是，如果错过了2015年这个历史机遇，日本邻国外交僵局将会愈发难解。

篡改教科书，或许可以为安倍延续政权提供一点“助力”，但受到重创的亚洲被侵略国家人们心灵的伤口却难以愈合。

“钓鱼岛”“南京大屠杀”“慰安妇问题”“七七事变”等等，这些关键词，在篡改后的教科书里，都成了轻描淡写的“曾经历史”；有的是“面目全非”，有的是“似有似无”；这些关键词，在篡改后的教科书里都成了日本的“昔日辉煌”，为的是“固化”日本的领土记忆，“淡化”日本的“应负罪责”，“美化”日本的“高大形象”。

其实，不管是“固化日本领土记忆”也好，还是“淡化”乃至“美化”日本的罪恶历史也罢，其中最重要的一点就是，“教科书”顾名思义，乃是为教育下一代人而编撰的全面、系统和准确的核心教学材料，但按照这一定义，日本篡改教科书的举动，既不能全面系统地为教育下一代提供良好的教学素材，更不能“准确”地向下一代传授正确的知识，此种“篡改”根本无益于日本下一代人的教育与心灵，而且更为深远的是，此种“篡改”也更无益于日本与邻国的和解，乃至于日本“无邻国外交”。

关键是日本首先要真心彻底认识过去

（2015年3月8日）

3月21日，已搁置3年之久的中日韩三国外长会议在韩国首尔举行，此次中日韩三国外长会议正好处在国际社会纪念世界反法西斯战争胜利70周年的重要纪念年份这一敏感节点，不仅如此，中国与韩国，都是蒙受日本——"二战"亚洲战场的罪魁祸首——侵略战争之苦难的国家，特别是中国，是世界反法西斯战争的重要参战国、"二战"中的东方主战场，是为赢得世界反法西斯战争彻底胜利做出伟大贡献并付出巨大民族牺牲的国家，而在2015年，这一重要历史纪念年份，中日韩三国外长会议得以重新启动，本身就具有特殊重要的意义。

众所周知，近两年，日本陷入了亚洲近邻外交的僵局，但日本之所以陷入近邻外交僵局，根本原因在于日本自身，是日本一手造成的，其根源就在于日本如何对待"二战"侵略历史问题上。在"二战"侵略历史问题上，执政的安倍内阁，不愿意充分认识"二战"侵略历史问题的重要与敏感，反复不断冲撞包括中韩在内的亚洲受害国人民历史感情的底线，诸如参拜靖国神社、否定"慰安妇"问题、否定南京大屠杀、不承认日本发动了侵略战争，甚至掩饰与美化日本发动的侵略战争等，日本方面的这些做法，严重背离了客观历史事实，是"逆历史潮流而动"的危险行为，如果安倍内阁的这些"危险行为"持续加剧的话，只能会导致日本的亚洲邻国外交僵局越来越僵。

在有关历史认识问题上，德国就是日本非常值得学习的榜样。在日前德国总理默克尔访问日本期间，默克尔反复向日方说明“充分认识过去才能与邻国和解”的重要性，意在向日本“现身说法”——首先是德国彻底做到了忏悔“二战”侵略罪责，然后才能实现与欧洲邻国和解并推动欧洲走上一体化建设之路。确实，如果“二战”后没有德国能够首先充分认识到过去犯下的深重的侵略罪行，那么，也就很难实现与欧洲邻国的和解，更不可能有如今欧洲一体化的标志产物——欧盟。欧洲一体化的“大厦”是建立在德国完全“洗心革面”的基础上的，如果在德国有任何否定纳粹侵略或者伺机图谋复辟纳粹旧政权的“危险倾向”，那在德国就触犯了刑律，是要被追究刑事责任的；如果德国任由否定纳粹屠杀犹太人或鼓吹纳粹旧思想的“危险倾向”发展下去，那么，欧洲一体化的“发动机”就会出现“故障”，欧洲一体化的“大厦”就有“倾覆”的危险。

反观日本，尽管日本表明举行中日韩外长（甚至首脑）会议的重要性，但是，日本自身却在至关重要的“二战”侵略历史问题上不断制造事端：国会议员与内阁大臣屡次在侵略历史问题上“失言”，大批政客反复参拜靖国神社，甚而是“若无其事”地“否定侵略历史”，抛出所谓的“侵略未定论”，凡此种种，目的只有一个：日本不是“二战”侵略国，“二战”侵略罪责跟日本毫无关系。如果顺着日本的此种奇怪“逻辑”走下去，可以发现，日本背后的目的还在于：既然日本宣称“不是侵略国”，那么，就没有担负侵略罪责的责任，更没有与邻国实现彻底和解的必要，东亚不能实现像欧洲那样的融合，其责任不在于日本而在于其他国家。

实际上，日本所要达到的“目的”是不可能实现的，这只是一种无谓的“遮掩”。正所谓“掩耳盗铃”或者“作茧自缚”。

中国有句古语叫“解铃还须系铃人”。日本要想走出亚洲外交的僵局，也不难，其出路只有一条：首先要真心诚意地、不带任何私心地、彻彻底底地认清过去的侵略历史，主动坦诚地担负起侵略罪责，认认真真地以实际行动向国际社会忏悔过去的侵略罪行，完全杜绝有关否定与美化侵略历史的错误思潮与行为，最后成为一个真正被国际社会接纳的亚洲的“德国”。

日本前首相村山富市日前在接受《朝日新闻》采访时说，“过去与未来不可分开，在对过去反省的基础上展望未来很重要"，此话一语中的。安倍晋三准备在今年8月发表"二战"结束70周年所谓的"安倍谈话"，而这个"安倍谈话"已经成为国际社会观察日本未来政治走向的重要"风向标"，届时，"安倍谈话"到底要提出哪些重要观点，国际社会举世瞩目。

笔者认为，如果届时发表的"安倍谈话"，能够继承1995年"村山谈话"中"承认对亚洲的殖民统治与侵略"这一关键话语，那么，这份"安倍谈话"还能勉勉强强（仅仅是勉强）得到国际社会的部分认可；如果届时抛出的"安倍谈话"，完全删除了"村山谈话"中"承认对亚洲的殖民统治与侵略"这一关键话语，或者绝口不提日本在"二战"期间对亚洲国家犯下的滔天罪行，只是模模糊糊地重在展望所谓的"未来日本对国际社会所做的贡献"，那么，这种完全割裂日本"过去与未来"的"扭曲谈话"，将会严重伤害曾经饱受日本军国主义摧残的亚洲受害国人民的感情，其带来的后果与消极影响，更会致使日本的亚洲近邻外交僵局越缠越紧，无从求解。

本真面对历史才是日本唯一的出路

（2015 年 3 月 12 日）

近段时间，围绕着安倍谋划发表“二战”结束70周年所谓的“安倍谈话”国际社会给予了高度关注，就连与日本相隔万里的德国也对此没有保持沉默，而德国总理默克尔的日本之行，竟然都成了一场日本始料未及的“默克尔教导安倍如何认识‘二战’历史”的“传授历史知识之演出”。其实，默克尔作为德国政府首脑，对日本本来进行的是一次例行的工作访问，从国际礼仪角度出发，没有以“先生之面孔”教训日本的必要，但是，默克尔之所以在日本能够高调地向日本“讲授”有关“二战”历史知识，只是想向日本阐明一个最简单不过的道理——历史就是历史，历史不容篡改，历史不容涂脂抹粉，应该以本真的态度还历史一个公道。

国际上早就在拿德国与日本做比较，大家都熟悉的一个事实就是，德国能够成为欧洲一体化的发动机之一且被国际社会热情接纳，那是因为德国首先自己能够率真地去剖析纳粹历史的罪恶，而且更是以莫大的勇气、真诚的行动去博得受害国的理解与认可，德国从来不去掩饰纳粹暴行，反之认为，纳粹政权的倒台正是德国的“解放”（1985年时任德国总统魏茨泽克的著名演说）。确实，2015年，又一个值得纪念与思考的重要年份，“二战”的硝烟已经逝去了70年，但硝烟背后的历史，却是客观的存在，不可能随着时间的流逝而有所淡忘，特别是对于曾经深陷侵略战争苦难的国家与人民来说，70周年的节点，更能唤起饱受战争创伤的民众心中的痛楚，如果有谁胆敢肆意辱没历史，甚至刻意妄议历史，那就等于是对那些受到法西斯铁蹄残暴蹂躏的国家与人民尊严的冒犯。

但是，令国际社会特别是亚洲广大曾经受到日本军国主义残暴侵略的国家与人民难以接受的是，当今的日本安倍内阁，却意欲在“二战”结束70周年的敏感年份，发表一份很可能会淡化处理涉及日本“二战”侵略历史的“安倍谈话”，其实，国际社会之所以高度关注“安倍谈话”，并不是说“安倍谈话”本身有多重要，而是从“安倍谈话”中，可以一窥日本今后的政治走向，特别是可以判断出日本对待“二战”侵略历史到底持一种什么样的态度。如果届时出台的“安倍谈话”仍旧保留了1995年“村山谈话”的“对亚洲国家的殖民统治与侵略”这一关键话语，那么，还能被国际社会勉强接受；如果届时出台的“安倍谈话”删掉了“对亚洲国家的殖民统治与侵略”这一关键话语，代之以暧昧不清的企图蒙混过关的“模糊语言”，甚至不排除出现美化侵略历史话语的可能性，那么，这样的“安倍谈话”，就是日本挑战国际良知的“挑衅书”，安倍如果胆敢这样做，就是让日本自绝于国际社会大家庭，因为，“二战”后用鲜血铸就的和平国际秩序不容有日本这样的“破坏者”。

说到“安倍谈话”，肯定会涉及曾经是“二战”中的东方主战场、世界反法西斯战争的主要参战国之一、饱受日本军国主义侵略暴行的中国，中国话题是“安倍谈话”无法绕过的主题，不论“安倍谈话”怎么“谈”，中国话题始终是其中的重要客观存在，无法回避，也不容回避。

德国总理默克尔在访问日本时反复说，“总结过去是和解的前提”，“正是因为德国正视过去，所以能够达成和解”。想必安倍在听到默克尔的此番话语时会感到有些“尴尬”或者“不自在”，但“尴尬”也好，“不自在”也罢，默克尔说得字字在理、句句客观。如果没有德国这个“二战”欧洲战场的罪魁祸首的首先深刻自省，自然也就不可能有整个欧洲的和解；欧洲和解是建立在德国首先“总结过去”的基础上的，失去了德国的“总结过去”这一基础，欧洲“和解大厦”必然不复存在。

同理，造成今日日本近邻外交僵局的根本原因就在于日本自己不能“超脱过去”，总是在“过去”中“转圈儿”，继续沉湎在“过去”的所谓“帝国荣光”里而不能自拔，如果有“头脑稍微清醒者”呐喊要“认识侵略历史”，反会被斥责为“自虐”甚而有损“日本名誉”。既然日本无法也不愿“总结过去”，那么，日本与邻国的和解之路就会越来越漫长与崎岖。其实，这就是一个简单明了的“因与果”的关系：有了德国诚心愿意“总结过去”的“因”，才有了欧洲和解的“果”；有了日本百般抵赖、黑白不分、是非颠倒“否认过去”的“因”，也就有了今天日本自身愈缚愈紧难以跳脱近邻外交僵局之“茧”的“果”。

2015年是伟大的中国人民抗日战争胜利暨世界反法西斯战争胜利70周年，在这样一个抚今追昔的难忘年份，中国政府将要隆重举办一系列重大纪念活动，其目的是铭记历史、缅怀先烈、珍视和平、开创未来；更是为了唤起每一个善良的人对和平的向往和坚守，避免历史悲剧重演，共同捍卫“二战”胜利果实，开创人类更加美好的未来（中国外交部发言人语）。毋庸置疑，中国作为日本军国主义发动的血腥侵略战争中的主要受害国之一，作为为世界反法西斯战争胜利付出巨大民族牺牲的国家，理应在这样一个具有重大历史意义的纪念年份，去做一个“二战”胜利国家应该去做的纪念活动；日本作为曾经严重侵害中国的邻国，作为“二战”亚洲战场的罪魁祸首，不应该也不能对此有任何过度反应。

日本想要从亚洲近邻外交之僵局中脱困，也不是没有办法，但也不是很复杂：向德国虚心学习，德国就是日本的榜样。

这种“虚心”是建立在“真心”的基础上的，不带有任何的虚伪与掩饰。虚心总结侵略战争血的教训，真心忏悔侵略战争的罪恶，深刻认识到“二战”那段侵略历史是日本的耻辱，绝不能文过饰非，把侵略战争当作是日本的“骄傲”；更不能不分是非、矢口否认或者篡改侵略历史，侵略就是侵略，根本不存在“侵略未定论”。

这种“榜样”是以日本充分认识到自身存在严重“道义缺陷”为前提条件的。如果认识不到或认识不足日本自身的“道义缺陷”，还以“日本‘二战’后为国际社会做出很大贡献”为由进行搪塞与遮挡，极力淡化或避谈过去的侵略历史，那么，即使标榜以“德国为榜样”去解决历史问题也会显得苍白无力、弱不禁风。

本真地直面日本过去的侵略历史，是日本彻底解决亚洲近邻外交僵局的必由之路，也是唯一的出路；解决亚洲历史问题必须以“日本诚心地总结过去”为大前提，在“二战”结束70周年的今天，日本的“安倍谈话”当以此为核心要义。

日本“人质危机”拷问安倍外交

（2015 年 2 月 3 日）

这几天，日本“人质事件”连续成为日本媒体以及国际舆论关注的焦点话题。随着汤川遥菜与后藤健二这两名被极端组织“伊斯兰国”（IS）扣押的日本人质先后被杀，“人质事件”进一步发酵为“人质危机”，两名人质相继遇害这一血淋淋的事实，对日本民众的心理打击是巨大的。日本“人质危机”不仅给日本带来了深刻的影响，而且也使国际社会把目光都投向了日本，特别是日本安倍内阁。目前以及未来一段时间，国际舆论将会主要关注“人质危机”会否成为安倍内阁正在实施的“解禁集体自卫权”的“加速器”？“人质危机”是否是安倍政权急欲修改“和平宪法”的“天赐良机”？“人质危机”是否会成为“安倍外交”的“滑铁卢”？

根据不少国际媒体的说法（包括日本媒体在内），此次“人质事件”的导火索是：安倍在出访中东时宣布向与极端组织“伊斯兰国”（IS）作战的周边各国提供总额2亿美元左右的援助，而正是安倍的“2亿美元援助”触怒了“伊斯兰国”，让该组织觉得“日本政府是在全力参与针对‘伊斯兰国’的清剿行动”。

不过，现在讨论这个说法是否合理都已不太重要，重要的是“人质危机”这一既成事实所带来的后续冲击将是什么。因为对于安倍来说，他还有所谓更重要的“政治使命”去做。而就在此次“人质危机”发生前，安倍内阁就早已经知晓后藤健二等二人已经被"伊斯兰国"拘押。而据日本共同社报道，日本首相安倍晋三于2015年1月27日在出席众议院全体会议时，就针对被"伊斯兰国"绑架的日本人质事件表示，日本首相官邸和外务省分别于去年8月和11月就已设置了情报联络室和对策室，以应对汤川遥菜和后藤健二失联一事。从共同社报道中不难看出，安倍在出访中东之前就已然知晓有两名日本人被"伊斯兰国"扣押，"人质事件"对安倍来说不是非常"突然"的，至少也是有"思想准备"的。但既然有"思想准备"，还是出了悲惨的"人质危机"，这说明了什么呢？说明了安倍的"外交与安全政策"已经出现太多的"败笔"。

首先，是解禁集体自卫权问题。去年7月，安倍已经以内阁决议的形式解禁行使集体自卫权。2015年，安倍要做的是在国会一举通过与解禁集体自卫权相互配套的一系列法案，比如出台能够顺利派兵海外的新《自卫队法》等法案。不过，给人以莫大讽刺的是，安倍声称的通过可行使集体自卫权的系列配套法案，是为了日后能快速派兵保护海外日本人的安全，但"人质危机"表明即使新的《自卫队法》获得通过，日本政府也未必能够及时高效地保护海外日本人的安全；"人质危机"充分暴露了安倍所谓的解禁集体自卫权的本质——为日本扩军备战、提升日本在国际社会的军事影响力做战略铺垫。

但是，正如《日本时报》所指出的那样，安倍为提升"日本国际安全角色"而冲昏了头脑，忽视日本欠缺应对能力及低估日本民众在海外面对的风险，"人质危机"更加"凸显了安倍政府的天真"。

其次，是修改"和平宪法"问题。国际舆论普遍关注此次"人质危机"与安倍修宪是否有关联，多数预测认为安倍会利用此次的"人质危机"作为修宪的"充足理由"：即现今的"和平宪法"严禁与他国交战，而"人质危机"说明"和平宪法"已经不能保护海外日本人的安全，修改"和平宪法"势在必行。其实，保护海外日本人的安全与修改"和平宪法"并没有必然联系，"人质危机"只是安倍修宪的一个冠冕堂皇的"借口"，要保护海外日本人的安全，最主要的应该是修正日本的外交政策。

此次“人质危机”之所以发生，是安倍外交一味紧随美国的“结果”：安倍再次上台以来，紧靠美国，外交政策“唯美国马首是瞻”，配合美国的中东“反恐战略”自然也不例外。安倍访问中东时提出的“2亿美元反恐援助”，本质上也是做给美国看的。正是这种“全力倚美”的外交，在此次“人质危机”中暴露出了极大的“软肋”——“伊斯兰国”就认为，日本不是一个亲“伊斯兰”的国家，而是一个“极端亲美”的国家。这种一边倒的“亲美外交”，让安倍的外交回旋余地变得越来越少，“人质危机”清楚表明了安倍外交是“自缚手脚”。

日本民主党参议员德永绘梨指出，“人质事件”的发生显然与安倍访问中东期间高调宣布支持打击“伊斯兰国”有关。她认为，包括伊斯兰世界在内，国际社会原本认为日本是“放弃战争”的国家，但在安倍内阁解禁集体自卫权、修改宪法解释、推翻“武器出口三原则”等一系列动作后，国际社会对日本的看法已发生变化。

此话确实一语中的。安倍原本的如意算盘是通过加强日美同盟、加紧出台军事防务领域政策而使日本成为一个可以像美国等西方国家那样自由派兵海外的“正常国家”。但是，事与愿违，“人质危机”完全打乱了安倍的战略部署。

目前情况是“形势比人强”。在“人质危机”引发的巨大的心理不安的情况下，“安倍外交”该往何处走？这也迫使安倍以及日本政坛其他的要人，不得不去思考日本今后的外交与安全战略。

一是今后日本该成为一个什么样的国家。是一个继续走和平之路，奉行“和平宪法”的国家；还是重回老路，捡拾军国主义遗毒，再次成为一个海外四处运兵的国家？“人质危机”既是导火索，也是清醒剂。如果从这起惨案中汲取教训，认清跟随美国、扩军备战之路不好走，也行不通，那算是上乘与智慧通达；反之，如果侥幸地以为“人质危机”反而是一件好事，可以找到修宪与派兵海外的绝好借口，可以为“安倍外交”找到绝好的诠释材料，甚至可以把中东当作是“派兵海外”的试验田，那么这将是非常危险的，只能是日益成为替美国“火中取栗”的“得力工具”，充当“炮灰”的也只能是普通的日本民众。

二是今后日本外交该是一个什么样的外交。这一外交是奉行睦邻友好，具有包容性且不带任何价值观色彩的中立外交；还是奉行以邻为壑，具有狭隘性、攻击性且带有浓重价值观色彩的偏向外交？“人质危机”暴露出的巨大问题说明，日本外交（确切说是安倍外交）偏离了正确的航向，带有浓重“亲美色彩”的价值观外交，不仅不能给日本带来多少收益，反倒是给日本带来无穷的祸害。

2014年中日关系十大新闻评选结果的点评

（2014年12月31日）

由《人民网·日本频道》评选的2014年中日关系十大新闻日前正式公布，在十大新闻中，“APEC峰会在北京举行习近平应约会见日本首相安倍晋三”实至名归地名列这十大新闻之首，紧随其后的是“中日就处理和改善中日关系达成四点原则共识”，排在第三的则是“高仓健逝世张艺谋曾感叹：他是我的偶像是一个神”。列在之后的新闻中，除了“NHK新任会长有关‘慰安妇’言论引质疑3000来信要求其辞职”以及“83名日本国会议员‘拜鬼’比往年‘冷清’”这两则新闻外，其余的都是有关推动中日关系向前发展的“民间交流”新闻。

从这十大新闻的排序中，不难发现，2014年的中日关系，是百转千回、曲折发展。

众所周知，近两年来，中日关系跌入了自两国邦交正常化以后最困难的“谷底”，其中的根本原因，也是有目共睹的——日本右翼势力极力在涉及中日关系根本基础的历史问题与领土主权问题上频频制造事端，正是日本右翼势力的不断作祟，使得奠定中日关系正常发展的政治基础受到严重干扰。中日关系的徘徊不前，是两国各界所有爱好和平的以及希望看到中日关系和平友好发展的有识之士不愿意看到的，也是国际社会所有爱好和平、追求发展的人士不愿意看到的。因为，中日关系能否得到和平与发展，不仅关系着亚太地区的和平与发展，也关系着整个国际社会的和平与发展。

2014年这一年，中日关系的动向引发国际社会的高度关注，因为，2014年的11月，中国北京举办举世瞩目的APEC峰会，中国作为东道主，如何在APEC峰会这个多边外交场合，应对非常棘手的中日首脑“碰面问题”，是考验中国外交智慧的展示平台，中国的一举一动，都牵动着国际舆论的敏感神经。“中日关系”“APEC峰会”“中日首脑是否会见”等等，这些“关键词”早在北京APEC峰会召开前就已经是各国媒体所津津乐道的重要话题。北京APEC峰会，国际社会睁大了等待已久的眼睛。

2014年11月10日，中国国家主席习近平在人民大会堂应约会见来华出席亚太经合组织领导人非正式会议的日本首相安倍晋三。这条新闻，无疑是所有关心中日关系发展的人士，所密切留意的。中日领导人实现了会面，而且是在APEC峰会这个多边外交场合，中国展现了爱好和平、追求发展的外交诚意。正如习近平主席在会见安倍晋三时所说的，“中日互为近邻，两国关系稳定健康发展，符合两国人民根本利益，符合国际社会普遍期待”。同时，习近平主席也强调指出：“历史问题事关13亿多中国人民感情，关系到本地区和平、稳定、发展大局，日本只有信守中日双边政治文件和‘村山谈话’等历届政府做出的承诺，才能同亚洲邻国发展面向未来的友好关系。”

习近平主席应约会见安倍晋三，是两年多来踟蹰徘徊的中日关系的一个重要节点，给所有关心中日关系发展的人士带来了希望与鼓舞，所以，“APEC峰会在北京举行习近平应约会见日本首相安倍晋三”这条新闻，位居2014年中日关系十大新闻之首，是当之无愧的，是理所应当的。

中日领导人能在APEC峰会这个多边外交舞台实现会见，不是凭空而来的，而是在“中日就处理和改善中日关系达成四点原则共识”这个基础上，才得以实现的。而“四点原则共识”，更是来之不易，凝聚了两国各界有识之士的心血，因为，“四点原则共识”的关键是，重申了中日关系的政治基础——遵守中日四个政治文件的各项原则和精神，只有切实遵守了中日四个政治文件的各项原则和精神，牢牢把握中日四个政治文件的内涵，绝不偏离中日四个政治文件制定的方向，始终沿着中日四个政治文件指引的路线坚定前行，中日关系才能本着“正视历史、面向未来”的精神，真正走上和平与发展之路。

2014年中日关系十大新闻中，“中日就处理和改善中日关系达成四点原则共识”这条新闻能排在第二位，充分说明了“四点原则共识”对推动中日关系迎来节点所起的重要作用，充分说明了“四点原则共识”的重要性。如果没有“四点原则共识”的达成，也就难以出现“APEC峰会在北京举行习近平应约会见日本首相安倍晋三”这条重要新闻。

“国之交在于民相亲”。中日两国关系的顺利发展始终离不开普通民众之间的交流，正是两国普通民众心与心的交流，才能促使中日两国关系得以保持青春活力。我们可以发现一个有趣的现象，2014年中日关系十大新闻中，民间交流的新闻就占到了六条，分别是：“高仓健逝世张艺谋曾感叹：他是我的偶像，是一个神”“第十届北京—东京论坛举行发表《东京共识》”“在日中国留学生勇救落水儿童获社会贡献者表彰赏”“赴日中国游客渐增预计全年将突破200万人”“‘2014中日会话in北京——中日青年交流大会’在北京举行”“新中日友好21世纪委员会正式会议在京举行推动中日交流”。

这六条中日民间交流新闻，充分印证了：中日关系发展的根基在民间，中日关系真正的落脚点在民间。如果没有中日民间的充分交流，就很难有1972年的中日邦交正常化；如果没有中日民间的相互理解，就很难让中日关系走上正轨、顺利发展；如果没有中日民间的深入来往，就很难使中日关系彻底进入和平与发展的良性发展轨道。

毋庸置疑，中日关系的未来之路，注定是不平坦的；未来的道路上，肯定会遇到沟沟坎坎；尽管前路坎坷，但仍要迎难而上。如同2014年中日关系十大新闻之中的两条“负面”新闻那样，但“负面”中还是蕴含着一丝“正面”：“新任会长有关‘慰安妇’言论引质疑3000来信要求其辞职”“83名日本国会议员‘拜鬼’比往年‘冷清’”。日本右翼势力蠢蠢欲动，贼心不死，但是日本还是有不少爱好和平与发展的有识之士，这些人不愿意看到右翼势力把日本重新带回军国主义邪路，日本正处在“正与邪”相互斗争的交叉路口，而“正邪之争”的本质是日本究竟要走一条什么样的道路：是重走军事独大、军备扩张、侵占他国利益的穷兵黩武之邪路？抑或是顺应世界潮流，走追求和平、发展、合作、共赢之坦途?

相信日本以及国际社会所有反对侵略战争、爱好和平、追求正义的人士会乐见日本选择走和平、发展、合作、共赢之康庄大道。

2015年,将是世界反法西斯战争暨中国人民抗日战争胜利70周年、联合国成立70周年的重要纪念年份。2015年的中日关系,也将处于一个重要的发展年份。如果日本能以2015年这个具有重要历史纪念意义的年份为契机,悟出和平的珍贵、侵略战争的血腥、军国主义的深重罪责;能以果敢的行动做出对所有被侵略国家人民的真诚忏悔、彻底汲取"二战"侵略历史教训、坦诚正视侵略历史,等等,那么,2015年以后的中日关系就会继续向和平与友好的"正方向"发展。

2014年中日关系年终回顾与总结

（2014年12月31日）

时光匆匆，又到了年终岁尾。盘点与总结一年来的中日关系，显得尤为必要。

众所周知，近年来，中日两国关系的发展出现了少有的不顺与徘徊局面，其根本原因在于日本右翼势力的极力作祟与干扰：不断否认与美化侵略历史，特别是日本首相与其他政要参拜供奉有甲级战犯的“靖国神社”；甚至在敏感的领土主权问题上主动挑起事端；对中国正常的发展与壮大感到不必要的焦虑与怀疑，同时还妄图拉拢其他国际势力以牵制中国的发展；等等。

2014年一年，中日关系是曲折中徘徊但也有所发展，可谓是，一波三折、百转千回。

首先，自进入2014年以后，日本方面就不断放出风来，主动提议在2014年秋天的亚太经合组织非正式首脑会议（APEC）上举行中日高峰会谈。2014年7月14日，日本首相安倍晋三在日本众议院会议上接受自民党副总裁高村正彦的问询时公开表示，“两国未能实现首脑会谈非常遗憾，希望在11月份的APEC峰会上与中国举行首脑会谈”。而就在此前的7月9日，日本内阁官房长官菅义伟就表示，在APEC领导人非正式会议期间举行中日首脑会晤是“很自然的事”。对此，中国外交部发言人秦刚在7月11日的例行记者会上明确指出：在中日两国领导人对话这一问题上，我们已多次表明了立场，我们的态度是明确的，日方如不端正态度，不采取实际行动，中日关系的改善就无从谈起。2014年9月6日，日本首相安倍晋三在访问孟加拉国期间接受记者采访时又表示，希望在11月于北京召开亚太经合组织（APEC）峰会期间实现日中首脑会谈。

其次，中日两国外长在出席多边会议期间举行了两年间的首次非正式接触。2014年8月9日，中国外交部长王毅在缅甸出席东亚合作系列外长会期间，应约同日本外相岸田文雄进行了非正式接触。这是两年间中日双方外长的首次非正式接触。双方就如何改善中日关系交换了意见，王毅严肃阐明了中方原则立场，要求日方为克服两国关系中存在的政治障碍做出切实努力。之后，2014年9月25日，王毅外长又在出席联大期间应约与日本外相岸田文雄非正式会面，双方就当前中日关系及面临的问题交换了意见。

再次，中日双方达成了“四点原则共识”。2014年11月7日，国务委员杨洁篪在钓鱼台国宾馆同来访的日本国家安全保障局局长谷内正太郎举行会谈。杨洁篪指出，发展长期健康稳定的中日关系，符合两国和两国人民的根本利益，中方一贯主张在中日四个政治文件基础上，本着“以史为鉴、面向未来”的精神发展中日关系。由于众所周知的原因，中日关系持续面临严重困难局面，近几个月来，双方通过外交渠道就克服中日关系政治障碍进行了多轮磋商，中方重申了严正立场，要求日方正视和妥善处理历史、钓鱼岛等重大敏感问题，同中方共同努力推动两国关系改善发展。

双方就处理和改善中日关系达成以下四点原则共识：

一、双方确认将遵守中日四个政治文件的各项原则和精神，继续发展中日战略互惠关系。

二、双方本着“正视历史、面向未来”的精神，就克服影响两国关系政治障碍达成一些共识。

三、双方认识到围绕钓鱼岛等东海海域近年来出现的紧张局势存在不同主张，同意通过对话磋商防止局势恶化，建立危机管控机制，避免发生不测事态。

四、双方同意利用各种多双边渠道逐步重启政治、外交和安全对话，努力构建政治互信。

杨洁篪强调，双方应切实按照上述共识精神维护中日关系政治基础，把握两国关系正确发展方向，及时妥善处理敏感问题，以实际行动构建中日政治互信，推动两国关系逐步走上良性发展轨道。

中日达成四点原则共识，对此，国际社会高度瞩目，泰国《亚洲日报》副社长钱丰认为，对于日本来说，与中国这一邻国的关系十分重要，中日达成四点原则共识是双方关系的一个突破。

又次，中国国家主席习近平在APEC峰会期间应约会见了日本首相安倍晋三。在中日双方正式达成四点原则共识后，2014年11月8日，外交部部长王毅应约在国家会议中心会见来华出席亚太经合组织部长级会议的日本外相岸田文雄。王毅表示，昨天中日双方就妥善处理当前中日关系面临的主要问题发表四点原则共识，这是中日关系朝着改善方向迈出的重要一步。关键是日方要认真对待，切实遵守，落到实处。日方应在此基础上认真反思，真正找到影响两国关系健康发展的根源所在，并下决心予以解决。只有正本清源，才能行稳致远。日方应该秉持正确的历史观，与过去的侵略行径和理论一刀两断，彻底决裂；应该客观正确认识和对待中国发展，奉行积极的对华政策；应该继续坚持走得到各方认同和支持的和平发展道路。王毅希望日方采取切实措施，为两国关系改善发展不断积累积极因素。岸田表示，双方达成的四点原则共识对于改善日中关系非常重要，日方愿努力加以落实，希与中方一道，保持两国关系改善的势头。

2014年11月10日，国家主席习近平在人民大会堂应约会见来华出席亚太经合组织领导人非正式会议的日本首相安倍晋三。习近平表示，中日互为近邻，两国关系稳定健康发展，符合两国人民根本利益，符合国际社会普遍期待。中国政府一贯重视对日关系，主张在中日四个政治文件基础上，本着以史为鉴、面向未来的精神，推动中日关系向前发展。

习近平指出，这两年，中日关系出现严重困难的是非曲直是清楚的。双方已就处理和改善中日关系发表四点原则共识，希望日方切实按照共识精神妥善处理好有关问题。习近平强调，历史问题事关13亿多中国人民感情，关系到本地区和平、稳定、发展大局，日本只有信守中日双边政治文件和“村山谈话”等历届政府做出的承诺，才能同亚洲邻国发展面向未来的友好关系。

习近平指出，构建稳定健康的中日关系，必须顺应时代进步潮流。希望日本继续走和平发展道路，采取审慎的军事安全政策，多做有利于增进同邻国互信的事，为维护地区和平稳定发挥建设性作用。

安倍晋三表示，日方愿意落实双方达成的四点原则共识，妥善处理有关问题，以此为新的起点，推进日中战略互惠关系改善和发展。

2014年11月12日，国务院总理李克强出席在缅甸举行的东亚峰会欢迎晚宴期间，日本首相安倍晋三主动同李克强总理进行简短交谈。李克强强调，遵循中日之间四个政治文件精神是实现中日关系健康稳定发展的重要基础。只有以史为鉴，才能更好地面向未来。希望双方能够相向而行，推动中日关系克服政治障碍，回到正常发展轨道。安倍表示，日本愿意按照最近双方达成的有关四点原则共识，正视历史，基于共同利益发展日中战略互惠关系，推进两国经贸等领域合作。

最后，中日友好21世纪委员会全体会议在中国北京举行。2014年12月3日至4日，第五届中日友好21世纪委员会全体会议在北京举行，中方首席委员唐家璇和日方首席委员西室泰三分别率双方委员与会。双方委员回顾总结本届委员会成立5年来中日关系发展的经验教训，积极评价最近两国关系取得的进展，并着眼中日关系中长期发展进行了坦诚、深入、务实的讨论。在此次会议上，中方首席委员唐家璇做了基调发言，他着重指出：政治互信缺失，战略互疑突出，已经成为影响中日关系全面发展的突出短板；政治安全互信缺失的根源在于相互认知和定位，归根到底是需要解决彼此到底是合作伙伴还是对手、威胁这一思想深处的根本问题；中国的发展需要一个和平稳定的外部环境特别是周边环境，同时中国也愿意通过自身的发展为地区和世界的和平、稳定与繁荣做出更大贡献；一个发展强大的中国，将给包括日本在内的地区和世界各国带来更多的合作和发展机遇；近年来，日本国内出现一些企图通过修正历史、修改“和平宪法”，摆脱战后体制的动向，使亚洲邻国和国际社会不得不担心日本能否继续沿着战后和平发展道路走下去；希望日本政府和政治家顺应民心，顺应时代潮流，继续走和平发展道路。

2014年12月4日，王毅外长应约会见了中日友好21世纪委员会双方委员。王毅肯定了委员会作为政府咨询机构所发挥的积极作用，阐述了中方对于中日关系的原则立场。王毅特别表示：日方希望两国关系回到战略互惠关系这一原点，而我们要思考战略互惠的原点是什么，很清楚，就是构成两国关系政治基础的四个政治文件。

2014年12月4日下午，国务院总理李克强在人民大会堂会见第五届中日友好21世纪委员会双方全体委员。李克强表示，中日互为近邻，两国关系健康稳定发展对双方、对地区的和平、稳定与繁荣都很重要。中国政府发展对日关系的基本方针是一以贯之的，主张在中日四个政治文件确定的各项原则基础上，本着以史为鉴、面向未来的精神，继续克服政治障碍，推进中日战略互惠关系。只有着眼大局和长远，切实将双方达成的原则共识落到实处，两国关系改善进程才能持续推进。希望日方认真对待和妥善处理影响两国关系健康发展的问题。李克强还指出，中日民间可以更多开展教育、文化、地方、青少年等各领域友好交流，增强两国关系的民意基础，为两国关系的改善不断积累条件。

综观2014年一年以来的中日关系，可以发现，尽管曲折不断，但总的来说，中日关系依旧保持了继续向前发展的势头，尤其是中日发表的规划今后如何发展关系的四点原则共识，是在中日双边关系处于非常困难的关键时候达成的，这是非常难能可贵的，其中凝聚了中日两国各界有识之士的心血与汗水，来之不易。

中国古语早就说过，解铃还须系铃人；中国古语也说过，前事不忘，后事之师。中日关系近年来的症结在哪里？一目了然。只要日本能够真正汲取“二战”侵略历史的惨痛教训，能够真正做到真诚反省侵略历史，不走回头路，彻底与过去的军国主义思想和道路做出决裂，永远真心坚持走和平发展之路，客观友善与坦荡光明地看待中国的正常发展，并且能切实坚定地遵守中日四个政治文件的精神与内涵，不搞小动作、不要小聪明、不说一套做一套，心口如一、表里如一，能把中国的发展与壮大看作是日本今后进一步发展的机遇与机会而不是威胁，那么，中日关系就能够在有序的轨道上得到健康与快速的发展；反之，如果日本政坛继续被右翼势力所绑架，右翼势力甚嚣尘上，理性的声音被压制，持客观公允态度的人士被排挤，大开历史倒车，重返军国主义老路，大幅扩军备战，不惜挑起各种事端，处处牵绊中国，甚至与中国作对等，那么，中日关系只能会日益恶化与紧张，两国老一辈领导人和各界友好人士辛苦构筑的中日友好关系将难以继续存在。

明年2015年是中国抗日战争暨世界反法西斯战争胜利70周年，也是当今世界最权威的维护国际和平的国际组织——联合国成立70周年，是一个极具历史纪念意义的年份。日本理应以2015年为契机，努力展现洗心革面的姿态、幡然悔悟的心态、真诚反省的行为，以勇敢的心、果敢的行动，去向曾被日本军国主义残酷侵略的国家与人民进行彻底的悔罪与道歉，如果日本能够做到这一点，必将对推动中日关系进一步向前发展，起到应有的良好作用。

日本大力推动武器装备出口的深层用意

（2014年12月26日）

2014年12月18日，日本防卫省首次召开了有关如何促进武器及相关技术出口的专家研讨会，安倍晋三内阁曾于2014年4月出台了“防卫装备转移三原则”，解禁了武器出口，该研讨会将争取在2015年夏季前后汇总建议。另据日本《东京新闻》2014年12月17日报道，为了方便进一步促进武器出口，日本防卫省正在研究创设对武器出口企业提供金融援助的制度，这一制度旨在通过利用国家资金设立的特殊法人等机构，对武器出口企业提供低息贷款；此外，为了进口国能够使用武器，还将建立对训练、修理和管理等提供援助的制度。

一、由“武器出口三原则”到“防卫装备转移三原则”

“二战”结束后，日本作为战败国，必须在国际社会的监督下进行非军事化改造。政治上，日本战后“和平宪法”明确规定了“国家永远放弃拥有军队和交战权”，在“和平宪法”的基础上，1967年4月，日本佐藤荣作内阁颁布了“武器出口三原则”，即“不向共产主义阵营国家出售武器”，“不向联合国禁止的国家出口武器”，“不向发生国际争端的当事国或者可能要发生国际争端的当事国出售武器”。这是“二战”后日本限制性防卫政策的核心支柱，其目的在于专守防卫，不对他国产生威胁，是日本“二战”后作为“和平国家”的标志性决定。

1976年2月，三木武夫首相提出，对"武器出口三原则"对象以外的地区也不出售武器。1981年1月，日本国会做出了《关于武器出口问题的决议》，此后，日本一直实行禁止对任何国家出口武器的方针。

但是，冷战结束后，特别是进入21世纪以来，随着国际局势的深刻变化，特别是日本国内政坛右倾保守气氛的日益加重，日本出现了要求突破"武器出口三原则"的杂音与动向。2004年小泉纯一郎担任首相时就表示，"武器出口三原则"禁令限制了日本防卫产业和经济发展，也不利于防卫企业参与国际军事技术合作。同年，日本决定把与美国共同开发生产导弹防御系统以及反恐与反海盗武器出口作为特殊例外，正式开始突破"武器出口三原则"。2006年6月，小泉纯一郎内阁决定放宽《武器出口三原则》，利用政府开发援助（ODA）向印尼提供3艘武装巡逻艇，以协助印尼打击海盗和保护马六甲海峡的运输安全。这是日本首次利用政府开发援助向外国提供武器。2010年，借制订新的《防卫计划大纲》之机，菅直人内阁曾试图对"武器出口三原则"做出修改，最终因社会民主党的反对而被迫中止。继菅直人之后，野田佳彦内阁再次谋求放宽禁止所有武器和关联技术出口的"武器出口三原则"。2013年10月，安倍晋三内阁决定把从"根本上修改'武器出口三原则'"写入当年年底获得内阁会议批准的外交及安全政策中长期指针《国家安全保障战略》。

2014年4月1日，日本召开内阁会议，通过了取代"武器出口三原则"的"防卫装备转移三原则"，新原则规定：不允许向争端当事国或在违反联合国决议的情况下出口（转移）；仅限有利于做出和平贡献和有助于日本的安全的情况下允许出口，在确保透明度的同时进行严格审查；仅在能够确保妥善管理的情况下允许出口的武器被用于其他目的或转至第三国。

二、日本实施"防卫装备转移三原则"的典型项目

首先，与亚洲一些国家的武器装备出口合作项目。2014年12月17日，据共同社报道，为帮助印度尼西亚打击海盗，日本政府已开始协调向该国提供巡逻船的事宜，而印度尼西亚总统佐科·维多多计划于2015年上半年访问日

本，预计安倍晋三首相届时将表明这一措施。为提高海上保安能力，日本此前已经表示将向菲律宾、越南及斯里兰卡等提供以巡逻船为主的各种船只。

2014年6月24日，菲律宾总统阿基诺访问日本，与日本首相安倍晋三举行了会谈，会谈中，安倍表示，将通过提供ODA资金的方式，向菲律宾提供10艘海上巡逻船。

2014年8月1日，日本外相岸田文雄在访问越南期间，与该国计划投资部部长裴光荣签署了一份交换文件，同意向越南提供6艘船，而越南将对船进行整修后，作为巡逻船使用。此前岸田已与越南副总理兼外交部部长范平明会谈，岸田表示，希望通过提供船舶积极支持力争提高海上警备能力的越南。这6艘船是作为日本政府开发援助（ODA）无偿资金合作项目，项目总额约5亿日元，这6艘船的排水量在600~800吨，其中2艘为水产厅的渔业监视船，另外日本还将向越南提供救生船等设备。

2014年9月7日，日本首相安倍晋三访问斯里兰卡，与斯里兰卡总统拉贾帕克萨举行了会谈，双方就加强海洋安全领域的合作达成了一致，日本支持斯里兰卡提高海岸警备能力，并就日本向斯里兰卡提供海上巡逻船等事宜进行协商。

其次，日本向印度出口US-2水陆两栖飞机事宜。US-2飞机是日本飞机制造商——新明和公司研制生产的水陆两用飞机，该飞机被用于空海搜救任务，机上安装了计算机化的电传飞行控制系统，US-2飞机最大飞行高度超过6000米，巡航速度480千米/时，最大速度560千米/时，最大航程4500千米，最大起飞重量为47.7吨（从陆上）和43吨（从水上）。早在2011年，日本政府就批准了新明和竞标印度海军的一项全球信息征询书，希望向印度海军提供US-2两栖飞机。2013年5月，时任印度总理辛格访问日本，与日本首相安倍晋三举行了会谈，当时双方就日本向印度出口日本海上自卫队配备的水陆两用救援水上飞机US-2等事宜进行了商讨。2014年9月1日，印度新任总理莫迪访问了日本，安倍和莫迪在东京举行峰会后发表声明称：日本首相和印度总理重申了日本与印度的防务关系在它们战略合作中的重要性，并决定对其予以升级及加强；指示两国官员加快日本对印度出售US-2水陆两栖飞机的谈判步伐；就防卫装备领域的合作启动事务性磋商。

再次，澳大利亚欲引进日本先进的"苍龙"级潜艇。进入2014年以来，日本与澳大利亚两国高层互动频繁，其中主要围绕着澳大利亚如何从日本引进"苍龙"级潜艇而展开交涉。"苍龙"级是全球顶级的常规动力潜艇之一，持续潜航时间可达两星期，且具有优秀的静音性和隐身性。2014年7月，安倍晋三首相访问澳大利亚期间，与澳大利亚总理阿博特签署了有关防卫装备出口的协定，其中就包括了两国在先进潜艇技术领域进行合作的内容。2014年10月，澳大利亚国防部长约翰斯顿访问了日本，与日本防卫大臣江渡聪德就与日本合作建造潜艇的可能性进行了商讨。日本如果最后完全实现向澳大利亚出口"苍龙"级潜艇，将是日本战后首次对外出口尖端军工技术。

三、日本大力推动武器装备出口的深层用意

首先，直接目的是振兴日本军工产业，并为日本经济复苏增添动力。日本的许多大型知名企业既是各种知名品牌的生产商，也是隐性的具有极大生产潜力的军工企业，如三菱重工、川崎重工、三菱电机、石川岛播磨重工、日本制钢所等17家大型民营企业承担了95%的装备采购任务，这些企业制造汽车、船舶、家用电器等，同时生产高技术武器装备。据2014年12月16日出版的日本《读卖新闻》报道，瑞典斯德哥尔摩国际和平研究所公布了2013年世界武器销售额前100名企业，其中有4家日企入围，分别是三菱重工（27名）、三菱电机（68名）、川崎重工（75名）和NEC（即日本电气股份有限公司，排在93名）。特别是三菱重工，它是日本最大的军工生产企业，2003年从日本防卫厅接受的军工订货额为2800亿日元，居各家军工企业之首。三菱重工生产的装备，如F-2和F-15J型战斗机，以及90式坦克，在日本航空自卫队和陆上自卫队中都起到了核心作用；在日本海上自卫队，三菱重工则建造了几乎一半的潜艇和三分之一的驱逐舰，其在日本军工行业的地位可见一斑。

"二战"后，按有关规定，日本军费开支数额不能超过其GDP的1%，同时受法律限制，日本的大型武器又不能出口，这意味着日本军工产业完全丧失了国际市场，只能被限制在日本自卫队这个20多万人的国内市场。正因为

采购量小，日本军工企业得不到快速发展，但日本为了维持军工企业的存在，政府每年要给这些军工企业大量的补贴。长此下去，将是日本政府的沉重经济负担，而实施新的“防卫装备转移三原则”后，将为日本大型军工企业扩大生产规模、谋求更多利润以及争夺国际军工市场份额提供非常好的机会，而释放军工企业已有的生产潜力与占领国际军火市场，将为安倍标榜的“复苏日本经济”和重振日本制造业“雄风”提供重要渠道。

其次，拉拢相关国家为日本牵制中国发展服务。从日本大力向亚洲一些国家极力兜售巡逻船和先进水陆两栖飞机就可以看出其中的“奥秘”：这些国家（印度、斯里兰卡、印尼、菲律宾和越南）都是“从印度洋航道经过马六甲海峡直达中国南海”这条世界重要海上能源大通道的沿线国家，不言而喻，这条海上能源大通道攸关东亚国家的能源安全。如果日本的巡逻船经过改造后正式入列这些国家的海岸警备队（甚至可能是海军），那么，将会提升这些国家的海上防御、警备与搜索能力，如果日本再以“合作培训与提升”这些国家的海上警备能力为由介入这些国家的海上防御事务工作，那么日本的深层目的就暴露出来，也即，借拉拢这些国家，为牵制中国的海洋强国战略服务，例如，平时可以借着巡逻船出海巡逻，在海上监控往来的中国舰船；遇到马六甲海峡爆发突发事件或发生冲突与战事，可以以维护海上通道安全为由，乘机封锁马六甲海峡，以便对中国构成直接压力。

再次，彰显日本所谓的“军事强国形象”，为日本重新成为一个具有国际影响力的“正常大国”做好战略铺垫。“二战”期间的日本，在军国主义思想的刺激下，迅猛扩充军备，成为一个拥有海军与空军先进武器装备的军事大国，“二战”后的日本，受战败国的各种限制，日本不能公开大幅生产各式先进武器装备，当然更不能像美国那样成为国际军火市场的“重要玩家”，但日本深知，要想重新成为一个像“二战”前日本那样的军事大国，或者成为一个具有重要国际影响力的“正常国家”，必须具备像样的“响当当”的军工生产大企业，必须能大量生产出具有国际竞争力的军工产品，必须能在竞争激烈的国际军工市场占有一席之地。在国际军工市场掌握了话语权，也就是彰显了“军事强国”的形象，具备了“军事强国”的影响力，也就意味着日本会成为一个享有重要国际影响力的"正常大国"。

不过，今后日本大力推动武器装备出口之路不会一帆风顺。首先是日本国内民众的反对之声，许多日本普通民众非常担忧日本会重新走上军备竞赛之险路，那样，日本有重新卷入战争的危险；其次是国际社会所有爱好和平的国家与人民的正义呼声，和平与发展是世界潮流，日本大力推动武器装备出口有违和平与发展之大潮，"逆历史潮流而动者"将被历史大潮所淹没；最后是美国的掣肘与羁绊，尽管日本"开闸"武器出口大门有美国暗中默许之嫌，但美国的"默认"，必须限制在不能超越美国控制日本的框架内，如果日本的"军事越位"有摆脱美国控制的动向甚至有威胁到美国的隐患，那么，美国绝不情愿看到一个重新"武装强大"的日本出现在自己面前。

胜选后的安倍将走向何方

（2014 年 12 月 16 日）

2014年12月14日，备受瞩目的日本众议院选举落下了帷幕，正如大选前日本各大媒体普遍预料的那样——这是一次没有悬念的大选，安倍领导的自民党顺利获得了大选的胜利，在众议院总共475个议席中，自民党单独就赢得了290席，超过了能够掌控众议院“绝对稳定多数”的266个席位的大关，再加上联合执政的公明党获得的35个席位，自公联盟总共在众议院的席位高达325个，超过了众议院三分之二席位所需的317个议席，也即，在自公联盟掌握了众议院三分之二多数议席的情况下，即使法案被参议院否决，也可以经由众议院再次表决，在三分之二优势下使法案获得成立。

不过，尽管说安倍“如愿以偿”赢得了下一个四年任期，为自己成为日本政坛又一位长期首相打下了“坚实”的基础，但是，安倍以及他率领的安倍内阁及其执政团队，在接下来的任期内，绝对不会是顺风顺水、轻舟飞过的，接下来的时间，考验安倍的棘手课题不少，安倍能否轻松应对？能否应对得了？应对能否获得预期的效果？会否中途碰到什么难以预料的变化？……好多的问题，等待着安倍去一一解答。安倍想要成为一名“长期首相”，不是光凭“喊喊”就能“实至名归”的。

第一，是政治领域。安倍就面临着很多的问题，这些问题都是牵一发而动全身的根本问题，安倍如何应对，如何“出牌”，将是观察日本政局走向的“风向标”。

2015年4月份，日本将要举行统一地方选举，日本各都道府县和政令指定都市的首长、议员，以及政令市以外的市、特别区、町村的首长、议员都要举行选举，安倍的目标是，要求自民党也像众议院大选那样一口气赢得地方选举，以便为地方贯彻内阁与自民党的政策创造良好条件，但是，地方选举有地方的特点，自民党赢得众议院大选胜利，未必就一定能保证在地方选举中也能大获全胜，因为，其他的在野党，如民主党、维新会、共产党等政党肯定也会高度重视统一地方选举，肯定也会做好各项准备工作，特别是民主党，肯定不甘心此次众议院大选的失利，将会以打赢统一地方选举作为下一届众议院大选翻身的跳板。安倍领导的自民党如果在明年的统一地方选举中，不能再现众议院大选大胜的"局面"，将会给其提出的"灾后重建"与"地方创生"等政策造成很大的掣肘。

2014年7月，安倍通过内阁决议解禁了集体自卫权，按照原计划，安倍打算在明年的统一地方选举后，向国会提交与解禁集体自卫权密切相关的一系列安保法案，这些法案能否通过，关系到今后日本的安保政策，关系到日本解禁集体自卫权能否真正实现。但是，由于解禁集体自卫权非常敏感，各个在野党对此意见不一、分歧很大，就连自民党的执政伙伴公明党也对此持谨慎意见，所以，届时，朝野政党必将在国会就是否审议通过相关安保法案掀起新一轮攻防战，安倍如何巧妙化解各党派分歧以及如何平衡各党派利益，将拷问着安倍政治智慧，也拷问着所谓的安倍"安保学"能否行得通。

如果再把目光放远些，那就是2015年9月份的自民党总裁竞选以及2016年的参议院选举，安倍已经打赢了目前的众议院选举这场硬仗，其主要着眼点在于2015年9月的自民党总裁竞选，只有获得自民党总裁的连任，才能彻底为长期执政打下权力基础，自民党总裁连任是只能胜不能败。2016年的参议院选举，也是安倍面临的中长期政治任务，只有在2016年的参议院选举中继续赢得多数席位，甚至获得超过三分之二的议席，才能对安倍的长远政治目标——修改"和平宪法"——起到根本帮助作用。不过，目前看，只要安倍本人不出现什么变数或政治问题，连任自民党总裁的可能性很大；但问题就在于2016年的参议院选举，安倍能否带领自民党赢得多数议席甚至超过三分之二的绝对多数议席，现在来看，恐怕还面临着不少问题。因为，在野党深知，如果自民党完全控制了众参两院绝对多数席位，就能确保修宪所需的条件，对此，像日本共产党与社民党等在野党是保持高度警惕的，这些在野党可能会全力阻挡安倍的修宪计划，所以，2016年的参议院选举，是安倍在接下来的两年时间里，要着力与慎重应对的政治难题。

第二，是经济领域。目前，“安倍经济学”已是疲态尽显，第二轮消费税增税计划，也不得不推迟到2017年以后施行，尽管说，此次众议院大选，安倍把其看作是否继续支持“安倍经济学”的一次全民公投，而且，众议院大选的获胜，也证明了日本选民是继续支持“安倍经济学”的，但是，这并不能说明“安倍经济学”今后能够继续顺利开展下去。因为，第一轮消费税增税，已经暴露出很大的弊端，增税的实施，使许多普通民众由于消费开支增多而减少消费，这使得日本的消费市场不能很快扩大，这也是导致日本经济连续两个季度呈现弱增长，且日本经济继续处于低位徘徊的重要原因之一。大选后，安倍自认为获得了选民对“安倍经济学”的认可，今后可以继续大胆推行“安倍经济学”了，殊不知，“安倍经济学”不是医治日本长达20年经济不景气的“灵丹妙药”，日本经济“沉疴已久”，是长期的“结构性问题”使然，比如，日本经济长期不振，与日本内需不振有关，日本内需不振，与日本“少子高龄化”人口问题愈发严重有密切联系，在一个总人口日益呈现萎缩危险情况下的国家，如再不采取根本措施遏制人口不断减少的势头，“安倍经济学”即使再射出“第四支箭”，也不能解决得了日本带有顽症的“人口经济”问题。

第三，是外交领域。尽管说，外交领域的问题并不是此次众议院选举的焦点问题（是安倍故意巧妙地转移了外交话题，不让选民注意外交话题），但是不能认为，外交问题就不存在，而且安倍内阁面临的外交问题还非常多、非常棘手。

所谓的“朝鲜绑架日本人质问题”，原计划是准备在年内得到解决，但由于众议院大选而不得不延期，现在来看，安倍承诺一举解决这一问题的希望非常渺茫。大选后，安倍继续面临着探索如何解决“朝鲜绑架日本人质问题"，如何打开日朝两国关系长期僵持的突破口，如果安倍能像小泉纯一郎那样实现"闪电式访问朝鲜"，成功解决"绑架人质"问题，那么，安倍在外交领域将获得巨大"加分"，安倍将不啻是日本民族"功臣"，其政治威望肯定也会大幅提高，成为长期首相也是指日可待。但是，改善日朝关系，绝非一蹴而就的事情，其艰难程度可想而知，其中涉及许多复杂的国际关系因素，安倍设想的"修复日朝关系"的前景恐怕是前路漫漫。

日韩两国在明年2015年将迎来关系正常化50周年的纪念年份，但目前日韩关系非常不睦，安倍与朴槿惠至今都没有实现双方首脑正式会晤，连美国都在对日韩关系的不正常状态感到焦虑，美国总统奥巴马催促安倍尽快改善与韩国的关系，否则，将对美国推进的"亚太再平衡"战略带来消极影响，但是，受"慰安妇"问题的影响，韩国对日本否定"慰安妇"问题的动向感到不满，但"慰安妇"问题正是日韩关系紧张的症结所在，如果说日韩之间的领土主权争议无法很快解决还可以理解，那么，"慰安妇"问题本是日韩之间可以协商解决的事情，现在面临的情况是，日本国内右倾保守主义气氛浓厚，日本右翼势力不断否认"慰安妇"问题的存在，安倍如何在美国的压力下，求得改善日韩关系的"良策"，将检验着未来几年安倍的外交能力。

在此次大选中，日本自民党候选人在冲绳县的4个选区全部落败，这反映了安倍内阁想在冲绳普天间基地搬迁问题上继续维持向名护市边野古搬迁的计划将会受到很大的阻力。但是，普天间基地搬迁问题，是涉及日美关系的重大事情，而美国却不依不饶，向安倍施压要求按照原计划把普天间基地搬到边野古地区，但现在冲绳县新任知事翁长雄志反对将普天间基地搬到边野古地区，自民党候选人的全部落选，再次表明冲绳县民强烈反对日本政府强行推进的驻日美军普天间机场搬迁至名护市边野古地区的方案。接下来，安倍将如何平衡美国与冲绳地方两个方面的利益，如何"两全其美"地解决普天间基地搬迁问题——既能向美国交代，又能平息冲绳地方政府与民众的怨气，将是观察安倍外交手腕的一块试金石。

明年2015年是中国抗日战争暨世界反法西斯战争胜利70周年，同时也是联合国成立70周年，所以，2015年，安倍将面临如何稳定发展中日关系、日俄关系等艰巨的外交任务。由于日本右翼势力极力否定“二战”侵略历史，这给2015年这个重大历史纪念年份蒙上了一层阴影，同时这也是考验安倍内阁如何从根本上改善与中国和俄罗斯关系的外交能力的一次“大考试”，安倍如能顶住国内右翼势力的干扰，真心诚意地在历史问题上做出令国际社会信服的回答，那么，2015年就可以成为安倍带领日本走向“新生”的转折年份；反之，如果安倍仍旧执迷不悟，继续在历史问题上持僵硬保守态度，甚至还参拜“靖国神社”，没能抓住在2015年这个历史纪念年份解决“历史问题”的机会，那么，安倍所谓的改善与发展和中国与俄罗斯的关系的想法就只能是“奢谈”。

总之，胜选后的安倍，不是就“一劳永逸”了，安倍将在政治、经济与外交等领域面临着方方面面的问题，安倍内阁将走向何方，将是包括日本在内的各方都需密切留意的问题。如果安倍真的“被胜利冲昏了头脑”，那么，安倍所谓的“长期首相”之梦，也终将是一场梦。

铭记昨天，是为了更美好的明天

——纪念首个南京大屠杀死难者国家公祭日

（2014年12月13日）

12月13日——一个令每一个中国人都刻骨铭心的日子，因为就在77年前，从1937年12月13日开始，侵华日军在中国南京开始对中国同胞实施长达四十多天惨绝人寰的大屠杀，三十多万人惨遭杀戮，制造了震惊中外的南京大屠杀惨案。

77年时间过去了，日本军国主义制造的大屠杀惨案，仍然历历在目，当年惨遭日军屠戮的死难者的血与泪永远镌刻在历史的记忆里，不容抹杀、不容篡改、不容歪曲；日军屠城罪行，铁证如山，早已经远东国际军事法庭和南京审判战犯军事法庭做出庄严审判，已得出严肃的历史结论和法律定论——日本军国主义在侵华战争中对中国人民犯下了罄竹难书的滔天罪行。今天的日本右翼势力，妄图为日本军国主义翻侵略历史旧案，是不得人心的，是逆历史潮流而动的。而对于日本右翼势力"逆历史潮流而动"的危险动向，作为联合国安理会常任理事国、"二战"中反法西斯同盟的关键国家、为抵抗与战胜日本军国主义做出了巨大贡献并付出了巨大民族牺牲的中国，理应为揭露日本侵略者的战争罪行，为牢记日本发动的侵略战争给中国人民和世界人民造成的深重灾难，为表明中国人民反对侵略战争、捍卫人类尊严、维护世界和平的坚定立场，同时为了悼念南京大屠杀死难者和所有在日本帝国主义侵华战争期间惨遭日本侵略者杀戮的死难同胞，由最高国家权力机关设立一个国家级的公祭日——南京大屠杀死难者国家公祭日，以铭记历史、不忘屈辱、缅怀先人、砥砺前行、开创明天。

南京大屠杀死难者国家公祭日，祭奠的是无数的无辜的中国同胞，警醒的是国际社会，警告的是蠢蠢欲动的日本右翼势力。

中国人民进行的抗日战争，是极其艰苦卓绝的，是付出了巨大的民族牺牲的：中国军民伤亡高达3500多万人，日本军国主义发动战争造成的破坏及其对中国资源和财富的大肆掠夺，按照1937年的比价，造成中国直接经济损失1000亿美元，间接经济损失5000亿美元。包括30多万人惨死的南京大屠杀在内，日军铁蹄蹂躏下的中国国土，哀鸿遍野、血流成河。遇难同胞血淋淋的事实，从根本上说明了：中国人民进行的抗日战争，是“二战”中最为惨烈的，中国是“二战”中东方的主战场，中国人民以血肉之躯，拖住了日军疯狂进攻的步伐，为整个反法西斯战争的最后胜利赢得了主动权，为整个反法西斯战争的最终胜利做出了不可磨灭的贡献。

但是，就在中国人民深刻缅怀抗战历史英烈、牢记历史教训、深切怀念遇难同胞的同时，日本右翼势力仍然在蠢蠢欲动，妄图为日本军国主义掩盖历史罪责，妄图为日本军国主义“招魂”，甚至妄图颠覆“二战”后无数人用鲜血换来的“二战”战果与“二战”后形成的国际秩序。“二战”的战果与“二战”后形成的国际秩序，是建立在包括中国在内的整个反法西斯阵营经过血与火艰苦抗争的基础上的。当今和平的国际社会来之不易，和平之根、和平之源，来自哪里？正是来自以中国为代表的整个反法西斯同盟的血的付出。

和平的国际社会是鲜血换来的，理应由这个大家庭的所有成员倍加珍惜。但是，日本右翼势力“贼心不死”，在他们看来：“二战”后的远东国际法庭大审判，只是战胜国的“片面之词”，日本发动的战争是否是“侵略”尚没有统一定论，甚至有的日本右翼分子还叫嚣，南京大屠杀“根本就没有这回事”（日本铁杆右翼分子、日本广播协会经营委员百田尚树之谬论）。凡此种种，都反映了一种危险的暗流在涌动：在国际社会崇和平、求合作、谋发展的滚滚大潮面前，日本右翼势力不甘心军国主义的沉沦，有阻挡国际社会向前发展的野心，日本右翼势力图谋重回军国主义横行称霸世界的旧时代，图谋再现日本军国主义统治亚太地区的所谓"血腥荣光"。

为了亚太地区的和平，为了预防日本重返军事膨胀的"战争老路"，同时更为了维护整个国际社会的和平与安宁，中国政府与人民决定以国家公祭的形式，庄严又隆重地纪念77年前发生的那场大屠杀惨案。这样做的重要目的之一，就是要让包括日本各界有识之士在内的整个国际社会都懂得：为了南京大屠杀这样的惨案不再发生，为了让无数的无辜者不再流血，为了不再发生野蛮的侵略战争，正在把日本又往危险之路不断牵拽的日本右翼势力，只能是亚洲与世界和平的威胁，只能是亚洲与世界的"麻烦制造者"，只会给亚洲与世界带来动荡与不安；为了亚洲与世界永续和平，包括日本各界有识之士在内的整个国际社会爱好和平的人民，都应立场坚定地反对日本右翼势力妄图否定军国主义侵略历史的倒行逆施，都应对日本右翼势力的危险言行与动向抱以警惕与清醒，决不能让日本右翼势力的阴暗计谋得逞。

诚如习近平主席在纪念抗日战争胜利69周年座谈会上的讲话中明确指出的那样：中国人民抗日战争和世界反法西斯战争的胜利给我们留下的最宝贵的启示，就是必须毫不动摇走和平发展道路；中国主权、安全、发展利益和民族尊严绝不允许任何势力侵犯，同时任何力量也不能动摇我们坚持和平发展的信念；中国坚持走和平发展道路，同时呼吁各国共同走和平发展道路，为建设持久和平、共同繁荣的和谐世界而不懈努力。

今天我们郑重纪念南京大屠杀30多万死难同胞，今天我们庄严缅怀在抗日战争中牺牲的无数英烈，今天我们铭记昨天那段血泪与硝烟共同交织的反抗外敌入侵的民族解放战争，今天我们牢记中国是伟大的反法西斯战争的坚定参与国与战胜国，所有的这一切，都是为了开创一个更加美好的、没有侵略战争、没有血腥屠戮、和平与安宁永驻的亚洲与世界。

安倍提前解散众议院举行选举为哪般

（2014 年 11 月 18 日）

日本各大媒体近日纷纷报道日本首相安倍晋三即将解散众议院提前举行选举的消息，具体的选举日程有两个方案：12月2日发布公告，14日投计票；或12月9日发布公告，21日投计票。本来按照众议院任期四年的规定，现在的众议院是从2012年12月16日结束的众议院选举中产生的，那么，应该是在2016年12月份到期，也即在2016年12月份再举行众议院选举，但是若在2014年12月份举行选举，就是整整提前二年举行选举。日本众议院选举，是各个政党角逐执政权的选举，也即选举首相的选举，是日本政坛最重要的选举（即大选）。而安倍选择在此时，突然要解散众议院提前举行众议院选举，究竟为何？

首先，是"安倍经济学"在面临着不利局面之下不得不进行的应对举措。安倍在2012年12月底二次上台执政后，推行了所谓的"安倍经济学"，其主要目的是想让日本从已经持续多年的经济不景气的泥淖中挣脱出来。2014年4月，安倍把日本的消费税从以前的5%提高到了8%，但是半年多的时间过去，日本经济并未显现应有的起色，反倒是原地踏步，增长乏力。增税带来的"后遗症"一旦扩大，将会导致股市受挫、经济减速等经济不景气局面加重，而经济不景气局面加重又会使日本普通民众对"安倍经济学"的失望情绪进一步扩大，民众对"安倍经济学"的失望与不满，将会直接动摇"安倍政权"根基的稳固性。

在日本政坛，增税向来就是一个"烫手山芋"，1989年，竹下登内阁决定开征3%的消费税，同年自民党在参议院选举中惨败；1997年，桥本龙太郎内阁把消费税提至5%，翌年也在参议院选举中遭遇惨败；2012年，时任首相野田佳彦改组内阁，力推消费税增税政策，但最终野田也是黯然下台。此次，安倍之所以要提前举行众议院选举，"增税"应该是"导火索"。按照"日本消费税增税法案"的规定，在2014年4月和2015年10月分两个阶段把消费税率分别提至8%和10%，第一个阶段的"增税"收效甚微，第二个阶段增税又面临着非常大的争议，是否按照原计划，执行第二个阶段"10%"的增税计划呢？如果不执行第二个阶段的增税计划，那么，就会招来"不能兑现竞选承诺"的怀疑与指责；如果执行第二个阶段的增税计划，在日本经济仍旧处于低位徘徊的情况下，贸然行动，只会导致经济形势进一步恶化。

在此左右为难的情形之下，安倍只能以"提前解散众议院举行选举"这招"险棋"来应对民众对"安倍经济学"的审视——既然"增税"引来了很大的非议，那么，就应该以"大选"的"严肃方式"，来接受选民的裁判；如果安倍领导的自民党在大选中获胜，那么说明"安倍经济学"仍有实行下去的必要；如果安倍领导的自民党在大选中失利，则说明"安倍经济学"不是挽救日本经济的"良方"。

其次，是要减少或消除安倍内阁的阁僚频爆"丑闻"的消极影响。安倍在2014年9月进行了内阁改组，但刚刚改组后内阁换上的新人就不断爆出"丑闻"，有的是与"右翼极端势力"有撇不清的关系，有的则是有无法说明来由的"政治献金"嫌疑，特别是在经济产业大臣的任命上，安倍负有不可推卸的责任。先是9月刚获任命的小渊优子，被爆出有巨额"政治献金"而引咎辞职；后是接替小渊优子的宫泽洋一，走马上任还不到3天，就被媒体挖出了好几年前种下的"丑闻"，而且这些"丑闻"，还不仅仅涉及"金钱"问题，更是涉及了令人难以启齿的"桃色丑闻"。宫泽洋一的"丑闻"，已经不是宫泽个人的问题，而是牵涉到整个安倍内阁及至安倍本人的"用人失察"问题，如果被在野党"刨根问底"地追究下去，安倍内阁和安倍本人的"颜面"将"尽失"，这将直接打击安倍的"首相威信"。所以，乘着日本全国上下普遍对"增税"

有各种议论的时机，以“是否继续增税”为由头，解散众议院举行大选，则可利用大选的焦点，轻松转移在野党与舆论的注意力，一举将内阁大臣“丑闻频出”的消极影响降到最低限度。

再次，是为安倍巩固政权、做长期首相做准备。安倍内阁的支持率目前维持在45%~54%之间，比他刚刚重新当选首相后的支持率降低了很多，安倍本人及其身边人士早就“放言”，安倍要成为一位长期执政首相，起码要当“6年时间首相”。按照目前日本经济的不景气形势以及安倍内阁阁僚频爆的丑闻，如果安倍内阁再硬撑下去，将会不断拉低内阁支持率，如果内阁支持率降到30%以下的“危险水域”，将会给在野党“倒阁”提供有利机会，所以，“快刀斩乱麻”，早解散比迟解散要好，乘着内阁支持率还保持稳定的有利时机，提前解散众议院举行大选，将会打乱在野党的阵脚，让在野党没有时间去筹备即将到来的大选，若在大选中，安倍领导的自民党获胜，将能继续巩固与凝聚安倍的领导力与向心力，从而为安倍做“长期首相”提供坚实的政治基础。

可以预见，若安倍真的如日本媒体所预判的选举日程那样解散众议院举行大选，那么接下来，日本政坛将全面进入“大选季”。

一是，此次众议院大选，是否牵涉到美军驻冲绳普天间基地的搬迁话题。据刚刚出炉的日本冲绳县知事的选举结果，反对将美军普天间机场从宜野湾市搬迁至名护市边野古的无党派新人、前那霸市市长翁长雄志战胜了推动搬迁手续、希望实现三连任的现任知事仲井真弘多等人，当选为冲绳县新任知事。而仲井真弘多则是执政党自民党极力推荐的人选，仲井真弘多的落选，将对即将到来的日本众议院选举带来一些影响。一向棘手的普天间基地搬迁问题，将可能成为选民关注的话题，新当选的冲绳知事翁长雄志将会利用大选时机，让普天间基地成为日本大选中必须议论的选题，来推动普天间基地问题的解决；另外，普天间基地搬迁问题，最根本的是涉及日美军事同盟关系，美国如何看待普天间问题在日本大选中的讨论，日美到底如何处理普天间基地的搬迁，将是一大看点。

二是，此次众议院选举，将会给日本未来的政局带来怎样的变数。按照目前自民党在日本政坛独大的地位，如果不出意外，安倍领导的自民党可能会取得大选的胜利，唯一存在悬念的是，自民党与其他在野党在众议院议席的得票率具体分布情况：是自民党遥遥领先于其他在野党呢？抑或自民党与其他在野党议席数的差距不是很大呢？大选后，日本未来的政局走向如何，安倍内阁之后的"后安倍时代"是否会揭晓？谁会是"后安倍时代"自民党的后起之秀呢？这些都应该是关注的话题。

三是，此次众议院选举，肯定会涉及安倍力推的"解禁集体自卫权"问题，也是对安倍"扩军强军"路线的"拷问"，选举中，各政党与选民如何讨论敏感的"解禁集体自卫权"问题，如何应对未来的"修宪问题"，将是关注的焦点之一。大选后，如果安倍继续当选首相，安倍"扩军强军"之路如何走，安倍的"扩军强军"之路能否走下去，也是必须关注的话题。

APEC 会议：日本须以真诚之心对待中日首脑会晤

（2014 年 11 月 10 日）

近段时间以来，随着亚太经合组织峰会日期的临近，日本舆论与媒体不断热炒有关APEC峰会期间“中日首脑是否会晤”的话题，在日方看来，这样做的所谓“用意”，不外乎就是：日本已经屡次主动发出要求与中方举行首脑会晤的信号，如果中方不为所动或者对此热度不高，那么，中日是否能够举行会晤的责任不在日本方面，而是中方。其实，这是一种“欲擒故纵”的把戏，如果日本方面真的非常想与中方举行首脑会晤，那么，按照“解铃还须系铃人”的中国古训，日本应该勇敢地拿出真诚之心与切实的行动，否则，单单凭着几句苍白无力的“日本要与中国举行首脑会晤”的隔空喊话，是难以真正水到渠成实现中日首脑会晤的。

首先，日本应该认真思考如何打破中日之僵局。中日两国之所以出现僵局，最根本的乃是，日本在非常敏感的领土主权与历史问题上，不断制造事端，屡屡刺痛与挑战中国坚决捍卫国家主权与维护国家安全的底线与耐心。在日本眼里与内心里，依旧抱持着陈旧与顽固的侵略历史以及冷战思维，也即中国不应该获得飞跃发展，中国还是处于贫穷与落后状态，日本绝不能让中国的国力超过日本，日本永远是亚洲第一，等等。在这种“阴暗”思维的指导下，日本无法客观看待中国取得的辉煌成绩，并且在中国飞速发展的现实面前，越发显得“焦躁与嫉妒”，于是，日本为了保住所谓的“强大颜面”，不惜频繁借着“历史问题”来证明“日本依旧的荣光”。但是，事实证明，日本的

“短视举动”，不能给日本带来任何益处，反倒是给中日关系带来很大的麻烦，中日关系的“绳结”是日本一手“系上”的，现在要想打开这个“绳结”，自然是由日本自己去“解”。

其次，日本须付诸真诚的行动。“临渊羡鱼，不如退而结网”，“千里之行，始于足下”。愿望再好，如果不去躬身践行，也只能是“镜花水月”。既然是日本自己制造了“中日之僵局”，那么，在日本自身已经提了无数次“中日要举行首脑会晤”的情况下，日本最应该做的就是赶紧付诸行动。这种行动重在：彻底认真承认与担负过去的侵略历史罪责，真心坦然对过去的侵略历史做出悔罪的行动，彻底停止参拜“靖国神社”，出版没有做任何修改的、客观科学陈述过去侵略历史的教科书，客观公允且不带私心地看待中国的发展壮大，放弃搞“价值观同盟”以针对中国的遏制行为，彻底放弃所谓的荒唐“购岛”行动，等等。如果日本真能诚心诚意且不带任何折扣地落实上述举措，或许能对中日关系转圜有所帮助。

再次，日本须放弃“零和式思维”。“零和式思维”已被证明是与当今重和平、重对话、重发展、重合作的国际社会大潮相违背的落后国际关系思维，而日本至今仍“乐此而不疲”，特别是在“中日僵局”上，正是日本的“零和式思维”在作祟。在日本看来，日方只能得而不能失，日方要全得，没有失的道理与理由；中方得失无所谓，或者中方得到很少，甚至中方只能失而不能得。日本的这种“零和式思维”，说白了，就是日本仍是一个“强国”，日本不能容忍中国有任何国际权利可享，日本还要在亚洲牢牢占据权力制高点，即使全世界，日本也要去染指利益，“轮不上”中国在国际社会占有一席之地。毋庸置疑，日本的“零和式思维”其实就是一种“霸权思维”，在这种思维指导下的日本外交，难言有公平、公正、和平与可持续的国际关系秩序，“中日僵局”的出现也就不足为怪了。

日本社会与媒体与其热炒中日首脑APEC是否会晤，不如静下心来，冷静、缜密思考日本如何搞好亚洲近邻外交。

其一，“好邻居、金不换”。日本方面，应该认识到这个浅显易懂的道理。近年来，日本的亚洲近邻外交不断显现“红灯”，与之相反，日本却不断加强与美国的盟友关系，在日本看来，不断强化日美关系，既有助于深化日美军事关系，更有助于日本借美国之力，在亚太地区扩大影响力，从而乘机壮大日本军事实力，欲图重新恢复蛰伏已久的日本军事霸权。这种“远交近攻”的短视思维，只能使日本的亚洲近邻外交愈发紧张，与美国加强军事同盟关系带给日本的不是舒缓的亚洲外交，而是日益紧张的邻国关系。日本至今都不能认清自己的亚洲外交僵局的真正原因在哪里，其实，点破了，也很简单，也即日本与其下大力气强化日美军事同盟关系，不如把外交重心转回亚洲，特别是要思考如何搞好与邻国的关系，一个把邻国都看作是“对手与敌人”的国家，何谈能有“世界性的大国外交”？

其二，日本脱离亚洲，只会无根随处飘零。日本在地理上是个亚洲国家，但在日本内心里，从不认可自己是亚洲国家，长期以“西方国家”而为荣，殊不知，这种“身份”的扭曲，也带来了日本外交的扭曲，“名不正则言不顺”，日本连自己的“身份”都搞不懂，何谈“亚洲外交”呢？连自己到底身处哪一个洲都不愿意确认的情况下，将亚洲近邻外交搞僵也是很自然的了。

其三，日本走“军事强国”之回头路不可能行得通。日本近邻外交僵局频现，深层原因乃是日本内心里“军事强国”之旧梦鼓动的结果。日本频频否定侵略历史的言行，归结点最终在于复苏昔日所谓的“军事强国”，但这种“军事强国”的迷梦越是深入，就越是误导日本的亚洲近邻外交，就越是使日本的亚洲近邻外交越搞越混乱。日本若不从“军事强国”的迷梦中警醒过来，就不可能有“顺轨运行”的亚洲外交；相反，走“军事强国”之邪路，日本的亚洲外交只能有“越轨”或“翻车”两种可能。

日本与澳大利亚加强防务合作关系意欲何为

（2014年10月23日）

2014年6月11日，日本外相岸田文雄和防卫相小野寺五典与澳大利亚外长毕晓普和国防部长约翰斯顿在日本东京举行日澳外长和防长磋商（2+2）并发表共同文件，日澳双方就缔结防卫装备领域合作的相关协定达成了共识，此举实际上是促成日本向澳大利亚转移低噪音引擎的先进潜艇建造技术。7月8日，日本首相安倍晋三访问澳大利亚，与澳大利亚总理阿博特达成了共同开发防卫装备的相关协定——日澳共同开发新型潜艇。这是日本继美国、英国后签署的第三个"防卫装备"合作协议，也是日本战后首次对外出口尖端军工技术。日本和澳大利亚计划共同研制的新型潜艇，是2014年4月安倍内阁制定"防卫装备出口三原则"之后，实施的第一项与外国共同合作研制武器装备的项目。日本准备将常规潜艇的静音技术和船体的制造技术提供给澳大利亚，将来日本和澳大利亚计划将共同研发的新型舰艇向第三国出口。

安倍在澳大利亚国会发表演讲时，宣称"日澳签署的防卫装备及技术转移相关协定，是向载入日澳两国史册的'特殊关系'迈出的第一步"，安倍竟然还称，日澳加强防务合作关系，是为了给本地区与世界和平做出应有的贡献。如果把时光带回72年前（1942年2月19日），日本军机对澳大利亚北部的达尔文进行了狂轰滥炸，澳大利亚军民伤亡惨重。如今，安倍却在加深与昔日战争对手的关系，其深层原因究竟为何？值得深入思考。

首先，与日本觊觎南海问题有密切联系。日本此次向澳大利亚转让的先进潜艇技术，是日本拥有的具有世界一流技术的“苍龙”级常规动力潜艇，“苍龙”号是日本第一艘不依赖空气动力装置（AIP）的潜艇，而“苍龙”级潜艇安装的不依赖空气动力装置（AIP）系统，是这款潜艇最明显的特点，不依赖空气动力装置（AIP）系统可以减少潜艇浮出水面的频度，不容易被敌方侦察和追踪，一般常规柴电动力潜艇最多只能在水下待3天，“苍龙”级可在水下连续航行至少15天，续航能力能够达到1万海里。“苍龙”级潜艇除了安装了先进的不依赖空气动力装置（AIP）系统外，还拥有优良的低噪声技术，在亚洲常规潜艇中，“苍龙”级潜艇的噪声最低，水下低速航行时，“苍龙”级潜艇的辐射噪声只有105分贝左右，其外形采用叶卷型，表面光滑，降低了流体噪声，舰壳外部也敷设了消音瓦，可以在很大程度上降低被航空反潜机发现的概率。正是“苍龙”级潜艇具备的这些优良技术特点，促成了澳大利亚想要与日本“分享”先进的潜艇技术。

近两年，南海问题日益升温，日本也高度关注南海问题，也在明里暗里施展各种手段想要插手南海问题，不过，碍于日本在国际社会的政治地位，日本难以直接派遣军力介入南海，所以，加强与地处距离南海南端不远的澳大利亚的关系就成了日本的一项战略选择，而且，澳大利亚与美国是军事盟友关系，澳大利亚还与日本拥有相同的价值观等，这些条件，也更加助推了日本加强与澳大利亚的防务关系。鉴于澳美是军事盟友关系，日本帮助了澳大利亚也即帮助了美国，帮助了澳大利亚，也即为美国的“亚太再平衡”战略分担义务。

美国“亚太再平衡”战略的本质是牵制中国的崛起，特别是遏制中国通过南海走向远洋，以迟滞中国成为海洋强国的步伐，日澳在先进潜艇技术领域加强合作，是日本为了打造“日美澳军事同盟”而服务，说得透彻一点，是日本与澳大利亚两国在美国财力渐窘、不能大幅向南海倾斜军力的背景下，扮演美国的“马前卒”，在南海制衡中国，以把中国继续阻滞在“第一岛链”范围内。

未来几年，在澳大利亚海军正式掌握“苍龙”级潜艇技术后，澳大利亚就可以派遣这些潜艇潜行至南海以及马六甲海峡一带海域执行战略任务，平时可以侦察与监听中国往来南海的舰艇、商船与飞机的动向，战时或有突发事件时，“苍龙”级潜艇不排除遂行封锁与控制南海朝向西南的出口——马六甲海峡，以及南海朝向南面的巽他海峡与龙目海峡等重要海上航线任务的可能性，而中国海外贸易是非常依赖于南海航线的，一旦遭遇变故，对中国经济的影响是很大的，所以，日本加强与澳大利亚的防务合作关系，其意在南海，其矛头针对中国，将不言自明。

其次，为日本的“海洋国家”战略服务。安倍在澳大利亚国会演讲时公然宣扬，“将跨越太平洋、印度洋的广大海洋及其天空，培养成完全开放自由的场所；奉行相同价值观的日澳两国，只要联起手来，定将理所当然的规则变成从太平洋到印度洋的广阔繁荣之海的常识”。从安倍在澳大利亚国会——这个国际公开场合说出的话中不难看出，安倍加强与澳大利亚的防务合作关系，其意在为日本重新成为“海洋强权国家”而造势。

长期以来，日本就以“海洋国家”自居，并以自己是一个“海洋国家”而“引以为豪”，“二战”期间，日本更是一手挑起了太平洋战争，意欲霸占整个太平洋乃至印度洋，“二战”以后，日本作为一个战败国，其“海洋霸主”意识随之蛰伏，但随着时间的推移，特别是进入21世纪后，随着世界各国对海洋的重视不断加深，对于一个曾经做过“海洋霸权梦”以及本身是地处太平洋上的岛国，日本又有了重新成为“海洋强国”的强烈欲望。

作为“二战”以后日本国际关系界的重要人物，高坂正尧的一系列思想是促使日本重新成为“海洋强国”的重要推手。高坂正尧在其《海洋国家日本的构想》重要论述中，阐述了日本成为海洋强国的方法与手段等，其中，高坂正尧指出：日本应以“海洋国家”为标准，超越作为岛国的过去，以积极的对外政策面对全球化趋势，发展具有自身特色的国家力量；积极参与国际海洋秩序建设，海外贸易是日本实现经济繁荣的重要途径等。

安倍加强与澳大利亚的防务合作关系，也可以窥见高坂正尧“海洋国家”思想的影子。第一，日澳加强防务合作关系，是为了保护日本海洋航线安全。澳大利亚位扼太平洋与印度洋两个大洋的交汇处，是非常重要与享有地形便利的海空交通枢纽国家，日本与非洲、大洋洲等许多国家的海上贸易往来都须经过澳大利亚西海岸与东海岸的航线，日本支援澳大利亚建造拥有先进技术的潜艇，就是为了保护日本往来于印度洋与南太平洋上的船舶的安全。届时，澳大利亚拥有了先进的潜艇部队，就能深入印度洋与太平洋，一可以震慑周边国家，二可以为保护日本的海上航线安全提供便利。

第二，日澳加强防务合作关系，是日本扩展自身海洋影响力、构建有利于日本的国际海洋秩序的重要措施。在日本看来，自己是北太平洋上的重要国家，而澳大利亚是南太平洋与南印度洋的重要国家，太平洋与印度洋对日本而言是非常重要的两个大洋，离开了太平洋与印度洋日本就不能成为海洋强国，通过与澳大利亚加深防务合作关系，可以彰显日本在太平洋与印度洋上的影响力，从而为构建所谓的“日美澳海洋秩序”充实内涵。

第三，在日本解禁集体自卫权的大背景下，日本加强与澳大利亚的防务合作关系，也有为日本成为可以自由施展军事影响力的“军事大国”做战略铺垫的打算。安倍内阁实施新的“武器出口三原则”与解禁集体自卫权是有机联系的整体，武器出口禁令打破后，日本制造的武器和日本拥有的先进军事技术将沦为安倍打着“积极和平主义”幌子展开“军事外交”与“军火外交”的工具，另外，安倍内阁还计划在今年内出台新的政府开发援助大纲（ODA），新的ODA准备将“军事援助”纳入未来政府开发援助范围。而此次日澳达成的防务合作协定，就有“共同研发的新型舰艇向第三国出口”的内容，其实，这就是安倍加强与澳大利亚防务合作关系的另外一深层目的，也即，通过澳大利亚这个“跳板”，让其他国家看到日本的军事技术是“多么的优秀”，刺激起其他国家对日本武器与军事技术的“购买欲”，以期不断扩大日本的军事影响力。

毋庸置疑，日澳加强防务合作关系，未来会给亚太地区带来消极影响，绝不是像安倍所说的，“日澳深化关系是为了本地区的和平与稳定”。日澳加强防务合作关系，带有很深的“冷战意识”与“零和思维”。日澳加强防务合作关系，只能是给一小部分国家带来“稳定”，但损害的是大部分国家的安全，当整个亚太地区都不稳定时，何谈构建所谓的“国际海洋秩序”？在国际社会谋和平、求稳定、盼发展的今天，亚太地区安全应该是且必须以“共同、综合、合作、可持续”的新安全观来做指导，走出一条亚太追求真正和平、公平与正义的新安全之路。

"慰安妇"问题不容撤销与否定

（2014年10月21日）

近日，有关日本欲谋否定"二战"期间曾经强征"慰安妇"问题的消息引起了国际社会的关注，针对1996年将日军随军"慰安妇"描述为"性奴"的联合国《库马拉斯瓦米报告》，日本政府认为存在有违事实之处，已要求撰写该报告的库马拉斯瓦米（斯里兰卡女法学专家）撤销部分内容，但库马拉斯瓦米拒绝了日本的要求，认为"没必要撤销或修改报告"。

那么，日本为什么选择在此时准备要公开否认已得到国际社会公认的"慰安妇"问题呢？

首先，这是日本右翼势力图谋"漂白"过去不光彩的侵略历史的需要。"慰安妇"问题是日本曾经发动的罪恶侵略战争所滋生的巨大罪行之一，早已被国际媒体广泛报道与揭露。安倍等日本右翼势力极力推脱与掩饰"慰安妇"问题，说明了"慰安妇"问题已经成为日本右翼势力妄图推翻"二战"结果与"二战"后国际秩序的重要"绊脚石"，必欲"除之而后快"。在日本右翼势力看来，"慰安妇"问题有损日本的"尊严"，就连日本"二战"曾经发动的侵略战争都不能叫"侵略战争"，那"慰安妇"问题也是"虚构的"，也可以"一笔抹消"；"慰安妇"问题被"抹掉"了，那场曾经的侵略战争也可以乘机"胡乱更改"，甚至于连侵略战争都可以偷换概念成为"反白人奴役战争"。

其次，这是日本右翼势力在明年2015年世界反法西斯战争胜利70周年到来之际，以否定"慰安妇"问题为切入点，妄图对抗国际社会严肃纪念反法西斯战争胜利70周年的需要。2015年是世界反法西斯战争胜利70周年的隆重纪念年份，所有曾经遭受过法西斯铁蹄残酷蹂躏的国家与人民都会刻骨铭心，所有曾经被法西斯残酷侵略过的国家和人民都会深切缅怀那些被法西斯夺去无辜生命与剥夺人性尊严的普通善良民众。但在日本右翼势力看来，2015年是一个“很不安”的年份，“二战”胜利70周年，也意味着日本所谓的“荣光”消退的70年，日本右翼势力之所以对侵略历史百般狡辩，为的就是妄图证明日本过去的“荣光”，如果“慰安妇问题”继续扩展，将非常不利于日本“复苏”所谓的“荣光”，乘着2015年还未到来，赶紧消除“慰安妇问题”的不利影响，以此抵消国际社会营造纪念反法西斯战争胜利70周年的浓重氛围。

再次，这是安倍等日本右翼势力妄图在2015年联合国成立70周年之际发起新的一轮“入常”的需要。2015年不仅是反法西斯战争胜利70周年，同时也是“二战”后最权威的国际组织——联合国成立70周年。在日本右翼势力看来，联合国特别是联合国安理会，是由五个反法西斯战胜国组成的，把日本排除在外，本身是对日本——战败国——的某种羞辱，日本不能跻身于安理会常任理事国行列，就不能为日本洗刷掉“战败国”的耻辱，为了证明日本不是一个“战败国”，日本就必须要千方百计成为“安理会常任理事国”，而要洗刷掉“战败国”的耻辱，“慰安妇”问题是绕不过去的问题，把“慰安妇”问题从有关联合国的报告中彻底剥离，就可以减轻乃至最终抹掉日本曾经发动侵略战争所犯下的深重罪孽，从而为日本跻身安理会常任理事国行列铺平道路。

但历史终归是历史，历史是客观存在的，容不得后人随意篡改。“慰安妇”问题作为日本在“二战”侵略战争中所犯下的严重罪行之一，是客观存在的历史事实，任凭日本右翼势力怎么否定与抵赖，都不能完全抹掉人类历史长河中的滔滔大势。

其实，不仅仅是斯里兰卡学者库马拉斯瓦米在大声疾呼“慰安妇”问题，国际社会凡是有良知的人士都在斥责与揭露日本法西斯制造的“慰安妇”暴行。澳大利亚学者乔治·希克斯通过大量的原始资料，以相对客观的立场对第二次世界大战期间的日军“慰安妇”问题进行了研究，他在所著的《慰安妇》一书中比较全面地介绍了日本军事慰安制度的建立过程，介绍了亚洲及其他各国妇女在日军铁蹄下所遭受的惨绝人寰的经历，为批判和谴责日本右翼分子对包括“慰安妇”问题在内的侵略战争的全面否定提供了有力的佐证。

美国前国务卿希拉里·克林顿就曾要求把日军“慰安妇(comfort women)”改称为“被强迫的性奴(enforced sex slaves)”，她在任国务卿期间就指示美国所有文件和声明禁用按日语直译的“慰安妇”一词。美联邦众议院早在2007年就通过了日军“性奴”决议案，并在决议案中使用了“性奴”一词，明确指出了日本应负的责任。而诸如加拿大国会、荷兰议会下院、韩国国会、菲律宾国会以及欧洲议会等都早已通过议案，要求日本就“慰安妇”问题道歉并向受害者及其家属进行赔偿等。

所有的这一切，都反映了国际社会的共识：“慰安妇”问题是一件不容否定的客观事实，是日本法西斯侵略者在被侵略国家所犯下的滔天罪行之一，日本只有坦诚正视、客观看待，并且能以真诚的忏悔之心与果敢的行动去赎罪，彻底解决“慰安妇”问题，以告慰那些已经逝去的“慰安妇”亡灵。

正如联合国有关“慰安妇”问题报告的作者库马拉斯瓦米在不久前会见记者时强调的，调查显示“‘慰安妇’们并没有逃跑的自由”，将“慰安妇”认定为“性奴”是妥当的，“慰安妇”问题不会因为某些“证言”发生了变化而消失。

日方更重要的是去行动与落实

——评第十届北京—东京论坛

（2014年9月30日）

9月29日，第十届北京—东京论坛于日本东京落下帷幕。本次会议，以“东北亚和平与中日两国的责任——通过对话克服困难”为主题，中日两国各位代表就两国关系发展中所面临的各种问题，进行了坦诚而深入的交流和沟通，会议最后发表的《东京共识》认为：当前中日关系正处在邦交正常化以来最严峻的时刻，这是两国人民乃至国际社会都不希望看到的；双方一致认为，妥善处理历史认识问题和双方围绕领土归属存在的问题，对改善和发展中日关系至关重要。

由本次论坛中日双方代表对如何发展中日关系所涌现出的高度热情，以及不断迸发的真知灼见可以马上联想到的，就是现今的日本安倍内阁对中日两国关系的走向所抱的态度，尽管安倍内阁反复提议“日本对话的大门始终敞开着，要在不设任何条件的前提下举行中日两国间的首脑会晤”，但在日本右翼势力日益喧嚣的今天，乃至包括安倍本人的右翼思想与行动，安倍内阁所提议的“中日首脑会晤”到底有多少诚意，令人不禁疑窦丛生。

中日关系走到今天的僵局，是所有热心于中日友好的人士所不愿意看到的，但出现今天中日关系的僵局，根本原因，乃日本右翼势力以及安倍内阁的所作所为，破坏了中日自复交后两国领导人与人民精心培育的政治互信，这种被破坏的“政治互信”已经严重偏离了中日之间四个重要政治文件的精神，有道是，破坏易，重建难，中日关系的僵局正在于此。

“千里之行，始于足下”，“行胜于言”，“解铃还须系铃人”。中国的古训言之谆谆，用在今天的中日关系上，就是，既然中日关系的僵局是由日本方面引发的，既然中日关系的僵局是日本方面一手造成的，那么，就应由日本最先拿出实实在在的行动，特别是带着发自内心的真诚的行动去破解中日之僵局。但如果这种“行动”仅仅是日本一时的“应景之作”，或者是一阵风的“虚情假意”，那么这种“行动”也不可能促成中日关系的解冻。

这种行动，重在去客观、公允地看待中国的发展。日本方面，特别是执政的安倍内阁，要以负责的心态，客观看待中国的发展，不能老是以陈旧的落后的眼光看待今天的中国。须知，今天的中国早已不是120年前的晚清中国，也早已不是77年前的中国，当今的中国是全新的飞速发展的中国，是能够对世界和平发展带来正能量的中国，中国的发展对包括日本在内的亚太地区来说，只能是机遇，而不是“威胁”。当日本总是以“固定的戴着有色眼镜”的“冷战思维”去看待中国的发展时，得出的也必然是偏颇的、错误的、处处要与中国对抗的“中国威胁论”。

这种行动，重在以“勇敢的真心”去与过去野蛮的侵略历史做一个果断的切割。日本右翼势力百般抵赖、千方辩解为过去的侵略历史开脱罪责，只能有一个目的，那就是“证明”日本不是一个侵略国家，日本永远是正确与辉煌的，日本的历史画卷里只有美丽、纯洁的画面。但历史永远是历史，历史是客观的、真实的、容不得后人“胡编乱造”的，日本右翼势力妄图“篡改侵略历史”，其实只能是“越改越黑”。一部日本侵略历史，同时也是一部被侵略国人民血泪抗争的历史，日本右翼势力可以一时蒙蔽掉自己的双眼，但不可能蒙蔽住所有被侵略国家人民的眼睛；日本右翼势力可以忘却自己的不光彩的侵略历史，但所有被侵略国家的人民不可能忘却自己苦难的过去。

这种行动，重在具体、真诚、不带私心杂念地去落实，而不是表里不一、口是心非。安倍已经反复地在各种公开场合表示，要与中国领导人实现会晤，但安倍不能为了“会晤而会晤”，比会晤更重要的是，需要安倍能以真诚的心去做一些真诚的事。诸如安倍及其内阁成员与执政党要员，能否做到远离靖国神社？能否做到不修改历史教科书？如果是，一边是日本政坛要人去浩浩荡荡“拜鬼”，一边高喊要实现“中日高层会晤”；一边是日本修改涉及侵略历史的教科书，一边是日本方面不断提议“中日回到友好关系的原点”，那么，这种“口头”与“行动”互相脱节的矛盾行为，无助于中日僵局的解冻。何时日本方面做到了真诚的行动与落实，何时中日关系的僵局也就“迎刃而解”。

这种行动，重在毫无保留地、不遮遮掩掩地、义无反顾地去推动中日友好，而不是有所保留的、有任何隐含与暗指的或者拉拢其他外部势力以为自己助势的“留有一手”。中日要想破解僵局，乃至要想彻底地破解僵局，日本方面，必须要意识到，和中国搞好关系，是日本的永久外交战略，而不是说，当需要与中国友好了，就说要“改善中日关系”；当不需要与中国友好了，或者觉得中国不怎么重要了，就找出种种借口，或者人为地制造各种事端，毁掉中日友好大局，这种“实用型”“与中国友好”的论调肯定是不会对破解中日僵局有任何好处的。

中日关系发展得是否顺利，不仅仅关系着中日这两个国家，而且与整个亚太地区甚至是全世界的和平与发展都有着密切联系，日本与中国搞僵关系，受损的只能是日本方面，日本幻想搞“价值观外交同盟”或者强化“日美同盟”以对中国施压的短视做法，更不可能对中日破解僵局带来丝毫助益，日本唯一能做的，是老老实实地冷静地去思考如何让已经成为僵局的中日关系不再僵、不再继续冷却下去。

公开《昭和天皇实录》并不能否认日本的侵略战争罪责

（2014年9月12日）

9月9日，日本公开了记述昭和天皇人生经历的《昭和天皇实录》（简称《实录》），对此，日本媒体有着不同的解读。

日本时事通讯社称，《实录》可能删除不利于昭和天皇正面印象的内容。《朝日新闻》援引日本大学教授古川隆久的话称，《实录》内容是否属实第三方根本无法验证，《实录》中几乎没有直接引用天皇的讲话，涉及战争责任和退位问题上，措辞谨慎。而对于靖国神社合祭甲级战犯一事，《实录》也只是点到即止。日本共同社称，《实录》虽然在每条记述末尾写上所依据的资料，但仅列举资料名，没有说明哪些内容参考哪种资料。日本《每日新闻》援引《昭和天皇》一书作者明治学院大学教授原武史的话说：“《实录》在引用史料方面显得比较随意。”《实录》在记述上存在问题，很多内容表达模糊不清。这种做法容易让人产生疑问——为引导公众得出“天皇没有战争责任”的结论而随意引用资料。

确实，日本公开《昭和天皇实录》，首先在选择的公布时间点上就有玄机。9月3日，中国以最高规格的庄严方式纪念了中国人民抗日战争胜利，9月18日，又是九一八事变83周年，而且，中国还正式规定了每年的9月30日为烈士纪念日，还有12月13日的南京大屠杀死难者国家公祭日，另外，明年2015年即将迎来第二次世界大战暨世界反法西斯战争胜利70周年的重要纪念年份，日本选择在这个时间点上公开《昭和天皇实录》，绝不是偶然的，而是以《昭和天皇实录》的公开，冲淡中国与国际社会纪念中国抗日战争与反法西斯战争的浓重氛围，以《昭和天皇实录》中昭和天皇所谓的对“发动战争的悔意与无能为力”来洗脱日本对那场惨绝人寰的侵略战争应该负有的战争罪责，借昭和天皇的所谓“战争苦恼”来“消除”国际社会对日本右翼保守势力极力否认侵略战争的不满情绪，同时借机转移国际社会对安倍内阁不断“向右转”的关注焦点。

其次，公开《昭和天皇实录》必须以日本完全、真诚、彻底以实际行动负起“二战”侵略战争的罪责为基本前提与基础。在安倍内阁大踏步地“向右修宪扩军”的大背景下，日本公开《昭和天皇实录》多多少少显得有点苍白无力。9月9日，就在日本公开《昭和天皇实录》的同一天，英国《卫报》曝出了安倍内阁新任总务相高市早苗、自民党政务调查会长稻田朋美等3名国会议员曾与担任日本极右团体代表的男子在议员会馆会面以及双人合影照片的惊人消息，而这个日本极右团体则赞同“纳粹政权与侵略战争”。高市早苗与稻田朋美均是安倍的亲信且担任着要职，二人曾经与极右分子的合影，已经是“管窥一豹”，可以清晰地看出，安倍内阁以及日本现时政坛的右倾保守氛围有多么“浓厚”。如果日本政坛不能遏制住右倾保守的势头，公开《昭和天皇实录》也不会有任何实质性作用。

再次，《昭和天皇实录》并不能否认日本（包括昭和天皇在内）必须承担的“二战”侵略历史责任。美国哈佛大学教授比克斯用了十年时间撰写了《裕仁与现代日本的塑造》，他在书中披露，是裕仁（即昭和天皇）下令包围中国南京，裕仁须负有战争责任，但在战后却因美日包庇，丝毫未受到调查与控诉。不管《昭和天皇实录》怎样为昭和天皇开脱战争责任，但昭和天皇是日本发动“二战”侵略战争的亲身经历者与见证者以及当时发动侵略战争的日本最高领导人，这些都是客观的历史事实，不容有逃避、回避乃至否认。

又次，日本应该拿出“效仿德国”的勇气，迈出坦诚面对过去侵略历史、毫无保留地直面过去侵略历史的历史性步伐。9月10日，德国联邦议院举行活动纪念第二次世界大战爆发75周年,德国总统高克、总理默克尔、联邦议院议长拉默特及波兰总统科莫罗夫斯基出席活动。德国联邦议院议长拉默特说,"1939年9月1日及其(带来的)后果已成为并将一直是德国历史中不可抹去的一段",这段历史"让我们感到羞愧",使德国更加坚定地"同所有邻居和伙伴一起平等地为推动世界和平努力"。拉默特还说,德国发起的毁灭性战争使后代付出沉重代价,"德国不仅在军事上被彻底击败,更在国际社会中名誉扫地",他说,每当想到德国犯下的战争罪行,"我们认识到我们的责任以及应从这段历史中吸取的教训"。

拉默特的真诚话语,不仅代表了德国政治高层对"二战"侵略历史的彻底反省,而且代表了整个德国社会对"二战"侵略历史的坦诚反思,事实胜于雄辩,德国"二战"后走过的近70年的路程,就是一直不断直面与揭露德国过去侵略历史的路程。德国以国家立法、政府高层领导用行动悔罪、普通民众诚心勇敢面对过去侵略历史、与邻国真心和解等综合的措施彻底与过去侵略历史切割,以"真心换真心",德国的真心,感动了欧洲邻国,也打动了国际社会,德国能从昔日的狰狞纳粹德国走向全新的欧盟领军者,勇敢地、毫无保留、不带私心杂念地揭露与面对侵略历史,是决定性的因素。

如果日本能像德国一样,能够完整地、不带保留、诚心诚意地公开《昭和天皇实录》,以一种坦然的、平和的心态去直面过去的侵略历史,那样的《昭和天皇实录》才更有价值。

安倍外交“不要总是遏制中国”

（2014年9月5日）

9月6日到8日，日本首相安倍晋三出访南亚地区的孟加拉国与斯里兰卡两国，这次安倍出访的这两个南亚国家，是日本首相时隔非常久的出访之地，孟加拉国是时隔14年（2000年），斯里兰卡更是时隔24年之久（1990年）。但是，安倍出访日本首相相隔多年没有访问的南亚两国，与此前印度总理莫迪访问日本一样，在安倍内阁看来，都是“牵制与遏制”中国发展的外交举措，都是从“海洋安全”角度切入来“遏制”中国的发展。

问题是，安倍自从重新上台以来的近两年间，凡是出访，其目的无非就是拉拢出访国一起牵制中国：或者通过宣扬安倍的价值观外交思想以构建“价值观外交联盟”，或者通过强调海洋安全合作来构建“海洋安全同盟”，或者通过加大经济援助力度来构建“经济利益同盟”等，总的一点，就是或明或暗地，针对的都是中国，总以中国为安倍出访的牵制对象国。

其实，这是安倍外交的“神经过敏症”，把本不是“外交遏制对象国”而硬要看作是“遏制对象国”的外交方式，堪称是安倍外交的“大作”，但这种“大作”，只能是“捕风捉影”与“缘木求鱼”。

首先，安倍宣扬的构建“价值观外交联盟”是一种源于冷战时代的陈旧外交思维，这种思维有悖于当今世界的“和平与发展”的大时代要求，是一种短视的、构建“小圈子”的且不能长久存在的逆时代潮流的外交方式。比如，安倍曾经提出要构建“美国夏威夷—日本—澳大利亚—印度”的所谓“民主菱形同盟"，而近日印度总理莫迪访问日本，就被安倍看作是构建"民主菱形同盟"的大好机会，但是，莫迪访日，并不总是能遂日本所愿，因为安倍的"民主菱形同盟"本质就是"价值观外交联盟"，其主要目的就是遏制中国，这点，印度心里也明白，不过，印度不会心甘情愿地陪着安倍"起舞"，印度外交的目标不一定就是要与日本结成"价值观外交联盟"，印度也有印度的独立看法，印度的传统外交思维指导着印度不能去加入一个"缥缈的联盟"去遏制一个本不存在的"虚幻对象国"。

其次，安倍此次出访南亚的孟加拉国与斯里兰卡，其主要目的是加强与印度洋海上航线重要国家的关系，以维护"海洋安全"、构建"海洋安全同盟"为由，图谋遏制中国的海洋发展战略。

在日本看来，地处孟加拉湾沿岸的孟加拉国与斯里兰卡两国，与印度一样，都是印度洋海上航线的重要国家，特别是斯里兰卡，属于从中东波斯湾到马六甲海峡海上咽喉航线的必经国家，战略地位非常重要。时隔24年之久，安倍作为日本首相突然访问斯里兰卡，应该看中的是斯里兰卡重要的地缘政治地位，如果今后，能与斯里兰卡加深合作关系，不仅可以有效保障日本从中东进口能源油轮的海上安全，更可以以斯里兰卡为据点，以对中国日渐频繁来往于印度洋上的商贸船只形成牵制，未来如果日本与斯里兰卡或孟加拉国的关系拓展到军事合作领域，不排除通过军事手段对中国的印度洋海上航线安全构成威胁的可能。

当然，这只是分析了日本与安倍的内心盘算，但并不意味着孟加拉国与斯里兰卡两国就一定同意日本的看法或者就一定愿意与日本结成"海洋安全同盟"。

孟加拉国和斯里兰卡两国与中国保持了长期的友好合作关系，中国非常重视与孟斯两国的传统友好关系，孟斯两国也非常重视与中国发展友好合作关系，中国与孟斯两国发展友好关系是真诚的、平等的且不带私心杂念的。现在，安倍突然热络与孟斯两国的关系，其背后的真实目的到底如何，非常令人怀疑。

在安倍与日本看来，印度洋海上航线的安全，应只对日本一国重要，应只是攸关日本一国的能源与经贸安全，其他国家特别是中国来往于印度洋上的商贸船只的安全与日本无关，反倒是对日本的印度洋海上安全形成了"竞争"甚至是"威胁"，所以，必须联合印度洋沿岸国家对中国形成牵制之势。

这是一种极端自私的心理与行为，只顾日本一国安全，不管他国正常的合法的海上通行，印度洋海上航线是世界上许多国家的船只都要来往通行的必经航线，这条海上航线属于国际共有、共享，并不是说它归日本或者是哪一国单独拥有。

又次，日本通过加大经济援助力度与往访国构建"经济利益同盟"，通过经济手段吸引与拉拢往访国与日本一起构建遏制中国的阵营，这也只能是一厢情愿。

比如，安倍这次出访孟加拉国与斯里兰卡期间，肯定要对这两个发展中国家提供政府开发援助（ODA），在港口、公路或机场等基础设施建设、医疗救护、学校建设、灾害救助与预防等领域，加大经济援助力度，但这种援助，更多的是有深层目的的，不是单纯的援助，主要是为了通过经济援助，加深孟斯两国对日本的好感，以便未来为遏制中国提供方便。

不过，这种"经济援助+政治目的"的"日本式援助"，非常露骨，孟斯等往访国不会不明白，孟斯两国不会置和中国的传统友谊于不顾，而非要付出很大代价去接受"日本式的援助"，孟斯两国也深深懂得，若与日本一起去遏制中国发展，是一件得不偿失的事情，孟斯两国犯不着为了日本一国利益而去冒失去中国这个靠得住的大国的风险。

安倍外交，真正要做的，是带着诚意去和往访国交往，千万不能夹带着遏制中国的"私货"去出访。如果每次出访，安倍总要念叨着"遏制中国"，那么，不仅得不到往访国的理解，而且反被往访国认为是一种"麻烦与累赘"，使得安倍外交没有效果可言。

内阁改组，安倍继续往"右"走

（2014年9月5日）

9月3日，就在中国严肃纪念中国人民抗日战争胜利暨世界反法西斯战争胜利69周年的同一天，安倍晋三对其领导的内阁进行了其重新执政后的首次改组，此次安倍内阁改组，核心成员得以留任，但新入阁的成员当中持右翼保守观点的占大多数，可谓是一届"右翼内阁"。

首先，此次内阁改组的最大特点是吸纳了一批支持安倍观点或政策的人，也即确保了安倍右翼保守的政策得以延续。

据美国《华尔街日报》日文版的报道：包括首相安倍晋三在内，安倍新内阁19名成员中，15名是右翼团体——"日本会议"（成立于1997年的"日本会议"是日本最大的右翼组织，并与"神道政治联盟"等其他一些主要右翼团体有着千丝万缕的联系，对当前日本政治右倾化起着"孵化器"和"吹风机"的作用）的成员，比改组前还多了两人。

在核心阁僚人选中，只有防卫大臣进行了更迭，但担任这一重要职务的人却属于右翼保守势力。新任防卫大臣的江渡聪德此前曾在小泉内阁担任内阁府大臣政务官以及众议院安保委员会委员长等职务，据印度《经济时报》报道说，此前知名度很低的江渡同安倍关系密切，属于一个鼓吹参拜靖国神社的议员组织。在担任防卫大臣的同时，江渡还兼任新设的安保法制大臣，负责日本安保改革等一系列法案在国会审议通过的新任务，而据日本媒体报道，在政治观点上，江渡支持安倍修改宪法解禁集体自卫权。

由自民党政调会长转任总务相的高市早苗也是一位右翼政客，高市早苗政治立场保守，认为九一八事变后日本进行的对外侵略是“自卫战争”，反对甲级战犯分祀和建立国立追悼设施，她本人也经常参拜靖国神社，并主张外国不应干涉日本的教科书事项。高市早苗不久前甚至要求明年在“二战”结束70周年时就“慰安妇”问题发表新的讲话，而新讲话必须“删去有损日本名誉的不实信息”。

新出任绑架问题担当大臣的山谷惠理子则是“守护日本领土行动起来议员联盟”会长，2012年8月曾参加日本右翼在中国钓鱼岛海域举行的“祭奠‘二战’末期遇难者慰灵祭”。

在留任的阁僚中，副首相麻生太郎与文部科学大臣下村博文都是众所周知的右翼标杆人物。下村博文一直在推动改变日本教科书审定标准，修改日本初中和高中“学习指导纲要”解说书，写明韩日争议岛屿（日本称“竹岛”，韩国称“独岛”）和中国钓鱼岛为日本的“固有领土”，还妄言“村山谈话和河野谈话并没有经过内阁会议认定，不属于政府统一意见”等。

其次，着眼于明年9月连任自民党总裁，安倍把其重要竞争对手石破茂延揽入阁，从而为其谋划长期执政扫清了障碍。

就在此次内阁改组前，一个特大焦点问题就是“石破茂如何安置”。因为，石破茂是自民党干事长，是执政党的二号人物，而且关键是，石破茂是安倍的巨大竞争对手，石破茂本人也是跃跃欲试、瞄准了下届自民党总裁宝座，石破茂何去何从，成了压在安倍心中一块沉重的石头。

为了去掉石破茂这个安倍心中的“大患”，安倍可谓费尽了心思：直接与石破茂面对面谈判。在耗时一个多月的拉锯战中，安倍在最后一刻终于占据了上风，石破茂终于答应入阁担任新设的职位——地方创生担当大臣。就在此前双方的谈判中，石破茂还紧咬不放，甚至以不惜放弃担任任何职务以备战明年自民党总裁选举来迫使安倍让步，但在安倍占尽各种优势条件的情况下，石破茂终于还是“缴械投降”，应允出任地方创生担当大臣，当然，既然石破茂出任了这个和自民党干事长有天壤之别的闲职，就意味着石破茂难以赢得明年的自民党总裁选举，他心中的“首相梦想”也就只能是“梦想”了，因为，石破茂进入安倍内阁后，按照日本政坛"内阁一致"的游戏规则，就必须绝对服从首相的指挥与安排，不可能信马由缰地做出忤逆首相意旨的事情来。"收服"了石破茂这个竞争对手后，安倍就可以放手全身心投入明年的自民党总裁连任工作，为成为小泉之后的又一位"长期首相"做好伏笔。

再次，安倍此次改组内阁，其重要的执政目标是确保"解禁集体自卫权"这一安保政策能够畅通无阻地得以贯彻落实。

从此次内阁改组的时间安排上来看，与此前其他首相不同的是，安倍把自民党高层人事调整与内阁改组放在同一天举行，前后时间衔接非常紧密，而且自民党高层人事安排中的重要职位——干事长与政调会长的人选安排非常具有深意。由自民党资深人士、前总裁谷垣祯一出任干事长，由著名右翼保守政客、多次参拜靖国神社的稻田朋美出任政调会长。谷垣祯一政治立场比较温和圆润，出任自民党二号职位干事长，有利于安倍协调党内各派利益与矛盾，既为明年自己连任党总裁选举做好布局，同时也为接下来的与解禁集体自卫权相关的安保法制的顺利制定与通过做好准备。因为，对于解禁集体自卫权在自民党内并不是铁板一块，自民党对此还是有持慎重意见的声音，所以，如何安抚与协调解禁集体自卫权"慎重派"的任务就落到了"棱角不太分明"的谷垣祯一身上。

而右翼政客稻田朋美，出任自民党的政调会长，除了显示安倍重用与自己观点相一致的"盟友"的特点外，更重要的是，利用稻田朋美的"右翼特性"，以在执政党内部扩大右翼保守政客的影响力，更有利于安倍顺利推行自己的右翼保守安全保障政策。

另外，考虑到为解禁集体自卫权等完善安保法制的相关法律，安倍内阁计划研究将防卫副大臣的名额由目前的1人增加至2人，以此加强防卫相在国会答辩等场合的后援支持力度。

尽管说安倍此次改组内阁，消除了自己的政治竞争对手石破茂给自己以后长期执政带来的隐患，但并不能说，安倍今后就可以"高枕无忧"了。安倍内阁今后面临的难题与难关还不少，诸如，于今年10月与11月分别举行的福岛县与冲绳县知事选举，明年春天的日本统一地方选举，今年晚些时候是否继续将消费税由8%提高到10%，这些都是预测安倍内阁今后政权走势的重要难题。尤其是，日本至今都陷入重重僵局的东北亚外交如何“破解”更是考验安倍内阁的特大难题。

安倍内阁的支持率已经在下降，安倍必然要想方设法提高内阁支持率，但上述难题，如何一一应对？如何能顺利过关？是“涉险”呢，还是“涉水”呢？抑或是“暗礁密布与暗流汹涌”呢？都是一个个未知数，要想提高内阁支持率，并维持长期执政局面，有待安倍费思量去认真仔细应对。

日本应该悬崖勒马
——纪念中国人民抗日战争胜利（之二）

（2014 年 9 月 3 日）

69年前的今天，中国人民终于彻底战胜了穷凶极恶的日本军国主义，谱写了中华儿女可歌可泣的民族解放战争的壮丽诗篇，为整个世界反法西斯战争的最后胜利做出了不可磨灭的杰出贡献。中国人民今天以最为庄重的方式纪念这个难忘的日子，既是为了警醒侵略战争的悲剧不再重演，为了警醒不让日本军国主义死灰复燃；更是为了永远铭记付出了巨大牺牲的无数先烈，为了珍惜今天来之不易的幸福和平生活，为了我们伟大的祖国永远繁荣富强。

但是，令包括中国在内的亚洲曾经受到过日本侵略的国家所难以忍受的是，以安倍为代表的日本右翼保守势力，正在蠢蠢欲动，妄图为日本军国主义侵略历史翻案，妄图掩盖甚至否定日本侵略战争罪责，乃至图谋“复辟”日本军国主义曾经称霸亚太地区的所谓“荣光”。

抚今追昔，中国人民深知今天和平的可贵，深知侵略战争的血腥与残酷，正是因为此，中国人民热爱和平、追求和平，谴责一切非正义的侵略战争，今天，中国郑重纪念抗日战争胜利，也是为了维护包括中国在内的亚太地区的和平与稳定大局。

而就在中国人民纪念与缅怀在抗日战争中付出宝贵生命的无数先烈的严肃时刻，国际媒体则披露了一则惊人的消息：日本首相安倍晋三在2014年4月向主张“恢复”日本发动的侵略战争中战犯名誉的团体举办的所谓“悼念活动”发去了“悼文”，该“悼文”竟然荒唐地宣称：“向那些为了今日的和平及繁荣牺牲生命，赌上自己灵魂成为国家基石的牺牲者，献上最诚挚的追悼之意。”据悉，这个所谓“悼念活动”悼念的战犯中就包括合祀在靖国神社内的东条英机等14名日本甲级战犯。

安倍向被远东国际军事法庭定罪的甲级战犯表示“哀悼之意”，说明了他内心深处对“二战”侵略历史根本就没有一个“大是大非”的概念，在安倍心里，“二战”甲级战犯不是双手沾满了被侵略国鲜血的“刽子手”，而是为日本国家“奉献”的“牺牲者”；对于那场侵略战争，在安倍心里，只不过是“拓展”日本帝国的“势力范围”，不是肆意侵犯邻国的疆土，甚至连是否是“侵略”都没有完全的定论。

正是在这种扭曲的、丧失是非原则的极度错误历史观的指导下，安倍内阁出台修改武器出口三原则、解禁集体自卫权、积极扩军备战等一系列大幅偏离战后日本“和平宪法”宗旨的政策措施，也就并不“奇怪”了。

“悬崖勒马，可谓大智矣”，中国古代贤哲早就说过。但是，从安倍重新执政后近两年的所作所为来看，安倍并没有“悬崖勒马”之意，反而是变本加厉，向“右翼保守”危险之路越滑越远，就像安倍自己所说的，他要以外祖父岸信介（也是甲级战犯）为榜样，成为如岸信介那样的“铁杆右翼首相”。

安倍一直把建设“美丽日本”作为己任，但如何充实“美丽日本”内涵呢？安倍并没有明晰的路径，按照目前安倍的“右翼扩军”路线走下去，所谓的“美丽日本”不过是“黄粱美梦”，因为，在所谓的“安倍主义”——安倍的右翼扩军安全保障政策——指引下，日本只会一步步滑向险峻的悬崖边缘，如果再不回头，将会跌下无底的“深渊”。

安倍总以为，自己以“解禁集体自卫权”为切入点的右翼扩军路线是一条可以把日本重新引上“强大国家”的路线，殊不知，所谓“扩军强国”，只是一个“无底洞”，只会空耗日本经济，且引发国际紧张，被国际社会所孤立。

首先，按照“扩军强国”路线一意孤行，将会造成地区局势紧张，引发国际军备竞赛。以日本狭小的国土面积、非常有限的资源蕴藏量、日趋减少且日益高龄化的人口结构，和他国搞"军备竞赛"将会逐步拖垮日本经济，最终引发日本国内危机。

其次，"扩军强国"就意味着没有吸取昔日的军国主义战争失败的教训，意味着不思悔改昔日的血腥不义的侵略战争，一个完全漠视或者干脆忘记过去侵略历史的国家，如何才能在国际社会长久立足？忘记过去侵略历史，就意味着失信于国际社会。因为，日本是联合国正式的成员国，既然是联合国大家庭的一员，那么就得完全遵守《联合国宪章》的宗旨与原则，而《联合国宪章》的宗旨就是"制止侵略行为"与"维护国际和平与安全"，但日本就连过去自己发动的侵略战争是否是"侵略"都百般掩饰与辩解，何谈"维护国际和平与安全"？一个不断否认侵略历史的国家，也就相当于没有完全遵守《联合国宪章》的宗旨与原则，一个没能遵守《联合国宪章》宗旨与原则的国家，就等于失去了国际社会的"信任"，这样的国家将没有"前途"。

再次，安倍的"扩军强国"不是"妙棋"，将是"慢性毒药"。安倍把"扩军强国"的理由概括为周边形势日益危险，威胁到日本的国家安全，其实，这是一种安倍等右翼势力人为制造出的"虚幻借口"，类似于"神经过敏"，以此"虚幻借口"，去追求所谓"扩军强国"，将只能是"风声鹤唳、草木皆兵"。

"亡羊补牢犹未晚，悬崖勒马可谓智"。中国古语言之谆谆，值此中国人民纪念抗日战争胜利之际，但愿安倍等日本右翼之流能像德国那样，真心忏悔昔日侵略战争罪责，用真诚的悔罪行动去成为一个亚洲的"德国"。

正义必定能战胜邪恶

——纪念中国人民抗日战争胜利(之一)

（2014 年 9 月 3 日）

9月3日，一个让全体中国人民刻骨铭心和扬眉吐气的日子，那是因为：抗日战争，中国人民付出了巨大的民族牺牲，伤亡达3500多万人；抗日战争的胜利，是中国人民抵抗日本帝国主义侵略的正义战争，是世界反法西斯战争的重要组成部分，是近代以来中国反抗外敌入侵第一次取得完全胜利的民族解放战争。

但是，与中国以国家立法形式、庄重纪念中国人民抗日战争胜利形成鲜明对比的是，作为中国抗日战争的战败国——日本，以安倍为代表的日本右翼保守主义势力正在处心积虑地要为侵略历史翻案，试图抹杀日本曾经发动的、给中国等亚洲国家带去惨痛劫难的侵略战争。

今天，中国人民纪念抗日战争胜利69周年，为的就是证明一个真理——正义必定能战胜邪恶，正义必然永存人间。

从甲午战争到九一八事变，从九一八事变到卢沟桥事变，日寇铁蹄，横行大半个中国，以当时日寇嚣张的气焰，妄图吞灭整个中国，妄图征服整个中华民族，但是，历史证明，中国人民是铁骨铮铮的，中国人民在经历了千难万苦后，终于完全战胜了日本军国主义，一举洗刷掉了自甲午战争以来日本侵略中国的耻辱。

而今，日本军国主义阴魂不散，试图再次“复制”昔日军国主义践踏中国与亚太地区的血腥历史，试图“复辟”日本军国主义曾经称霸亚太地区的所谓“荣光”，但时移世易，历史不容重复，时光不允倒流，日本右翼保守主义势力的“复兴军国主义”之迷梦，最终不过是虚幻一场。

首先，当今的中国是全新的中国，是国力蒸蒸日上的当之无愧的世界大国，早已不再是120年前积贫积弱的晚清中国。中国人民正在中国共产党的领导下，为努力实现中华民族伟大复兴的中国梦而奋斗。中国早在2010年就超过日本成为世界上第二大经济体，不仅仅是中国经济在不断发展壮大，中国的各项国力指标都在大踏步增长。只要中国国力在不断向上发展，就是无形中遏制日本军国主义“幽灵”潜滋暗长的最好“正能量”。

其次，世界发展之大潮流乃是和平与发展，追求和平、企盼和平、顺应发展、推动发展是世界各国追求正义的人民的共同呼声。日本右翼保守势力，蠢蠢欲动为侵略历史“招魂”，为侵略战犯“正名”，这本身是违背世界发展之大潮流的，这种逆历史潮流而动的危险势头，终究不会被世界上所有爱好和平与追求发展的国家与人民所接纳。日本右翼保守势力的所作所为，可以暂时蒙蔽一小部分不明真相的日本人，但用不了多长时间，右翼势力的“残梦”终归永远是“残梦”。

再次，放眼世界，反思不义战争、唾弃侵略战争、警惕纳粹或者军国主义思想复归已经成为国际社会的共识，任何鼓吹侵略战争或者妄想再现纳粹与军国主义“回归”的思潮与动向都将被国际社会所谴责。德国，曾经是“二战”纳粹主义的发源地，“二战”后，德国彻底洗心革面，乃至制定法律严禁鼓吹纳粹思想与为纳粹翻案的行为，在德国，宣扬纳粹主义或者为希特勒等战犯“翻案与正名”等思潮与行为要被追究刑事责任。纳粹在德国已经没有“复苏”的市场，而为“二战”侵略战争真诚忏悔，已经成为德国公民应尽的义务。在德国，不停地追究历史真相、彻底揭露纳粹罪责，乃是一种很正常的社会常识，谁要掩盖甚至美化纳粹暴行，那才是最大的罪恶。

德国，一个跟过去纳粹罪恶历史做彻底割裂的国家，就是国际社会反省侵略历史的榜样，同样作为一个发动过侵略战争的战败国，日本也理应效法德国，去和罪恶的侵略过去做个勇敢的“告别”。

最后，即使在日本国内，反思战争、阻止侵略历史不再重演，也是日本相当一部分有识之士的共识。日本右翼保守势力妄图用篡改了的“历史”封住所有日本民众的“口”，妄图用加工过的“历史观”洗日本民众的“脑子”，但现在毕竟是信息化的21世纪，已经不是20世纪初期的信息封闭时代，日本右翼保守势力的做法恰似“一叶障目，不见泰山”，又恰似“刻舟求剑，缘木求鱼”。

69年前，日本侵略者在代表正义的反法西斯的中国面前签署了投降书，而今，时光荏苒，69年的时光一晃而过，但是，日本侵略中国的斑斑血迹并不能从中国人民的心中抹去。中国人民今天严肃纪念中国人民抗日战争胜利，也是从侧面给日本右翼保守势力一个警醒——中国人民终究是不可战胜的。

军国主义余毒最终应被彻底肃清，这是综观世界发展大势得出的结论。军国主义的“阴魂不散”，不仅给亚太地区带来隐忧与不安，也给日本自身带来伤害。

安倍一直以建设一个“美丽日本”为已任，但这个“美丽日本”的内涵究竟为何？安倍没有说清楚，他也可能不想搞清楚。

如果安倍真是一个“为美丽日本未来着想”的首相，那么，就应该以经济与民生福祉为优先，努力为重振日本经济“夙兴夜寐”；以德国为老师，向亚洲被侵略国家做出完全和解的真诚表白，以实际行动向亚洲被侵略国家证明日本真心推动和解，彻底地从内心深处“排挤出”军国主义思想，压制及至彻底整肃日本国内右翼保守主义思潮；对过去的侵略历史做出明确结论，丢掉再次成为“霸权国家”的幻想，真心实意去做一个“和平国家”。

安倍访拉美"入常之梦"难实现

（2014年7月25日）

日本首相安倍晋三从7月25日起展开为期11天的"拉美五国之旅"，此次安倍出访拉美，其目的不外乎有三个：能源资源外交、扩大在拉美地区的影响力、为再次"入常"（成为联合国安理会常任理事国）而发起拉票攻势。

明年即2015年是联合国成立70周年，日本非常想在70周年这个"逢十"年份，"赶个热闹"，再次推销联合国安理会改革的"噱头"，而能为日本"入常"增力的，拉美与加勒比地区可是不容忽视的地区，该地区国家众多，日本想要"入常"，争取拉美与加勒比地区国家的支持，自然不可或缺。

不过，与上两次1995年与2005年"无功而返"一样，安倍意欲在2015年圆日本"入常"梦，恐怕又会是一场空了。

首先，联合国是"二战"胜利结果的结晶，是"二战"后国际秩序的重要组成部分，联合国是反对侵略战争、维护世界和平的标志，联合国的成立是对千千万万在反法西斯战争中牺牲的人士的最好纪念。日本作为"二战"中法西斯阵营的一员，是亚洲与太平洋战争的直接挑起者与发动者，是侵华战争的罪魁祸首，最后沦落为战败国，但到今天，日本仍然不能彻底与认真反思、反省曾经的侵略战争罪责，反而逆历史潮流而动，欲否定"二战"结果，甚至还要改写"二战"后国际秩序，在这种背景与氛围下，日本为"入常"而鼓噪声势，实在有点"不合时宜"。

一是安倍参拜靖国神社。靖国神社，到底是什么，相信凡是有国际良知的人士都知道其中的本质，而安倍及其内阁成员轮番去"顶礼膜拜"，不能不令人怀疑，一个去朝拜"二战"战犯的国家领导人，何谈要他国对自己国家"入常"提供支持？

二是日本政坛要人否认"二战"历史的言行层出不穷。对"二战"中日本侵略暴行，诸如南京大屠杀、"慰安妇"问题、细菌武器等，或者视而不见，或者百般抵赖，或者矢口否认，这在日本政坛已是"家常便饭"，而一个对否定"二战"历史的言行不去严加追责乃至纵容的日本，若进入联合国安理会常任理事国行列，其后果将不堪设想，因为，日本"入常"了，也就是等于联合国对"二战"侵略历史的"肯定"。

其次，日本"入常"的根本目的是争夺国际政治影响力、掌握国际话语权、为日本摆脱战败国耻辱而做个"华丽转身"，以这种心态"入常"，其实是对联合国"维护世界和平与安全"这一宗旨的亵渎，本身不具有"建设性"。

安倍对今年7月日本解禁集体自卫权的内阁决定，做辩解诡称，"日本解禁集体自卫权是为了更好地为世界和平做贡献"，如果日本真心想为"世界和平做贡献"，可以有多种渠道，但最不应该的是通过"扩军备战"这一渠道，日本行使集体自卫权的本义是为日本重新成为"军事强国"提供方便，而这与"维护世界和平"——联合国的宗旨是背道而驰的。一个欲谋"用军事强权影响他国"以及"彰显军事霸权"的国家，是否具备成为联合国安理会常任理事国的资格，国际社会应该对此审慎思考。

再次，日本"入常"须得经过修改《联合国宪章》这一大难关。而《联合国宪章》的修改，是一件异常复杂和困难的事情，以日本目前对待"二战"侵略历史的态度，想要修改《联合国宪章》几乎不可能。

按照《联合国宪章》的规定，对其进行修改必须经过三道程序：一是联合国成员国三分之二表决和安理会至少九个成员国表决同意；二是三分之二成员国表决通过；三是包括安理会全体常任理事国在内的三分之二成员国各自按照本国的宪法程序（即各国议会）予以批准。以上三道程序，无论是哪一项，都是非常严格的，日本想要跨过这三道门槛，障碍重重。

以第一项为例，日本可能能凑够成员国三分之二的同意票，也即129个国家同意，这也是安倍此次高调访问拉美的重要推力之一——寻求拉美地区的支持，但能否获得安理会至少九个成员国的同意，就要打个“大问号”了，不论是安理会哪一个常任理事国不赞同日本入常的提案，日本也就被挡在“入常”的大门外。

又次，日本“入常”，还须得到美国“同意”。尽管日美是同盟关系，但这种同盟关系是建立在日本战败的基础上的，也即美国是以战胜国即盟主的身份、居高临下“看住”日本的。日本“入常”的动机到底是什么，美国心里最清楚，而日本“入常”本身也有摆脱美国控制和取得与美国对等地位权利的战略考虑，一旦日本“入常”，日美同盟现有的架构就会发生颠覆性的改变。一个不受美国控制的日本，一个实力不断膨胀的日本，这是美国很不情愿看到的前景。

对于美国来说，维持安理会五个常任理事国的框架，也是维持美国全球影响力的象征，扩大安理会常任理事国范围，特别是扩大拥有否决权的常任理事国，将是对美国把持联合国安理会影响力的巨大挑战。如果按照日本等国的设想，把安理会常任理事国再扩充六个，即由现在“五常”变为“十一常”（在原本的五大常任理事国中、俄、英、美、法的基础上，分别再增加2个亚洲国家、2个非洲国家、1个中南美国家、1个西欧国家，总共6个席位），那么，安理会在国际和平与安全领域享有的至高无上的裁决权将会受到很大的冲击，因为，常任理事国越多，就越难以达成对美国有利的决议，正所谓，“众口难调”“人多嘴杂”。

最后，日本“入常”，会遭到其他反对联合国安理会扩容国家的掣肘。例如，韩国、意大利、巴基斯坦、阿根廷等国就明确反对日本等国的“安理会扩容”方案，而这些国家已经联合其他国家组成了反对安理会扩大常任理事国的联盟（即咖啡俱乐部），预计，随着2015年联合国成立70周年的临近，日本等国组成的力主安理会常任理事国扩容的“四国集团”（即日德巴印G4），与反对安理会扩大常任理事国的联盟之间的争斗将会更加激烈。

极力渲染"中国威胁"，为解禁集体自卫权辩解

——评2014年版日本《防卫白皮书》

（2014年7月18日）

日本共同社近日汇总了2014年版日本《防卫白皮书》概要，这份年度《防卫白皮书》的最大特点是对中国进行无端指责，主观臆测中国的动向，对中国指手画脚、说三道四，并对中国显露出强烈的"警戒感"。该白皮书横加"指责"中国去年11月在东海上空划设防空识别区的行为"单方面改变现状、导致事态轮番升级、会招致不测事态"。该白皮书还妄称，中国把自身规则强加给那些在防空识别区飞行的航空器，"此举非法侵害了公海上空的飞行自由原则"。白皮书还颠倒黑白地提及今年5月至6月中国军机相继与日本自卫队飞机所谓的"异常接近"事件。该白皮书还对中国在东海与南海进行的正常的合法的维权巡航行动进行了无端攻击，称"基于与国际法和国际秩序不相容的单独主张，（中国）进行凭借力量改变现状的尝试，显示出高压对应的姿态"。

2014年版日本《防卫白皮书》是在日本通过内阁决议解禁集体自卫权后公布的首份《防卫白皮书》，日本选择在这个时机公布的年度《防卫白皮书》中极尽歪曲与攻击中国之能事，主要有以下几层用意：

首先，转移日本国内民众和舆论的注意力，为解禁集体自卫权寻找充分的外部借口。安倍内阁解禁集体自卫权在日本国内引发了巨大反响，围绕着

解禁集体自卫权，日本政坛与普通民众已经分化成两大针锋相对的阵营：一是以安倍为首的右翼保守阵营，极力要解禁集体自卫权；二是日本共产党与社民党等在野党和日本许多普通民众，反对解禁集体自卫权，不支持日本再次成为军事大国，不愿意看到日本再次打开通往战争之门的危险走向等。在日本民众与舆论的压力面前，安倍不敢小觑，因为安倍内阁的民意支持率已经在大幅下降，为了维持内阁的支持率，保住安倍政权，安倍必须为解禁集体自卫权找出充分且能迷惑日本民意的理由，而极力渲染“外部威胁”，特别是渲染来自中国的“威胁”，就成为安倍转嫁国内民意压力的最好手段之一。

其次，为日本军工产业发展与出口“造势”与“助力”。2014年4月，日本出台了新的“防卫装备转移三原则”，这为日本“军火出口”开了绿灯，但“防卫装备转移三原则”与解禁集体自卫权一样，也引发了日本普通民众对日本容易卷入战争的强烈担忧，民意对“扩大日本军火出口”是有抵触情绪的，为了消除日本普通民众的疑虑，更重要的是要为日本军工产业的发展“解套”与寻求出口渠道，日本有必要拿“中国”说事，有了“中国威胁”这个挡箭牌，日本加速军工产业的发展与出口就有了“令人信服”的理由——既然“中国威胁”日益加重，日本必须重振军工产业的“威风”，加快制造与出口先进武器或者加速和西方盟国共同研发尖端武器，以维护日本所谓的“国家安全”。

再次，为能够顺利行使集体自卫权而做好战略铺垫。安倍内阁正式解禁集体自卫权后，还有很多后续工作要做：具体如何行使集体自卫权、具体何时能够行使集体自卫权、行使集体自卫权的法律依据与具体范围等详尽内容与细则，必须要有一系列程序性工作做配合，例如，安倍内阁正在加快对行使集体自卫权相关法律的修改和完善工作做准备，预计修改的法律将包括《自卫队法》《周边事态法》《应对武力攻击事态法》等10多部，但修改法律首先要面对国会的审议关，在野党必然要做牵制，为了使相关法律修订能够在国会一举通过，安倍就得在必须修订相关法律的理由上做足“功课”：大力营造“中国威胁论”的浓厚氛围，刻意让日本社会舆论相信来自外部“中国的威胁”已经到了非常危急的地步，以迫使反对解禁集体自卫权的党派在舆论的导向下接受“中国威胁”的“事实”，以此使得相关法律修改在国会“无障碍”通过。

最后，赢得国际社会与国际舆论的理解甚至“同情”，为解禁集体自卫权获取国际社会的支持。安倍解禁集体自卫权已不仅仅引发日本国内的高度关注，同时也引发了国际社会的高度瞩目，因为，日本是一个至今都不能彻底反省“二战”侵略历史并在蠢蠢欲动篡改“二战”侵略历史的战败国，鉴于日本过去的侵略历史和现今的逆历史潮流的表现，日本解禁集体自卫权这一危险举动，无疑会引起亚太地区特别是日本周边邻国的忧虑与警惕。为了打消国际社会的顾虑，日本就得树立一个“靶子”，把国际社会“注意力”引向“中国”，于是，日本就大造声势：诬称“中国划设东海防空识别区有损于国际航空自由与安全”，造谣“中国军费急剧增长”、中国“侵犯他国海洋权益”，等等。其目的是让国际社会相信“日本解禁集体自卫权是不得已而为之，是为了保卫日本不受中国等国威胁”等，通过宣扬“日本处境的危险”与“中国的咄咄逼人”来换取国际社会对日本解禁集体自卫权的理解。

不过，无论日本如何渲染“中国威胁”，都不能实际证明是“中国威胁”推动了日本解禁集体自卫权。这只是日本玩的“贼喊捉贼”的惯用伎俩，国际社会和舆论不会轻易相信日本的骗人鬼把戏。因为，是谁带来了威胁、是谁制造了不稳定、是谁要颠覆“二战”胜利结果与“二战”后国际秩序、是谁要否认侵略历史、是谁要逆世界大潮而动、是谁又想成为军事霸权国家等，国际社会和舆论都会看得很清楚。

其实，日本越是诬称邻国是威胁，日本就越是想要威胁别国，所谓的“威胁”，不是来自外界，而正是“安倍”自身。

日本解禁集体自卫权就是打开"潘多拉魔盒"

（2014 年 7 月 17 日）

7月1日，日本以所谓"内阁决议"的形式解禁集体自卫权，这是"二战"后日本安全防卫政策的重大转变，这标志着，"二战"后日本"和平宪法"规定的"日本放弃战争、奉行专守防卫"的自卫性防卫政策被彻底扭曲。根据安倍内阁能够行使集体自卫权的"模糊规定"，日本可以"以有利于自身国家利益的解释"，而行使集体自卫权，从而为日本今后能够"自由在海外动用武力"打开了方便之门。所谓的"解禁集体自卫权"，其根本目的就是，安倍内阁打着"积极和平主义"的幌子，以"行使集体自卫权"为名义，为使日本重新成为一个具有重大军事影响力的"正常大国"而做好战略铺垫。

解禁集体自卫权，并不是像安倍所标榜的那样"是日本为国际社会的和平与稳定做出贡献"，解禁集体自卫权，是安倍打开了"潘多拉魔盒"，日本不是离"和平"越来越近了，而是离"战争"越来越近了。

首先，日本解禁集体自卫权，以"保护盟国美国不受武力威胁或攻击"为名而行使集体自卫权，可以使日本军事影响力得到"无限扩大"，众所周知，美国是全球性霸权国家，美国的军事基地几乎分布在全世界各地，举一个例子，一艘美国军舰正行驶在南印度洋某地，遭遇了某种威胁或者某种攻击，为了保护美国军舰上军人的安全，日本自卫队舰机就得以行使集体自卫权而远赴南印度洋，这样，日本的军事影响力就可以轻而易举地扩展到以前难以到达的南印度洋，这对日本、特别是对抱有强烈"军事大国梦"的日本右翼势力来说，不啻是拿到了“尚方宝剑”——日本终于又可以“挥师远征”了。

其次，日本解禁集体自卫权，以保护“与日本关系密切的国家免受威胁或攻击”为名而行使集体自卫权，其中，“与日本关系密切的国家”具有很大的任意操作的空间，这里有很大的“文章”可做，这个“关系密切的国家”可以任由日本主观决定，例如，可以是菲律宾、澳大利亚、越南、印度甚或是阿联酋与沙特阿拉伯等国，而且主要标准其实就是“这个关系密切的国家”关系着日本的国家利益，保护了“这个关系密切的国家”就是保护了日本自身。在保护“与日本关系密切的国家”免受威胁或攻击时，更可以自由发挥日本的军事影响力，比起保护美国免受攻击来，还带有“被动接受”的味道，而为保护“与日本关系密切的国家”出动军力，更有展示日本是一个“正常的军事大国”的意味。

又次，日本解禁集体自卫权，主要是以“保护日本国家、国民等免受威胁或攻击”为名义的，在这一“冠冕堂皇”的理由下，日本尽可以以“保护日本”的名义而随意扩大行使集体自卫权的权力与范围，其中包括：大力扩充军备，加大研制与进口尖端武器的力度，组建保护“离岛”的快速反应部队，与他国共同研发先进武器甚至向他国出口武器或武器技术，增加与美国等盟友军事演习的频率，加大日本舰机巡视与监控重要海空航线的力度等。

另外，日本解禁集体自卫权，肯定要涉及与周边邻国的领土争端，如果日本以行使集体自卫权的名义，而强行登上与邻国的争议岛屿，必然会致使日本的周边外交局势更加紧张，日本的“周边外交僵局”将成为“无解之题”，而日本越是要行使集体自卫权，日本的周边外交就会越紧张，当这种局势形成一个“恶性循环”时，日本将会“作茧自缚、越缚越紧”。

毋庸置疑，日本解禁集体自卫权，将给日本和亚太地区带来更多的“消极影响”，而这种“消极影响”带给日本普通民众和社会的将是更多的“麻烦”：第一，日本扩大行使集体自卫权的范围，必然要对日本现有的自卫队体制构成挑战，日本现有的自卫队只是在“二战”以后日本沦为战败国的背景下建立的一支“国土有限自卫”队伍，如果今后日本在海外扩大行使集体自卫权，首先就会面临自卫队“人员不足”的矛盾，而解决“人员不足”矛盾的唯一办法就是扩充兵员，而扩充兵员涉及是否恢复“征兵制”问题，如果届时日本以海外行使集体自卫权人员严重缺编为由而恢复“征兵制”，首先遭遇冲击的是日本普通民众与普通家庭，在当前与未来20多年内，日本人口呈现严重“少子高龄化”问题的前提下，日本即使实行“征兵制”又谈何能够征集到更多、更适龄的兵员？当许多适龄年轻人都应征去“行使集体自卫权”了，日本更多的老龄人谁来管？本来，日本已经是一个因老龄人口剧增而社会负担不断加重的国家，自卫队人员扩充将会使日本老龄社会问题愈发严重。

第二，日本行使集体自卫权，将使日本“主动”或“被动”地与战争和冲突发生了“紧密的关系”，而日本越是卷入“战争与冲突”，越是加重日本经济与社会的负担。因为要“扩军备战”，日本必然要增加军费开支，必然要大力发展军工产业，必然要挤占民用工业与民间企业的空间，而这些“扩军备战”措施，又必然要加重日本经济的负担，日本已经陷入经济不景气泥潭多年，而今还希望靠“安倍经济学”摆脱日本经济多年徘徊不前的局面，但是，“安倍军事学”的膨胀，只会拖累“安倍经济学”的发展，“安倍经济学”“所得”并不能抵消“安倍军事学”“所失”，“安倍军事学”更不能给“安倍经济学”“埋单”。

古希腊神话中有著名的“潘多拉魔盒”故事，其实，安倍解禁集体自卫权，就如同潘多拉受好奇心驱使而打开了“魔盒”致使各种灾难降临一样，日本行使集体自卫权，也就是日本面临“灾难”的时刻。

日本缘何要加快“离岛国有化”步伐

（2014 年 7 月 13 日）

继2012年9月日本野田佳彦政权非法对中国固有、神圣的领土——钓鱼岛及其附属岛屿——进行所谓的“国有化”闹剧以来，日本并未按捺住继续对其他远离日本本土的“离岛”进行“国有化”的步伐，2014年伊始，日本又欲开始新一轮大规模的“离岛”“国有化”行动。

据日本共同社报道，日本海洋政策与领土问题担当大臣山本一太于2014年1月7日在记者会上透露，对于日本领海范围设定基点的约400个离岛，拟把其中约280个无主的无人岛“国有化”。山本一太表示：“将把离岛作为国有财产登记，加强管理。将对外传播这一讯息。”而日本执政的自民党内已敲定在近期继续对280个无人岛进行国有化，并将为其中的160个“无名岛”立名。

日本的所谓“离岛”，是指除本州岛、北海道岛、四国岛、九州岛及与上述四大岛之间有桥梁或隧道等公共交通设施相连接的岛屿之外的其他岛屿。日本方面认为，可作为日本领海范围依据的400多个离岛，还有大部分未确定是否有私人岛主，在日本海上保安厅所制作的海图中，有200个属于无名岛。日本在掌握这些岛屿的状况后，将会为无名岛取名，并将它们列入日本地图。早在2009年日本民主党执政的时候，日本已做过一次调查，那时，日本周围的400多个岛被作为日本领海和经济海域界线的基点，当时仅仅调查了99个。

而就在日本政局呈现浓重保守右倾氛围的敏感时候，安倍政权在这个节点推出大规模"离岛""国有化"计划，不能不说其有着深层的战略野心。

首先，所谓的"离岛""国有化"计划是为了扩张日本的海洋权益与海洋地缘政治影响力。按照海洋地缘政治的理论，海洋中分布的各个岛屿，就是天然的固定军事据点，谁占据与拥有了海洋中的岛屿，特别是处于海空交通要道的岛屿，谁就掌握了战略主动权——"制海权"，谁拥有了"制海权"，谁就拥有了海洋地缘政治影响力，谁就是海洋大国与强国。

长期以来，日本都以"海洋大国"自居，在日本看来，其周边的海域就是守护日本本土安全的天然战略屏障，不断扩展日本的海洋权益，不断扩张日本的海洋地缘政治影响力，是日本多年来就有的潜在战略野心。近年来，日本"不遗余力"地费尽心思在"海洋"上做文章，尤其紧盯着散布在太平洋上的众多岛礁，因为日本也深知，日本本土地理狭长，缺乏大陆国家拥有的有效战略纵深，战时本土极易被攻破，要想克服日本本土的致命弱点，就须大力利用日本是"海洋国家"的优点，从海洋上寻找战略纵深，从海洋上寻找战略屏障，而辽阔的太平洋、那些分布在太平洋上的"星星点点"的岛礁，就是日本周边天然的战略纵深与战略屏障，一旦众多的岛礁完全由日本政府"收归国有"，就可以使日本拥有战略缓冲的机动权，就可以掌握"制海权"，为日本在战时赢得战略主动权，提供先机与便利。

2013年4月，日本公布的《海洋基本计划》就明确指出，从维护日本的安全与海洋秩序的观点出发，有必要在重要的离岛及其周边海域施行妥当的警戒与监视措施。而日本今后实施的离岛"国有化"计划中，绝大多数都位于日本南面的太平洋上，例如，位于太平洋的"冲之鸟礁"与"南鸟岛"，就是处于太平洋海上航路的要冲，特别是在"冲之鸟礁"问题上，日本近年来，千方百计要使之由"礁"为"岛"，其主要的战略野心之一就是，"冲之鸟礁"的地缘战略地位非常重要，如果成功变"礁"为"岛"，那意味着，日本就可以在太平洋腹地，占据有利地缘位置，无形中拥有了一处海空枢纽，不管是战时，还是平时，都可以随时监控来往穿梭于太平洋上的各国舰船甚至是在太平洋上空过往的飞机，为日本掌握战略主动权提供极大方便。

其次，是为了日本寻找与占有海底能源与资源做战略准备。

众所周知，日本是一个本土严重缺乏石油与天然气等常规化石能源的国家，支撑日本经济与社会发展所必需的油气等能源都须从海外进口，为了逐渐减少对海外能源进口的依赖，近年来日本也在花大力气在日本周边海域探寻海底能源与资源。

2012年6月，日本一研究小组发现，在日本南鸟岛周边的海底可能存在大量稀土，如果可以开采出来，这些稀土可供日本国内使用230年。该研究小组发现在距离南鸟岛约300千米、水深约5600米海底采样的泥土中富含镝等稀土元素，这种泥土堆积范围超过1000平方千米，可能蕴藏着约680万吨稀土。

而在“冲之鸟礁”周围海域也蕴藏着丰富的石油、天然气等能源，这些区域还蕴藏着大量铜矿等稀有金属矿、海底热水矿床等资源。另外，近年来，日本在太平洋海底以及日本海海底发现了储量可观的“可燃冰”（新一代能源——天然气水合物）。

正是由于上述这些能源资源的相继发现，更加促成了日本加快离岛“国有化”的步伐，当日本正式把这些离岛“收归国有”后，这些岛礁周边海底蕴藏的丰富的能源资源就完全成了日本的“囊中之物”，日本可以随时开始试验与采掘，如果试采掘顺利，证明可以大规模商业开采的话，届时日本就可以成为一个能源资源大国。

最后，是为了对中国成为“海洋强国”的正当合法的努力进行牵制与制约。

2014年1月初，日本媒体披露的防卫省的《防卫计划大纲》讨论原件显示，日本设想了包括中国钓鱼岛及其附属岛屿在内的“西南诸岛”的“离岛防卫”，甚至还写入一旦出现突发事件，民间船舶全体船员转为预备自卫官的“雇用计划”。而在2013年12月，日本安倍内阁公布的“安保三支箭”——《日本国家安全保障战略》《日本中期防卫力量整备计划》与《日本防卫计划大纲》之中，都提到了“日本如何保卫海洋与岛屿安全”的内容，而其中的一个重要针对目标就是中国，在日本方面看来，中国近来一系列在海空安全方面的措施，是对日本的威胁，特别是中国提出要建设“海洋强国”的主张，更令日本如"芒刺在背"，日本从心里根本不愿意看到中国向海洋进军的努力，尽管中国成为"海洋强国"，完全是中国正当的合法的必要的应有的权利，但在日本眼里，这种正当的合法的"海洋举动"，反而是中国对日本的"某种威胁"，日本必欲与中国"针锋相对"。

正是在处处防范、制约中国的心理下，日本才在此时加快了对离岛"国有化"的步伐。早在冷战时期，美日等西方国家就制定了防范中国等国家进出西太平洋的"岛链战略"，而所谓的"岛链战略"，其实就是美日等西方国家，以提防中国等国进出西太平洋为名，行"完全掌控西太平洋上的岛屿"之实，而今，尽管冷战时代早已过去，但在日本眼里，冷战思维并没有消失，相反，近几年，日本的冷战思维还有愈加浓厚之嫌。而继续加固"岛链战略"就是日本提防中国之"冷战思维"的典型表现。

在所谓的"岛链战略"中，有"第一岛链"与"第二岛链"之说。"第一岛链"已经毋庸赘言，而且中国的舰船等近几年已经成功进行了来往穿越，穿越"第一岛链"进出西太平洋进行演练，已被中国舰船的实际行动所证明，现在，日本最妄想与切盼的是"第二岛链"。在日本眼里，只有不断扩大与加固"第二岛链"的防备力量，才能牵制与制约中国成为"海洋强国"的计划与努力。

所谓的"第二岛链"是指，北起日本群岛，经小笠原诸岛、火山列岛、马里亚纳群岛、雅浦群岛、帕劳群岛，延至哈马黑拉岛（位于印尼）。可以看出，"第二岛链"都位于太平洋的腹地，其中小笠原诸岛、火山列岛都是日本位于太平洋上的岛屿，日本是"第二岛链"的关键环节国家，所以，日本要加大对太平洋上的离岛的控制力度，"国有化"离岛就是这项扩大与加固"第二岛链"防备力量的重要内容。

通过所谓的"离岛国有化"，日本就可以以"国有化"为名，在这些太平洋上的"离岛"上施行各种海上与空中的防卫措施，例如，建立雷达站、建立可停靠各种大型舰艇的港口、建立石油等战略物资储备设施、建立军用机场等，以打造太平洋上固定的可以监控中国舰机的海上军事据点，从而迟滞中国迈向"海洋强国"的步伐。

当然，对于日本“国有化”离岛的深层目的，我们在对其继续进行密切跟踪观察分析的同时，也要进行一系列的战略准备，以应对可能发生的潜在变化因素。

首先是中国要向国际社会宣示，我国迈向“海洋强国”之路是一个主权国家完全正当的合法的应该享有的权利，因为，中国本身就是一个海洋国家，中国拥有漫长的海岸线（海岸线总长度达3.2万多千米），中国本身是位于西太平洋沿岸的太平洋国家，中国沿海拥有众多的岛屿，中国拥有300万平方千米的海洋国土，这些天然地缘因素决定了中国必须走“海洋强国”之路，只有中国成为“海洋强国”才能有效、有力地维护中国神圣的固有的海洋主权。

其次是要利用联合国这一全球最权威的国际组织，在联合国向各国表明日本所谓的“离岛国有化”并不完全符合《联合国海洋法公约》的规定，譬如典型的“冲之鸟礁”问题，由于是“礁”，日本就根本不具备把一个凭空臆想出的“岛”“国有化”的权利；而且还要向各国讲明，辽阔的太平洋大部分是国际公海，不能允许日本借“离岛国有化”之名行“圈占”太平洋海洋权益之实。

最后是中国应在太平洋加大科学研究考察的力度，着力研究考察摸清太平洋的渔业、气候、洋流与潮汐规律、海底地质特点、海洋资源等海洋科学知识，为中国成为“海洋强国”创造可靠的必要的科研辅助条件。

安倍——不要再次成为侵略战争的制造者

（2014 年 7 月 7 日）

7月1日，是日本自卫队建队60周年的日子（1954年7月1日日本自卫队成立），而安倍选择在这一天正式做出了解禁集体自卫权的内阁决定。7月7日，是日本军国主义发动卢沟桥事变77周年的日子，77年前，卢沟桥畔，枪炮声声，日寇铁蹄开始了全面侵华战争，同时也拉开了中华民族全面抗战的大幕，抚今追昔，77年前日本发动了残酷的侵华战争，而今天日本解禁集体自卫权、一步步扩军备战，历史不容忘记，但历史悲剧绝不容许重演。安倍，可以解禁集体自卫权，但不可以再次成为侵略战争的制造者，因为，制造侵略战争的人，从来都是被侵略战争所吞没。

解禁集体自卫权，按照安倍自己所说的，是为了“更好地为日本的积极和平主义外交政策服务”，其实，这是一种“障眼法”，这是在“偷换概念”，这是在“欺骗国际舆论”。

解禁集体自卫权，根本目的是让日本重新成为一个“正常国家”，这个“正常国家”可以像其他霸权国家那样，特别是像“二战”前的日本那样，能够自由运用日本兵力，前往地球上日本认为的、威胁到日本国家利益的地区去行使武力，再换一个说法，这个“正常国家”，是一个具有重要军事影响力、能够自由投放兵力的“军事大国”，这才是安倍解禁集体自卫权的真实目的。

“好战者必亡”，中国古训，仍旧谆谆在耳。当一个国家的军力发展已经远远超出这个国家民众、经济与社会承受能力的时候，这个国家也就离消亡不远了。殷鉴不远，“二战”前的日本就是这样，穷兵黩武，国力耗尽，肯定要落得个“灰飞烟灭”的下场，如今的安倍，却置历史教训于不顾，仍要违逆日本大多数普通民众的意愿，去打开“集体自卫权”这个可以发动战争的“方便之门”，只能说是莫大的悲哀。

解禁集体自卫权，实则是打开了“地狱之门”，其后，安倍带给日本的将是无尽的“麻烦”。

首先，行使“集体自卫权”必须具有大量尖端军事防御设备（如军用飞机、舰艇、各种导弹等），而日本好多具备军工能力的企业，就要转手生产大量的军事设备，那么，民用设备生产就会遭到挤压与削减，而民用设备生产减产，直接导致一些民用设备的价格上涨，价格上涨的负担，最终会落到日本普通民众的身上，将使普通民众生活水平降低。

其次，随着行使“集体自卫权”逐步深入与扩大，现有的日本自卫队必然会面临人手不足的问题。而解决“人手不足”问题，只能是恢复实行“征兵制”，这样一来，日本自卫队的性质就发生了根本改变，本来，自卫队是“二战”战败后，日本在不得已条件下，建立的一支防御性部队，既然是防御性的部队，那么，到海外扩大行使“集体自卫权”就会显露出“防御”的弱点，为了弥补弱点，除了增加配备更尖端的武器装备之外，就是“扩充兵员”了，而“扩充兵员”，首当其冲的是征召“年轻人”。日本已经是一个老年人口占比为25%的高龄人口国家了，而年轻人占人口比重越来越小，况且，日本总人口也在不断减少，据最新消息，2050年日本全国人口将由2010年的1.28亿人减少至9700万人，在一个总人口不断下降、老龄人不断增多、年轻人不断减少的国家，充实兵员，可是一件很困难的事情，如果年轻人不断被征召去当兵，日本的经济与社会发展，必然会陷入停滞。兵员不足导致征召兵员、征召兵员导致年轻人去当兵、年轻人当兵导致更多的老年人继续工作、老年人继续工作导致社会保障与养老等经济社会负担更加沉重，这是一个恶性循环，一旦这个恶性循环继续下去，日本经济社会发展就会越来越缓慢，而军力的扩张，必然需要更多的经济支撑，当经济不能进一步发展时，军力扩张又从何谈来？

最后，行使“集体自卫权”，不断扩大日本的军事影响力，需要耗费巨量的物资，特别是各种能源资源，例如，出动各类飞机与军舰需要耗费价格不菲的石油，建造各类飞机与军舰甚至导弹更需要耗费巨量的原材料，而日本本来是一个能源资源缺乏的国家，这些巨量呈天文数字的能源资源的来源如何解决，这是一个不得不面对的现实问题，如果解决的话，有两种途径：一是靠大量进口、二是靠国内节衣缩食。如果这样，一是会花掉大量的财政储备，二是会使日本普通民众生活受窘，而实质上，最终受苦的还是日本普通民众。

“二战”侵略战争的硝烟虽已远去，“二战”侵略战争的惨景，却仍历历在目。安倍，如今又要堕入战争的深渊。如果安倍能够想到日本更多普通民众的未来，就不要再去做战争的制造者，因为，制造战争，“赌”得是日本普通民众的“命运”。

安倍“整军经武”，不如“偃武修文”

（2014年6月27日）

《朝日新闻》在今年6月23日公布的最新一期日本全国舆论调查结果显示，安倍内阁支持率继续下滑到43%，比该报上个月的民调数值又下滑了6个百分点，此次安倍内阁支持率数值，也是安倍新内阁自2012年12月重新上台后该报实施的历次民调中的最低值。《朝日新闻》此番公布的相关民调数据显示，受访者中反对解禁集体自卫权的，达到56%，赞成的仅为28%，反对者比例超过赞成者整整一倍；而对于安倍设想仅通过内阁决定修改宪法解释而实施解禁集体自卫权的做法，认为“不合适”的比例更是高达67%，认为“合适”者仅占17%。

不仅安倍内阁支持率创了新低，就连安倍最引以为豪的“安倍经济学”也亮起了红灯。6月24日晚，安倍宣布了“安倍经济学”第三支箭——经济财政运营与改革的基本方针，但第二天即6月25日，东京股市从上午开盘后即告下滑，到当天下午15时收盘时，日经平均指数比昨日收盘价下滑了107日元，东京股市下跌说明了“安倍经济学”的第三支箭并不被日本经济界看好，“安倍经济学”暗藏着很大的隐忧。

与安倍内阁支持率下跌和安倍经济学第三支箭不被看好形成鲜明对比的是，安倍“信心满满”地计划要在7月1日完成解禁集体自卫权的最后几道程序，从而为日本“整军经武”做好最后的铺垫工作，以使日本成为一个能够在海外自由出兵与运用武力的“正常国家”。

笔者认为，安倍与其耗尽心力地为解禁集体自卫权而“四处奔走”，还不如变“整军经武”为“偃武修文”，认认真真做好“安倍经济学”的功课，让日本经济能尽快全面走上复苏的正轨。

首先，安倍紧锣密鼓地谋划解禁集体自卫权，无非是为了满足安倍一时的“虚荣心”——让日本重新恢复成为像“二战”前那样可以自由运用武力“耀武扬威”的日本，其实，这是拿全日本人民的生命去做赌注的危险的行为，出兵海外，可以暂时“证明”日本是一个“军事大国”，但不能说明日本有支撑“长期”海外作战的“物质”与“精神”力量。

据日本时事通讯社6月25日的报道，根据当天日本总务省发布的数据，2014年1月1日的日本总人口为1亿2643万4964人，较去年减少24万3684人，同比下降0.19%，连续5年下降。其中，出生人口103万388人，较去年同期微增955人；但由于老龄化带来的死亡人口却达126万7838人，创历史最高纪录；而所谓“自然减”（即死亡人口超过出生人口的差额）已创历史新高，达23万7450人。调查还显示，日本65岁以上的人口比例达25%，这一数字也更新了最高纪录；但是，15～64岁的人口比例为62%，14岁以下的青少年比例为13%，二者都在持续减少。

以上日本人口统计数据有力地说明了日本人口结构呈严重的“老龄化”趋势，一个国家人口比例中老年人比例越多，就越是影响到这个国家的经济社会发展前景，如果按照目前的人口结构趋势发展下去，日本总人口只会越来越少，届时，如果日本政府非要派兵海外，那“兵员来源”与“兵员补充”如何解决？安倍目前极为热衷的“行使集体自卫权”，其实最为关键的是“自卫队人员构成比例”，现在以及今后，日本老年人口不断增多，年轻人口比例增长乏力，“自卫队人员征召”都成问题，谈何“派兵海外”？

其次，安倍二次执政以来，“信心十足”地喊出要做“长期首相”，殊不知，想要做“长期首相”，就须在日本选民中维持长久的很高的支持率，而要想维持“长且高”的支持率，一个重要“法宝”就是能给日本选民“看得见、摸得着”的“实惠”——经济增长、就业、医疗、育儿等各种社会保障措施，如果选民看不到“希望”——经济增长缓慢、失业率增多、社会保障措施没有到位等，选民就会毫不客气地“抛弃”这位首相。

现在，虽说“安倍经济学”前两支箭的效果还算有效，但第三支箭“经济财政运营与改革的基本方针”才是最难射中靶心的一支箭。第三支箭有一条重要内容是“振兴劳动力市场，即让更多的女性加入劳动力大军，吸引更多的高素质人才移民，提供更灵活的工作条件”，但“振兴劳动力市场”在日本是“说易行难”，其中难点在于：让更多的女性进入职场，那么这就涉及一个根本问题——日本人口本来就老龄化严重，大量女性进入职场，“育儿”难题就会接踵而来，“育儿”难题难以解决，日本“少子高龄化”人口问题只会愈发加重，而“少子高龄化”问题愈发严重，只能使日本经济完全恢复景气的时间更加滞后；“吸引更多的高素质移民”，是否会挤占日本本已就拥挤的就业市场？当就业率不能有效提升时，消费市场就难以带动，随之就会带来一个重要问题，选民认为“首相不能给自己带来工作机会”，当然会放弃支持首相，首相的支持率会愈来愈低，安倍的“长期执政”梦想就会落空。

再次，安倍力推的行使集体自卫权，除了能满足安倍个人的“政治虚荣心”外，并不能给日本普通民众带来任何实质性的收益，在日本普通民众看来，继续在一个和平的社会环境下安稳地生活才是最大的目标。“二战”前后的日本历史对比证明，“穷兵黩武”只会带来最终毁灭，而“和平发展”却能走向经济繁荣，相信日本普通民众能理解与知晓这一简单的道理。这一段时期，从日本国内不断掀起的抗议安倍内阁解禁集体自卫权的浪潮，就可见一斑。正如东京街头一位普通抗议者手举的示威标牌“集体自卫权就是害子孙后代的命”说的那样，安倍解禁集体自卫权、拿到海外运用兵力的“尚方宝剑”后，最大的受害者还是日本普通民众，充当“炮灰”的就是日本普通民众的“子孙”。

如果安倍想要做一位“长期执政的、青史流芳”的首相，就须正视日本普通民众的呼声，“偃武修文”是日本现在与今后应该遵循的唯一康庄大道，若安倍对普通民众的声音充耳不闻，只会使自己在普通民众心目中的地位降低，“安倍暴走”将会成为“安倍暴跌”。

“慰安妇”问题绝不能忘记

（2014 年 6 月 15 日）

近日，中国将南京大屠杀和日军强征“慰安妇”档案提交联合国教科文组织申报世界记忆名录一事，引发了日本方面抗议，日本竟然还表示要求中方撤回申请。毋庸置疑，中国的申报行动完全是正当的，并且这本身是维护世界和平、“二战”胜利成果与“二战”后国际秩序的正义之举，不过，最令国际社会难以接受的是，日本竟然对中国的正当与正义之举，不断指手画脚，其“欲盖弥彰”的伎俩令人不能不感到愤慨。

与中国将“慰安妇”档案申报世界记忆名录形成鲜明对比的是，日本安倍政权正预谋对承认日本曾经在“二战”期间强征“慰安妇”的“河野谈话”进行调查，以确认“河野谈话”出台的真实背景以及是否“正确”。6月9日，安倍在参议院预算委员会会议上，对“河野谈话”的发表者——河野洋平展开了批判，认为河野在“慰安妇”问题上采取的缺乏信念的做法，给后代留下了很大的“祸根”。

“河野谈话”发表于1993年，迄今已过去21年，但为何安倍政权如今又要对早已被国际社会所接受并且早已有定论的“慰安妇”问题进行百般狡辩呢？

首先，拿“河野谈话”为由头，为安倍的“荒谬历史观”圆场。安倍重新上台以来，不断否认日本曾经犯下的侵略历史罪行，而参拜靖国神社更是安倍“扭曲历史观”的集中表现，在安倍看来，日本要想恢复成为一个“正常国家”，就须在过去的“历史上”做文章：一是美化过去的侵略历史，二是矢口否认过去侵略中犯下的滔天罪行，三是把过去发动侵略战争的头目塑造成日本的民族英雄，通过这“三部曲”，安倍背后的目的就是让日本国内以及国际社会逐渐淡忘甚至完全忘记日本曾经发动过残暴侵略战争那段非常不光彩的历史，以此就能让日本以所谓“清纯与和平”的形象走向国际社会。

其次，借否认“慰安妇”问题，可以在日本右翼势力面前树立“硬汉”形象，以便继续巩固安倍的执政地位。其实，否认“慰安妇”问题，与安倍目前正在推动的修改宪法解释与解禁集体自卫权一样，都是安倍为了获得长期执政地位而要弄的手段。安倍心里盘算着，只有不承认曾经的“慰安妇”问题，才能为修宪与解禁集体自卫权营造有利氛围与做好铺垫，如果承认“河野谈话”有效、承认日本有过强征“慰安妇”问题，那么，日本就是一个严重侵犯女性人权的国家、一个反人类的国家，接下来的修宪与解禁集体自卫权就很难得到国内外舆论支持；如果承认了“慰安妇”问题，安倍就会在右翼保守势力面前丧失“硬汉”的形象，继而打乱修宪与解禁集体自卫权等安倍一系列的战略步骤，那么，届时，安倍必然会在右翼保守势力的巨大压力下而缩短首相任期。

再次，否认“慰安妇”问题，可以为日本竞争联合国安理会常任理事国提供条件。明年即2015年是“二战”结束70周年纪念年份，同时也是联合国成立70周年。长期以来，日本就觊觎联合国安理会常任理事国席位，更是视进入安理会常任理事国行列（即“入常”）为日本正式成为“世界大国”的重要标志之一。而2015年是联合国成立70周年，届时日本等国家又要为安理会改革“摇旗呐喊”，而否认“慰安妇”问题是日本“入常”战略的一环，因为，日本只有否认“慰安妇”问题，才能在国际社会面前“标榜”自己没有侵犯人权问题。早在1993年6月，在维也纳召开的联合国世界人权大会上，通过了《关于废除对女性暴力的宣言》，宣言谴责侵犯女性人权的行为，并提出有效追究的原则，宣言还认为日军“慰安妇”问题是“战争中对女性的奴隶制”，应该予以谴责。日本既然想方设法要“入常”，就得极力否认“慰安妇”问题，否则，背负“慰安妇”问题罪责的国家是难以进入安理会常任理事国行列的。

不过，安倍在"慰安妇"问题上大做文章，反而是得不偿失。日本越是逃避过去的侵略罪责，就越会使自身背负的历史包袱更加沉重；日本越是否认"慰安妇"问题，就越证明了日本不敢面对过去的侵略历史；日本越是否认"慰安妇"问题，就越说明了日本在侵略历史问题方面的"心虚"。

就连日本的盟国美国都承认"慰安妇"问题，都对日本否认"慰安妇"问题表示不满。美国国会众议院早在2007就通过了一项谴责日本在"二战"期间强征亚洲其他国家妇女充当日军"慰安妇"的议案。之后，加拿大国会、欧洲议会、荷兰议会、韩国国会和菲律宾国会都相继通过了议案要求日本就"慰安妇"问题道歉或赔偿。2012年7月，美国国务卿希拉里·克林顿指示美国所有文件和声明禁用按日语直译的"慰安妇"一词，将其改为"被强迫的性奴"，以此要求日本正视"二战"期间的侵犯人权行径。包括美国在内的国际社会的不满，已经证明了，日本不断否认"慰安妇"问题，只能将日本永远钉在历史的耻辱柱上。

日本应当迅速向国际社会公布核存储真相

（2014 年 6 月 13 日）

近几天，日本政府没有向国际原子能机构（IAEA）“如实”汇报其私下留存的640千克敏感核材料——钚的消息，再次令国际社会与舆论惊诧不已。因为，早在今年1月份，就已曝出日本储存有331千克武器级钚等敏感核材料的消息，这两次敏感核材料消息的相继曝出，不能不引发国际社会对日本——这个至今不能彻底反思“二战”侵略历史、蠢蠢欲动又要进行扩军备战国家的深刻担忧。现在，国际社会最担心的问题有两个：日本是一个非核国家、又是一个“二战”战败国，日本囤积巨量的敏感核材料其深层目的到底是什么？如果日本真的哪一天制造出了核武器，国际社会该怎么办？

日本是一个核电拥有大国，长期以来，日本一直对核电站使用过的核燃料进行再处理，从而“不知不觉”间成为世界上屈指可数的“钚拥有国”，算上此次“没有如实汇报”的640千克钚在内，日本钚的总存储量已高达45吨，相当于5500多枚核弹量，这可是一个“惊人”的数字，毋庸置疑，日本是一个“潜在”的“敏感核材料拥有大国”。

日本是国际原子能机构的成员国（1957年加入），同时也是《不扩散核武器条约》的加入国（1995年加入），而国际原子能机构与《不扩散核武器条约》则构成了当今世界上最权威的防止核扩散与核监管的国际机制，日本作为这个国际机制的成员国，理应严格遵守相关规定，不得有任何私留或秘密储存敏感核材料的违规行为。而今，国际舆论接连曝出日本秘密储存有巨量敏感核材料的消息，作为国际核不扩散机制的重要成员国，日本的"颜面"何存？

从至今日本仍旧闪烁其词、遮遮掩掩、百般推脱国际社会对其储存敏感核材料的指责来看，日本囤积巨量敏感核材料不外乎三个目的：一是作为备用，留待国际时局对己有利时，迅速启动制造核武器；二是作为筹码，作为与美国讨价还价的工具，日本的核材料一开始是在冷战期间美国借给日本使用的，但随着国际局势的演变，日本成了美国在远东遏制中国等国的战略支点，日美相互利用、相互借重，"美国借用"的核材料也就慢慢变成被日本"占用"，但目前日本政治右倾化的加剧，使得美国也觉察到"养虎遗患"的道理，日本"久拖不还"核材料，为的就是在日美同盟关系中获得有利于日本的战略筹码，在安倍等右翼政客心中，摆脱美国控制，才是成为一个"正常大国"的必备条件之一，而欲想完全摆脱美国控制，单独掌握核材料将是一个重要战略筹码，在"还与不还""部分归还"与"完全归还"之间，是否拿捏得当，将成为美国与日本双方"控制与反控制"博弈的最好筹码之一；三是作为威慑，是否拥有相当数量的核材料（"钚"是比"铀"威力更大且比"铀"获取更为容易的核材料），是能否制造出核武器的必备条件之一，日本是核电技术大国，而核电技术与核武器制造技术之间的距离非常近，如果哪一天时机成熟（日本国内局势与国际局势演变），日本制造出核武器不是一件出人意料的事情。

以目前日本相当危险、又相当浓厚的右翼好战政治氛围，日本囤积巨量敏感核材料，将是对国际社会的潜在的巨大威胁，核威胁是对整个世界的威胁，核威胁牵涉到整个世界的利益，国际社会必须对此有清醒的认识，而不能对此视而不见、听而不闻，漠视日本的"潜在核冲动"，将来会给国际社会带来"意想不到"的麻烦。

首先，作为日本拥有敏感核材料的"始作俑国"，美国应担负起严格监管与妥善处理日本核材料的责任，美国不能因顾及同盟关系，而对日本有所纵容，其实，纵容日本拥有核材料乃至掌握核武器制造技术，最先受到威胁的反而是美国自身，挣脱美国的束缚、成为有影响力的大国，一直是日本的战略目标，美国不会不明白“放虎归山”“养痈遗患”的深刻教训。

其次，国际原子能机构作为世界上最权威的确保与监督和平利用核能的机构，应该发挥其应有的作用，应迅速启动针对日本的核材料检查，应组成一个包括联合国安理会五大常任理事国在内的日本核材料检查团，专门到日本进行有关核材料存储情况的彻底调查，以查明日本囤积巨量敏感核材料的真实目的，如果日本有任何企图制造核武器的嫌疑，就应尽快封存核材料，并且尽快妥善销毁。

最后，日本作为《不扩散核武器条约》的缔约国，理应遵从条约的规定，不得做出任何违反条约的行为，如有违反情况，联合国安理会有权对日本进行制裁。《不扩散核武器条约》第三条第一点就明确规定：每个无核武器的缔约国承诺接受按照国际原子能机构规约及该机构的保障制度与该机构谈判缔结的协定中所规定的各项保障措施，其目的专为核查本国根据本条约所承担的义务的履行情况，以防止将核能从和平用途转用于核武器或其他核爆炸装置；原料或特殊裂变物质，无论是正在任何主要核设施内生产、处理或使用，或在任何这种设施之外，均应遵从本条所要求的保障措施的程序。日本不能如实向国际原子能机构汇报其储存的敏感核材料，已经违反了该条约的规定，联合国有义务有权力就日本违反《不扩散核武器条约》的行为进行调查，由于日本囤积敏感核材料问题涉及国际安全，联合国安理会有权介入该问题，安理会应就该问题举行专门会议，讨论如何处理日本囤积巨量核材料问题，包括启动特别调查、是否采取制裁措施等。

日本应该放弃战争冒险之野心

——甲午战争120周年之思考

（2014年6月6日）

按照中国传统的历法，2014年是农历甲午年，同时也是两个甲子的轮回——甲午战争爆发120周年。

对120年前的那场战争，长期以来，中外各界人士都进行了大量思考与论述，一般而言，对晚清王朝感慨与惋惜的居多，但对当时刚刚踏入列强大门的日本就迷思在“穷兵黩武”中不能自拔进而最终在50年后的“二战”中彻底失败这一过程，思考得很少。笔者认为，甲午战争是日本走上帝国主义侵略扩张道路的开始，尽管日本击败了当时的晚清王朝，却是日本从此走向“万劫不复”战争深渊的开始，甲午战争，日本虽胜，但胜中藏败。

首先，甲午战争是日本军事冒险主义的肇始，尝到军事冒险主义“甜头”的日本从此一发而不可收拾，以为凭借自己的“聪明”，可以横行于天下，殊不知，冒险可以“逞”一时之“能”，但不可以“称雄”一世。从甲午海战中，日本军舰“冒险”偷袭清朝运兵船，到十年后的日俄战争，日本再次“冒险”偷袭驻扎在旅顺的俄罗斯远东舰队，再到1941年12月偷袭美国的珍珠港，这三次偷袭，尽管日本都侥幸得手，但一次次的军事冒险主义，只不过是加快了日本滑向无底战争深渊的速度，不到四年后，日本军国主义在全世界反法西斯阵营的同仇敌忾中轰然覆灭。

前事不忘、后事之师。但综观今天的日本，好像并没有从昔日的军事冒险主义失败中吸取教训，如今的安倍政权，恰似一次次走战争冒险之路的日本军国主义的“亡魂”“复苏”。

其次，甲午战争是日本“军事至上”之野心的爆发，到成为“二战”亚洲战争的策源地则为其巅峰，但正是“军事至上”野心的膨胀，也加速了日本军国主义的灭亡。当日本从“征韩侵华”到“太平洋战争”那种战争的狂热中飘飘然而忘乎所以时，“军事至上”带给日本的不仅仅有践踏他国领土的“快感”，更为重要的是，“军事至上”最终还是把日本军国主义拖向了“坟墓”。

今天的安倍政权，正在为解禁集体自卫权而“左奔右跑”，毋庸置疑，行使集体自卫权，就是变相的“军事至上”的回归，所谓的集体自卫权“是为了日本与盟国的安全”，就是一套“动听”的借口与托词，安倍行使集体自卫权的真实目的，就是让日本恢复成像“二战”前那样可以自由在海外“运用军队”的国家，在安倍眼里，“军事至上”的日本才是“真正”的日本，才是一个“正常”的日本，才是一个可以让其他国家“敬畏”的日本。

最后，甲午战争滋长了日本“恃强凌弱”的扭曲变态心理，以为只要自己“强大”了，就可以“为所欲为”“无所不用其极”，但是，这种扭曲变态的心理，若放到一个人身上，这个人会自取灭亡；若放到日本这个国家身上，最终只会断送这个国家的前程，甚至落得个永远背负历史“骂名”的“战败国”。甲午战争，日本击败了曾经强大的清王朝，此后，日本就以“亚洲优等生”“亚洲先生”自居，高高俯瞰中国、朝鲜等国，而不久之后的日俄战争，日本又一次侥幸击败了位居列强之一的沙俄，这更助长了日本“恃强凌弱”的嚣张气焰，两次军事冒险的“胜利”，让日本觉得，只要自身得以绝对强大，就能到处“欺负”周边的弱小国家，甚至还能成为世界“霸主”，而“以强压弱”是“自然法则”“天经地义”，不容别人说三道四。

如今的安倍政权，还在做着“恃强凌弱”的美梦，在安倍看来，如果拥有了一支强大的军队、精良的武器甚至还有高技术武器等，就能重新激发起日本曾经拥有的压制别国、征服别国的“潜力”，为此，日本不惜顶住美国的重重压力，妄图利用囤积多年的敏感核材料“适时”制造核武器。

甲午战争（包括之后的日俄战争），日本胜在狡猾、赌徒式冒险、军事至上等“不可复制”之偶然因素上，之所以说“不可复制”，那是因为，当时的历史、地理与国际形势已不可再次“复制”到现代，而其实，日本在“二战”中的败亡，已经证明了这点，甲午战争与日俄战争的“侥幸胜利”并不能“复制”到世界反法西斯的正义战争当中去，当然了，更不能“复制”到今天的亚洲与世界。

纵使安倍等日本右翼势力，妄想“再现”甲午战争的所谓“机运”，也是“痴人说梦”，因为，今天的日本已经再不可能完全复制“军事冒险”与“军事至上”的日本，而不管是“军事冒险”也好，还是“军事至上”也罢，都已不再具备可以“军事冒险”与“军事至上”的客观条件，即使安倍等右翼势力可能想“孤注一掷”，但以今天中国的实力，以今天比19世纪后期国际局势复杂几十倍的当今世界局势，完全可以打消日本妄图重演甲午战争的“迷思”。

安倍解禁集体自卫权为哪般

（2014 年 5 月 21 日）

近期，日本首相安倍晋三的私人咨询机构——“关于重建安全保障法律基础的恳谈会”向安倍提交了建议解禁集体自卫权的报告，这一报告的核心意思是：日本战后“和平宪法”所规定的“专守防卫原则”有些落后于时代，不能适应时代发展的变化，有必要修改宪法解释，以能够行使集体自卫权。而对是否能够行使集体自卫权，日本政坛分成两大阵营：以安倍为首的右翼保守政治势力强烈支持解禁集体自卫权，其他党派（包括公明党、社民党与共产党等）对解禁集体自卫权持慎重或者反对态度。对于是否解禁集体自卫权，日本社会持反对态度的较多，据共同社5月17、18日实施的最新民调结果显示：对于首相安倍晋三要求政府和执政党进行讨论的解禁集体自卫权一事，反对者占48.1%，赞成者占39.0%；对于不修改宪法，而是通过修改宪法解释来解禁集体自卫权的做法，表示反对者占51.3%，超过半数。

所谓“集体自卫权”，是相对于“个别自卫权”而言的。集体自卫权，即与本国关系密切的国家遭受其他国家武力攻击时，无论自身是否受到攻击，都有使用武力进行干预和阻止的权利。简而言之，即一个联盟所有成员在其中一个成员遭受攻击时进行相互武装援助。1945年制定的《联合国宪章》第51条规定，主权国家拥有单独或集体自卫的固有权利，而这一条款成为日后美国和苏联分别组建北大西洋公约组织和华沙条约组织的法律基础。“二战”后日本制定了“和平宪法”，这部宪法是建立在日本曾经发动过军国主义侵略战争并沦为战败国基础上的，所以，宪法明文规定：日本实行放弃战争、不维持武力、不拥有宣战权的和平主义，明确禁止日本行使集体自卫权；只允许行使个别自卫权，即在本国受到攻击时使用武力。由于修改“和平宪法”涉及非常敏感的第九条“非战条款”，所以，日本“修宪”的程序非常复杂，为此，安倍第二次上台后，为了尽快达到解禁集体自卫权的目的，安倍想要“绕过”修宪这道高门槛，改为迂回前进的“修改宪法解释”（即“释宪”）。

既要面对国际社会对日本重新成为军事大国的疑虑与担心，还要面对日本国内反对行使集体自卫权的声浪，安倍为何还要“急不可耐”地解禁集体自卫权呢？

首先，解禁集体自卫权是安倍图谋让日本成为一个有强大军事影响力的“正常国家”的必备条件。“二战”后，“和平宪法”的设置、日美军事同盟条约的制约，使日本成为一个不能拥有交战权、不能拥有对外军事影响力且只能“自卫”的“特殊国家”，这个“特殊国家”只能在美国的“军事保护伞”下行使“专守防卫”的防御性防卫政策。“二战”后至今，日本国内右翼保守势力对日本不能成为一个拥有正规军事力量的“正常国家”而日益感到不满，这批人处心积虑想要使日本恢复成像战前那样可以自由对外运用军力的所谓“正常国家”。而想要成为能够自由运用军力的“正常国家”，其中一个重要突破口就是“行使集体自卫权”，既然日本与美国是军事盟国，那么，日本就有为盟国做贡献的义务，借着“配合”或者“保护”盟国不受他国武装袭击的名义，就可以名正言顺地行使宪法所禁止的“集体自卫权”了，而如果能迈出“行使集体自卫权”这一关键的一步，日本就离成为具有地区乃至全球军事影响力的“正常国家”不远了。

其次，牵制与制约中国成为海洋强国的努力，图谋染指中国东海海洋权益。“关于重建安全保障法律基础的恳谈会”提交给安倍的报告中，特别指出，行使集体自卫权要留意应对如何解决“灰色地带”问题，而所谓“灰色地带”问题具体是指，假扮成渔民的外国武装集团登上“离岛”、驶入日本领海的外国潜艇等尚未发展成他国展开武力攻击的阶段。不言而喻，所谓应对“灰色地带”问题，其矛头指向自然是中国等国。去年日本公布的防卫大纲及2014—2018年度的“中期防卫力整备计划”（中期防），均写明了将在日本的西南诸岛部署部队，而防卫省在2014年度预算中列入了6000万日元（约合人民币365.4万元）的相关调查费等，5月19日，日本又决定在鹿儿岛县奄美大岛就部署陆上自卫队警备部队进行准备，还计划在石垣岛和宫古岛也增设部队，预计各地部署的部队规模为400人，并计划在2018年完成部署工作，在这些岛屿部署部队主要是为了应对发生武装集团登陆岛屿等突发情况。

应对“灰色地带”问题与加强在西南诸岛的兵力部署，这是密切联系的两个事项，从中可以看出，安倍解禁集体自卫权的深层目的：日本不愿意看到中国成为一个海洋强国，不愿意看到中国在东海与钓鱼岛及其附属岛屿海域进行的正常的合法的维权海巡，更不愿意看到中国越过“第一岛链”走向更远的西太平洋，日本要千方百计把中国“困在”中国大陆近海沿岸。在日本看来，中国在东海的维权海巡以及前伸进西太平洋腹地的远洋科考与训练就是对日本海洋利益的“冒犯”。解禁集体自卫权后，就可以以中国“侵犯”了日本与美国在所谓的“西南诸岛”的海洋权益为借口，“堂而皇之”地派出海上自卫队舰艇以及航空自卫队军机（因为美军驻守冲绳、美国舰艇不时出现在冲绳附近的海域）去驱赶中国舰船甚至发生与中国舰船武装冲突的严重事件。

最后，解禁集体自卫权在保护日本海上能源运输航线安全的同时，可以向印度洋、中东与非洲海岸投放军力，以扩大日本在海外的军事影响力。“关于重建安全保障法律基础的恳谈会”提交的报告中，有六项日本能够行使集体自卫权的具体事例，首要的一项就是“为了确保海上要道安全进行扫雷”，而确保海上要道安全主要是确保海上能源进口航线的安全，日本认为，中东的波斯湾—马六甲海峡—南海是日本的“能源生命航线”，日本必须高度确保沿线的海上安全工作，解禁集体自卫权后，日本就能以保护本国的油轮或者盟国的油轮为充足理由，派出大量舰艇与部队前往印度洋沿海与关键航线，一方面保护了日本的海上能源运输安全；另一方面，更重要的是，可以“名正言顺”地在印度洋沿岸国家或者岛屿上设立军事基地，目前，日本已经在亚丁湾沿岸重要国家——吉布提，设立了日本第一个海外常设军事基地，防卫相小野寺五典前不久还专程前往吉布提访问，视察了吉布提日本自卫队基地。吉布提基地的设立，就是日本欲通过行使集体自卫权以扩大在海外军事影响力的重要尝试。

不过，安倍解禁集体自卫权以让日本成为一个军事大国的计谋，并不是一件完美的事情，其实，解禁集体自卫权从一开始就是“危险”的，解禁集体自卫权就是把日本引向战争的深渊，“集体自卫权”就等于是“战争”。这从近段时间，东京街头不时爆发的民众反战、护宪示威游行中就可见一斑，日本普通民众支持的是继续遵循和平发展的日本，而不是一步步滑向与他国爆发武装冲突甚至又要发动战争的“再军国主义化”的日本。

特别是2015年，即将迎来第二次世界大战暨世界反法西斯战争胜利70周年，“殷鉴不远”，近70年前的日本陷入侵略不义战争的泥淖不能自拔，最终落得个可耻失败的下场。今天，世界大潮是和平、发展、合作、和谐、共赢、包容，安倍解禁集体自卫权就是逆时代大潮而动，就是唤醒军国主义的“亡魂”。安倍最需要做的就是，彻底反思侵略历史、奉行友善邻国外交、专心致力于日本经济重建与复苏。

安倍解禁集体自卫权意欲何为

（2014 年 5 月 20 日）

5月15日，日本首相安倍晋三设立的“关于重建安全保障法律基础的恳谈会”当天汇总了建议解禁集体自卫权的报告，安倍于当天接受了专家恳谈会提交的建议解禁集体自卫权的报告，在当天傍晚召开的记者会上，安倍说明了解禁集体自卫权的必要性，表示他“已下定决心有限度地解禁集体自卫权”。

其实，安倍想要解禁集体自卫权由来已久，而此次向安倍提交解禁集体自卫权建议报告的“关于重建安全保障法律基础的恳谈会”这个安倍的私人咨询机构，早在安倍第一次担任首相期间就已经设立过，只是碍于安倍第一次首相任期很短，该咨询机构未能最终提交建议报告。等到安倍第二次出任首相之后，安倍就把修宪、解禁集体自卫权、扩军备战当作是其重要的“战略使命”，2013年8月，安倍在其家乡山口县当着支持者公开说：“修改宪法是我的历史使命。”这句话，其真实含义就是：通过解禁集体自卫权，以绕过修宪这道高门槛，进而实现恢复如战前那样可以任意发动战争、派兵海外甚至扬威海外的战略野心。

此次“关于重建安全保障法律基础的恳谈会”提交的报告中强调了“日本的外交、安保与防卫状况发生了很大改变”，报告指出“以往的日本宪法解释和法律制度已无法充分应对”，报告主张现行日本宪法解释“并不合适”，该报告给出结论称，集体自卫权“通过日本政府以适当形式阐明新宪法解释后能够行使，须修宪才可行使集体自卫权的意见不恰当"。

该报告特别举出了需要行使集体自卫权的六个具体事例：为确保海上交通要道安全进行扫雷；在近邻出现突发情况时进行船舶检查、排除对美国舰队的攻击；美国受武力攻击时进行支援；在发生给国际秩序带来重大影响的武力攻击时加入多国部队；针对不理会撤离要求的外国潜水艇加以应对；限制武装集团在离岛或海域的非法行为。

开宗明义，有必要明白"集体自卫权的"含义。所谓"集体自卫权"，是相对于"个别自卫权"而言的，集体自卫权，即与本国关系密切的国家遭受其他国家武力攻击时，无论自身是否受到攻击，都有使用武力进行干预和阻止的权利。简而言之，即一个联盟所有成员在其中一个成员遭受攻击时进行相互武装援助。日本战后宪法规定，日本放弃战争、不维持武力、不拥有宣战权，明确禁止日本行使集体自卫权，只允许行使个别自卫权，即在本国受到攻击时行使武力。禁止行使"集体自卫权"，是"二战"后日本"和平宪法"规定的"非战、和平"原则的精髓，在此原则指导下，日本形成了"专守防卫"的防御性防卫政策。

在当今世界要和平、不要战争，要发展、不要对抗，要包容、不要排斥的大潮面前，安倍选择此时"宣示"解禁集体自卫权，既有违背时代发展潮流之嫌疑，更有挑动地区军备竞赛之麻烦，国际社会与舆论不禁要问，安倍解禁集体自卫权到底意欲何为？

首先，乘加强日美同盟关系之机，借美国之力，使日本重新恢复在亚太地区的军事影响力。奥巴马在今年4月下旬出访日本前接受日本《读卖新闻》书面专访时指出，钓鱼岛"适用于美日安保条约"，奥巴马同时表示，支持安倍解禁集体自卫权，而这是美国在任总统首次表明支持日本行使集体自卫权。4月25日日美两国发表的《日美联合声明》中，再次公开表示，美国对日本为解禁集体自卫权所做的努力表示"欢迎和支持"。美国支持安倍解禁集体自卫权的努力，这不啻是美国授予安倍的"尚方宝剑"，安倍自然"欣喜若狂"。在安倍本人看来，解禁集体自卫权首先需要"过了美国这一关"，打消了美国对日本解禁集体自卫权后的顾虑，就意味着扫除了解禁集体自卫权的外部阻力。所谓美国对日本解禁集体自卫权的顾虑主要包括：日本会否在获得行使集体自卫权后，进一步壮大军力，以至于影响到美国在亚太地区的霸权；将来日本“羽翼丰满”后，会否脱离日美同盟的束缚，重新成为美国的威胁或对手。

4月下旬奥巴马对日本的访问，对安倍与日本来说无疑是“高兴的”，因为，安倍获得了“梦寐以求”的美国对日本解禁集体自卫权的“肯定”，接下来，日本就可以以“强化日美同盟”的名义，行“壮大日本军力”之实了，今后，日本尽可以以“保护盟国”或者“配合盟国”的充足理由，实施派兵海外、加速武器装备出口甚至与美军一起出现在地球的“另一端”。

其次，觊觎中国东海海洋权益，意图染指中国神圣与固有的领土钓鱼岛及其附属岛屿。此次“关于重建安全保障法律基础的恳谈会”还特意指出日本自卫队有必要解决“灰色地带”发生时的问题，而所谓“灰色地带”具体指：伪装成渔民的武装组织夺取了日本远方的岛屿；外国潜艇经多次警告，仍拒绝离开日本领海等。其实，这个所谓的“灰色地带”，其矛头指向中国，不言而喻。进入21世纪以来，特别是2012年日本非法对中国的钓鱼岛及其附属岛屿进行“国有化”以后，日本觊觎中国东海海洋权益的图谋不断增强，在日本看来，广阔的东海海底蕴藏有丰富的石油与天然气等能源资源，特别是钓鱼岛及其附属岛屿周边海域，更是蕴藏有大量的油气等能源资源，如果日本成功获得行使集体自卫权，那么，就可以以“行使集体自卫权”为借口，派遣自卫队武力“侵占”钓鱼岛及其附属岛屿；更进一步说，如果中国的舰艇是在中国东海的领海内正常合法行驶，那么也会被日本以“行使集体自卫权”为名，派遣日本海上自卫队舰艇去“驱赶”甚至与中国舰艇形成“武装对峙”之势。

概言之，日本若在中国东海与钓鱼岛及其附属岛屿这一区域“行使集体自卫权”的话，将不仅仅是对中国领海与领土主权的挑衅与侵犯，更会演变成为针对中国的海上军事冲突。

最后，日本解禁集体自卫权既是为了保护日本海上能源运输航线的安全，更是为了派兵海外，扩展日本在海外的军事影响力。此次，“关于重建安全保障法律基础的恳谈会"认为日本能够行使集体自卫权的六大具体事例中，首要的一点就是"为确保海上交通要道安全进行扫雷"，从中可见，日本急欲行使集体自卫权的重要目的是确保日本海上进口能源运输航线的安全。在日本看来，日本高度依赖海外能源进口，特别是把从中东波斯湾——马六甲海峡——南海这条航线看作是日本的"能源生命航线"，如若遇到变故使得该条航线中断，那将给日本带来沉重的打击，而日本解禁集体自卫权就能给日本保护海上能源航线安全提供"便利"。

不过，通过行使集体自卫权确保日本海上能源运输航线安全只是日本的一项可以放到桌面上的"公开目的"，其深层目的更在于，通过派兵保护日本海上能源航线安全，可以达到"一箭三雕"的"功效"：一是可以使日本陆、海、空自卫队全面走向海外，保护海上航线安全，既是需要舰艇、又是需要兵员、也是需要军机的立体布防体系；二是可以使日本获得在印度洋上的岛屿、中东与非洲的某处沿岸建立军事基地的条件，目前，日本已经在亚丁湾的吉布提建立了日本在海外的第一个常设军事基地，今后，日本将以扩大行使集体自卫权为名，进一步扩展在印度洋沿岸国家或者关键海上要道建立军事设施的范围，例如，在马六甲海峡附近的岛屿上，不排除设置雷达、卫星接收等监控设施的可能性；三是日本若在印度洋上扩大行使集体自卫权，必然会对中国海上能源运输与贸易往来带来消极影响。另外，在南海问题上，日本本来就非常支持菲律宾与越南和中国在南海岛礁上的对抗，而解禁集体自卫权后，日本大可以以保护海上能源运输航线为名，进一步与菲律宾和越南加强军事领域合作关系，以干扰与破坏中国维护南海海域与岛礁主权的行动。

尽管，安倍在千方百计图谋要让日本获得行使集体自卫权的权利，但是，解禁集体自卫权，并不能给安倍以及日本带来更好的前景，相反，对今后的日本来说，行使集体自卫权更像是一剂麻醉人的"毒品"，令日本不能自拔。

日本《东京新闻》论说委员兼编辑委员半田滋在2013年12月号的日本《世界》杂志上发文指出，安倍政权要推进行使的集体自卫权，实际上正是打开通向战争的恶魔诅咒，而这条邪路走向的正是破坏环境、损毁人格、夺取生命的战争。此话"一语中的"，行使集体自卫权，给日本带来的不是和平与繁荣，只能是硝烟与战火以及生命的丧失。

在被以安倍为首的日本右翼政治势力裹挟的日本政坛，正分裂成两大阵营：中国与朝鲜等国是日本的巨大威胁，必须赞成行使集体自卫权；日本战后“和平宪法”放弃了战争权，日本应当继续坚守和平发展之路。前一个阵营的人认为，行使集体自卫权才能使日本重新站起来，重新成为强国；而后一个阵营的人认为，日本之所以能从战后废墟中迅速恢复并成为经济强国，那是因为坚守了和平不战的路线。

安倍如今又要把日本带向“战争之路”，这条路并不能让日本恢复成为正常的“大国”，相反，日本会越来越不“正常”，因为，“二战”以后近70年的事实证明，以“集体自卫权”为名发动战争或者参与战争，都没能给发动战争或者参与战争的国家带来任何好处，美国发动的多国参与的阿富汗战争与伊拉克战争并未给美国和参战国带来好的结果，日本当以此为鉴，终止战争的念想。

"美日同盟"不是安倍的"安身立命之本"

（2014 年 4 月 28 日）

最近一段时期，最令日本"挠头"、最令日本"激动"又最令日本"揪心"的事情莫过于奥巴马访问日本了。说"挠头"，那是说，奥巴马来访到底如何具体接待；说"激动"，那是说，这可是美国总统时隔18年以国事规格来访；说"揪心"，那是说，日美之间正在为如何谈拢"TPP"伤透脑筋，而且，围绕着"TPP"谈判僵持日久，日美关系有产生嫌隙的可能。

不过，尽管TPP谈判谈不拢，但此次奥巴马访日，还是有最令安倍内阁"高兴"的事情——发表了《日美共同声明》。而之所以令安倍"高兴"，那是因为，这份《日美共同声明》中加进了日本"期待已久"的话：《美日安保条约》也"适用于"中国之无可争辩之神圣领土——钓鱼岛及其附属岛屿。

可是，令安倍无法预料的是，就在奥巴马刚刚离开日本后不久，奥巴马在此次东亚访问途中的第二站——韩国，公开对日本表达了不满。奥巴马在与朴槿惠举行完首脑会谈后的记者会上就"慰安妇"问题严厉指责了日本，奥巴马说："如果回顾历史的话，不得不考虑这实在是极端地侵害人权的行为，安倍晋三首相和日本国民，应该对于过去的历史必须更加正直、更加公正地予以理解。"这是美国总统首次使用特别"严重"的词汇就"慰安妇"问题进行公开表态，而且选择的地点与时机又都非常微妙——日韩关系因历史与领土争端处于僵持状态、韩国正在与日本就"慰安妇"问题而针锋相对。

一方面是，安倍在大肆鼓吹日美同盟是"多么的"稳固，另一方面是，奥巴马在韩国敲打日本要“听话”，这说明了什么呢？说明了：号称是“牢不可破”的美日同盟并不是“永不沉没的泰坦尼克”，美日同盟不是“铁板一块”，美日同盟不是安倍的“安身立命之本”，美日同盟更不可能是日本拿来用作制约乃至威吓中国的“撒手锏”。

肇始于20世纪50年代的美日同盟框架，本来是当时冷战时代东西方对立的“畸形产物”，随着冷战结束，这种打着所谓“防苏反共”过时冷战对抗思维旗号的“美日同盟”本应随着冷战结束而一起终结，但自进入新世纪以来，日本为了牵制与对抗不断发展壮大的中国，而美国也为了“亚太再平衡”战略之需，这个早已落后于时代的“冷战体制”——美日同盟关系，反而向“加强”的方向发展，不过，尽管美日两国对所谓的“同盟关系加强”各怀鬼胎，但有一点可以肯定的是，美日同盟关系不可能一直持续下去，美日同盟关系隐藏着很大的隐忧。

首先，以安倍为首的日本右翼保守政治势力，处心积虑要篡改“二战”侵略历史，乃至要更迭“二战”后形成的国际秩序与国际框架，这与包括美国在内的“二战”中成立的反法西斯阵营国家存在着根本性矛盾。试想，一个表面上竭力要加强与美国同盟关系的日本，却在一边大肆否认“二战”侵略历史，一边却要与一个曾经与自己经历过血与火生死拼杀的美国加强同盟关系，这岂不是自相矛盾、自我否定吗？安倍不断声称，日本要修改美国强加给自己的“和平宪法”，日本要从战败恢复“正常”，日本只有恢复“正常”才能为国际社会做更大的“贡献”，换言之，日本的“正常”是以挣脱“战胜国美国强加给战败国日本的羁绊”为前提的，更进一步言之，日本所谓的恢复“正常”，是以推翻“二战”后形成的以“中美俄英法”五大联合国安理会常任理事国为基础的战后国际秩序为目标的，抱着“恢复‘二战’前曾经的帝国雄风”这样一种“复仇心态”，日本所谓的“加强与美国的同盟关系”的动机值得美国去深思与怀疑，而这种动机不纯、表里不一的美日同盟关系则很难持久。

其次，日本难以指望得到美国“真心相助”，所谓的“美国协防日本保卫离岛安全”更像是一张“空头支票”。此次奥巴马访日，安倍宣示最大的成果是奥巴马明确承诺要在“万一时协防日本领土安全”，而这顶多是安倍自己的

“一厢情愿与自我交代”。本来按照原计划，奥巴马访日非常期待美日两国能在TPP谈判上拿出成果，作为交换，奥巴马以美国总统身份承诺协防日本安全，但事与愿违，TPP谈判就是在奥巴马结束访日时也没有任何成果，所以，尽管推迟一天发表的《日美共同声明》里有“美国尽到《日美安保条约》协防日本的义务”这一日本万分期待的内容，但，连TPP这一不算高度敏感的“关税让步”都无法达成协议，何谈极端敏感的“安全保障协防义务”？在美方看来，日本这种既要“坚守日本国内经济利益”，又要“美国安全保护”二者利益均沾的“投机者”，是不能真心为之付出的，因为，美国不可能既要负担保护日本安全的重任，又要给日本国内经济团体买单，这样的“赔本买卖”，美国肯定做不起。

最后，安倍“借强化美日同盟之名，行壮大日本影响力之实”，此种伎俩可能一时有效，但经不起时间的“推敲与检验”，美国不会完全听之任之，放任纵容日本势力坐大。假设哪一天日本完全、正式、重新成为军事强国，美国会怎么办？相信这一假设，美国智库与高层都想到过，也都想过应对之法。而且，以前段时间爆出的日本拥有巨量的核敏感材料为例，这个假设也不算妄测，如果日本按照现在的政坛氛围走下去，未来若干年，日本成为高精尖端武器拥有国不是大的问题。当这个假设很有可能成立时，作为美日同盟的始作俑者的美国，该如何处理与应对，当是美国现任领导以及后任领导必须深思熟虑的问题。日本实力（特别是军事）的崛起，对美国的“亚太再平衡”战略，是“福”还是“祸”？日本实力不断壮大，美国能否继续控制住日本？日本会否再挑战美国的太平洋霸权？美国应该仔细思量。总之，一个完全恢复了“正常”的日本，不会是美国的“福音”。

"核不扩散"日本应该先行

（2014年4月17日）

4月12日，日本等12国外长在广岛举行"核裁军和核不扩散倡议"（NPDI）全体会议后发表了《广岛宣言》，明确指出，不仅是美国和俄罗斯，还应该举行包括中国等国在内的多边核裁军谈判。该宣言称，增加核武器与国际社会意图背道而驰，对此表示严重关切；该宣言还强调，要增加核武器的透明性，否则，核裁军将无从验证。此次广岛外长会议还制定了6条建议，其中一条建议竟然是：为提高核裁军的透明度，核保有国每年应定期报告所拥有的核战力。其实，尽管没有具体点名，但该宣言是"话里有话"，实为"拐弯"批评中国等国的核政策。

乍一看，此次广岛"核裁军和核不扩散倡议"外长会议冠以"核裁军与核不扩散"之名，好像是在宣传日本的"和平国家"形象，把自己打扮成一副"核武器受害者"的模样，但就在此次会议召开前不久，日本则爆出了储藏有331千克武器级钚、超过1.2吨的高浓缩铀及约44吨分离钚等超级敏感核材料这一"惊天秘闻"，这一前一后，截然相反的两件事情，深刻暴露了日本深藏的战略野心。

首先，日本把"核裁军"的矛头单单指向中国，其实有转移国际视线此前聚焦于日本秘密拥有大量核材料的用意。对于核裁军来说，美国这个世界头号超级核武器拥有国家，最应该进行核裁军，而作为美国的盟国，日本秘密拥有大量核材料，应该与美国一样，也要首先向国际社会解释清楚自己囤积大量核材料的真实目的，并应尽快采取措施，拿出最妥当的办法、尽快销毁这些高度敏感又非常不安全的核材料，而不是遮遮掩掩、拖拖拉拉、文过饰非，故意把国际焦点往中国身上转移，这只能是欲盖弥彰，最后失信于整个国际社会。

其次，日本所谓的"让中国等国加入核裁军框架、增加核武器透明度"等说法，本质上是为日本试图修改宪法解释、解禁集体自卫权、扩军备战而寻求外部借口。目前，安倍内阁正在为修改宪法解释、行使集体自卫权而寻找各种理由与借口，由于行使集体自卫权面临着日本国内民众、在野党、执政党内部以及国内外舆论的重重阻力，从而致使安倍欲解禁集体自卫权以使日本国家"正常化"的努力被一再拖延，故而，安倍内阁唯有从外部寻找借口，最好是能从外部找到一个外在"威胁"，以给日本国内营造出"紧张氛围"，从而为解禁集体自卫权、扩军备战做好铺垫准备工作。于是，夸大中国等国的"核威胁"，制造中国等国的"军力扩张、不透明论"，就能为日本行使集体自卫权、配合美国作战而找到最"冠冕堂皇"的理由。

最后，日本之所以要在此次广岛"核裁军与核不扩散倡议"外长会议上抛出"中国废核论"，是为了日后发展尖端战略武器制造理由与埋下伏笔。日本抛出"中国废核论"这颗球，就看中国怎么接，如果中国不接受，日本就有了充足的借口，日本大可以"中国扩充核武库"为由，以现有的火箭技术为基础，变相发展和制造远程战略导弹。受日本是"二战"战败国以及"和平宪法"的束缚，日本是不能发展洲际战略导弹、战略核潜艇与战略轰炸机等尖端战略武器的，但这并不能阻挡日本掌握制造这些尖端战略武器的技术，日本是一个高技术国家，例如，日本已经拥有先进的火箭发射技术。日本的固体燃料火箭M-v系列能够将1.5吨的卫星送入300千米上空的低轨道，因此该系列的火箭实际具有将导弹投向世界任意地点的潜力。

另外，日本之所以在此次会议上闭口不提自己拥有大量敏感核材料的事实，也没有向国际社会公开说明自己到底如何处理这些敏感核材料，而是选择中国等国作为"核裁军"的首要对象，一个深层目的是为日本自己在必要时候突然拥有核武器留下战略空间与回旋余地。日本自己囤积有大量核材料，本身是“核裁军与核不扩散”的重要当事国，现在却“倒打一耙”，反要中国等国提高“核透明度”。以日本的技术实力，以当今日本政坛右翼势力膨胀的现实，日本背后隐藏的伎俩，实在令国际社会不得不为日本危险的“核走向”而深深感到担忧。

广岛“核裁军和核不扩散倡议”外长会议，其实最应该关注的是日本自己的“保有核材料和核不扩散问题”，在核不扩散问题上，日本应该先行一步。既然安倍标榜要开展所谓“积极和平主义外交”，而自身却拥有大量核材料以及潜在拥有核武器制造技术，那岂不是有“自相矛盾”之嫌。

为了打消国际社会对日本走向拥核国家的“顾虑”，建议日本做出果断决断，一是要尽快、完全、妥善处理日本存储的大量敏感核材料；二是向国际社会特别是联合国解释清楚自己秘密拥有大量核材料的目的；三是日本真正恪守“无核三原则”的承诺，而不是在日美同盟的遮挡下，利用美国大行“享受核保护伞与核共享”之便；四是在日本仍旧不想彻底安全销毁或妥善处理其保有的核材料的情况下，联合国安理会以及国际原子能机构要发挥其应有的职能与作用，对日本“核材料”实施必要、有效的核查与严格的监督，控制住日本的“核冲动”。

中国应高度重视海上能源航线安全

（2014年4月2日）

4月1日，日本内阁会议正式通过了新的"武器出口三原则"——防卫装备转移三原则，而就在当天，日本还决定4月上半月在日本举行日本与印度政府间磋商，探讨日本海上自卫队拥有的水陆两用救援飞机"US2"的出口事宜。毋庸置疑，日本此次正式通过的防卫装备转移三原则将给日本提升与扩大军事装备技术研发与出口提供极大的便利，同时也将给安倍内阁蓄谋已久的解禁集体自卫权、重新走上军备扩张危险之路做好铺垫与准备工作。

不过，笔者认为，日本此次通过的防卫装备转移三原则，未来最大的不确定性，也即对亚太地区安全的威胁将会日益增多，作为与日本同处于亚太地区的中国，对此应该加大警惕力度，未雨绸缪，提前做好各项应对处置措施。

按照日本的防卫装备转移三原则之一的规定——仅限有利于做出和平贡献和有助于日本的安全的情况下允许出口，这里要特别注意"有助于日本的安全的情况下允许出口"这句话的含义，这句话内涵丰富，未来在形势所需时，可以做出有利于日本的各项解释，而其中最直接、最迫切的有助于"日本安全"的事项莫过于攸关日本能源安全的"海上能源运输航线安全"，所以，未来几年，日本极有可能以"有助于日本海上能源运输航线安全"的名义，向沿"波斯湾—阿拉伯海—孟加拉湾—马六甲海峡—南海"这条所谓日本海上能源运输大动脉的相关国家出口武器或者援助出口相关海上防卫装备与技术，而日本的海上能源航线同时也是中国海上能源进口的关键航线，日本通过"防卫装备转移"与海上能源运输航线沿岸国家加大防卫合作力度，势必对中国海上能源运输安全产生消极影响，因为，日本所谓的"与海上能源航线相关国家加大防卫合作"的动机并不单纯是为了日本的能源安全，不言而喻，日本深层目的还在于牵制与制约中国海洋战略的发展，通过防卫装备技术转移，日本可收到"一石二鸟"的功效—— 一是可以加深与海上航线沿岸国家的互信关系，二是可以借用这些防卫装备技术明里暗里监控中国海上各种舰船的动向；另外，当遇到一些突发的不可预测的战乱与自然灾难时，日本在危机时刻，可能会拉拢美国以及相关沿岸国家对中国舰船通行制造一些不必要的麻烦与障碍。

鉴于此，中国作为一个近年来能源消费日益依赖于海外进口的国家，海上能源运输安全的各种风险因素对中国能源安全的影响也在不断增多，为此，应抱有深深的忧患意识，而防患于未然、消弭于无形，当是确保中国海上能源运输安全的应有之义。

其一，通过建设"21世纪海上丝绸之路"战略，充实"21世纪海上丝绸之路"的内涵，以建设"21世纪海上丝绸之路"作为联络与加深和海上丝绸之路沿线国家感情的新的纽带，而海上丝绸之路沿线国家其实也正好是中国海上能源进口航线的必经国家，建设好"21世纪海上丝绸之路"也正好能营造有利于中国海上能源运输安全的国际环境与氛围，进一步筑牢中国海上能源安全的屏障。在具体措施上，包括：切实遵循中国新近提出的"亲、诚、惠、容"周边外交理念，发扬600多年前明朝郑和下西洋的和平开发海洋的历史传统，把中国愿意真诚、真心、不带任何私心杂念与海上丝绸之路沿线国家发展互惠关系的精神贯穿始终，使海上丝绸之路沿线国家真正认识到中国协和万邦的博大胸怀。即使像日本这样的国家，可以去拉拢海上能源运输沿岸相关国家来牵制中国发展，甚至可能还会离间中国与海上能源运输沿岸相关国家的关系，但是，只要中国的"21世纪海上丝绸之路"战略实施得当、落到实处，完全相信中国能再现600多年前郑和出使西洋各国所展现的中国"不怒自威"的大国风范，到时，日本的某些伎俩会不攻自破。

其二，中国应将建设海洋强国与实施海洋战略和确保海上能源运输安全统一起来、统筹谋划。建设海洋强国能为中国海上能源运输安全提供更好的安全保障，实施海洋战略则为中国确保海上能源运输安全做出长远保证，而提升中国海上能源运输安全的系数又为中国建设海洋强国与实施海洋战略提供一个很好的切入点，为此，中国一方面要加大海洋科考力度，重点集中相关科研人员加大对海上能源运输航线必经海域的科考力度，进一步摸清相关海域的洋流、水温、季风变化规律、海底地质地形、海洋资源等海洋相关知识；另一方面，中国海军舰艇应加大围绕海上能源运输航线巡航与演习的力度与频率，模拟有关海域中国油轮发生突发事件或者某些关键海上航线遭遇封锁时该如何应对等。

其三，鉴于日本至今仍顽固不化对待“二战”侵略历史的态度，日本大幅放松防卫装备出口禁令，将会令国际社会对日本重新军国主义化的担忧更加趋向现实，如果日本重点倾向向南海—马六甲海峡周边国家出口防卫装备，必然会引发地区局势紧张，必然会对中国能源安全形成极大压力，为此，中国应以日本不能也不想彻底反思侵略历史、妄图推翻“二战”结果与“二战”后国际秩序为由，向联合国大会甚至联合国安理会提交谴责乃至制裁日本的提议，以把日本加大出口防卫装备的真正目的暴露于国际社会面前。

要阻遏住日本的“核武野心”

（2014 年 3 月 4 日）

近一段时间以来，有关日本储存有大量核材料的消息惊爆于国际社会面前，引发了国际舆论的高度关注。1月26日，日本共同社报道指出，美国政府正催促要求日本归还331千克钚，这批核材料是美国在冷战时期交给日本用于研究用途，这批核材料大部分为武器级钚，理论上能够制造出40至50件核武器。其实早在2010年美国举办首次国际核安全峰会前后，美国就要求日本归还这批核材料，而日本以“这批核材料对于快堆的研究非常必要”为借口百般推脱，但从2013年开始，美国与日本商讨正式归还的可能性，因为美国希望能以2014年3月在荷兰海牙举行第三届国际核安全峰会为契机，就归还核材料达成协议。

一、日本长期以来就有制造核武的“冲动”

早在“二战”期间，即太平洋战争爆发前，日本军方就启动了核武研制计划，1941年，日本核物理学家仁科芳雄接到官方委托，研究制造核武器的可能性（史称“N计划”，以组织者仁科芳雄名字的首字母命名），在仁科芳雄研究的同时，日本海军也展开了单独的核武器研究。1943年秋，在认识到战争形势对日本越发不利后，日本海军开始与京都大学联合实施“F计划”［F为“核裂变”（fission）一词的首字母］，该计划由日本核物理学家荒胜文策领导实施，但巨大的技术难题和铀矿石供应量过少导致日本的核武研制计划在短时间内未能获得成功。

"二战"后，日本作为世界上唯一遭受原子弹轰炸的国家，本应该痛定思痛，彻底反省过去发动侵略战争的历史，坚定走和平发展道路，但是，日本右翼势力始终不能按捺心中"复兴日本帝国的迷梦"，他们梦想着日本能通过制造核武来洗刷掉日本身上"战败"的耻辱。

1957年5月15日，时任日本首相岸信介（甲级战犯嫌疑人、现任首相安倍晋三的外祖父）在参议院全体会议答辩时称，只要在自卫权许可范围内，日本拥有核武器就不违反宪法。在答辩中，岸信介偷换概念，企图把核武器与常规武器画等号。岸信介的诡辩得到了不少日本右翼政客的认同，他们辩解，日本是无核国家，没有能力应对核威胁，而美国核保护伞又未必及时、可靠，因此必须通过实现核武装来保卫日本安全。

2006年11月30日，日本时任外相麻生太郎（现任日本副首相）在日本众议院安全保障委员会上答辩时说，日本拥有制造核武器的能力以及拥有开发核武器的技术，麻生随之强调，为了自卫，日本甚至可以拥有"少量核武器"。

日本《军事研究》月刊在2012年7月号刊载原日本陆上自卫队少将矢野义昭的署名文章，在这篇文章里，矢野义昭鼓吹日本拥有核武器，他称，在东亚战区内，美中朝等国的核力量对比已经逆转，这与日本宣布"无核三原则"时期的周边形势有重大区别，日本应该调整核政策应对其变：一种选择是继续依赖美国的核保护伞，另一种则是寻求自身成为有核国家。该文还称，虽然美国不大可能允许日本拥有核武器，但是日本具备足够的核武器开发能力，日本拥有制造原子弹起爆装置所需的技术，即使不通过核试验，也能够采用计算机模拟的方式，用一年左右的时间造出核武器。日本还拥有运载火箭和先进的制导技术，这是潜在的投射载具，而且，只要研制出特定的反应堆，日本也可以制造核潜艇。2012年11月20日，日本右翼代表人物之一石原慎太郎在就任日本维新会共同代表后不久就公然声称："日本可以进行核武器的模拟实验，这将是一个遏制力；若不增加军事遏制力，外交就没有发言权，朝鲜就是在开发核武器后才增加影响力的。"

而就在今年的2月14日，日本外相岸田文雄在众议院预算委员会会议上指出：“如果出现战时，为了保卫国民的安全，在不得已的情况下，不否定美军将核武器带入日本的可能性。”

岸田文雄作为日本现任外相，他的话，暗示了日本在时机成熟时，非常有可能废除实行了47年的“无核三原则”（即1967年时任日本首相佐藤荣作提出不制造、不拥有、不运进核武器）。

二、日本大量储存核材料的深层目的

2月26日，中国外交部发言人华春莹在回答有关“日本拥有的核材料，远远不止331千克武器级钚，它还囤积了大量的高浓铀，特别是武器级铀”这一提问时，严正指出：“钚材料、特别是武器级钚是个问题，但高浓铀同样是个会带来核扩散风险和核材料安全隐患的问题；这方面的情况对解决国际社会的疑虑和关切至关重要；中方敦促日方以负责任的态度，尽早向国际社会说明，除了武器级钚之外，日本到底有没有高浓铀？到底有没有武器级铀？到底有多少高浓铀或武器级铀？”而就在此前一天2月25日的记者会上，华春莹针对日本拥有的核材料问题也进行了特别严肃的“7次反问”，在华春莹“3个到底有没有”与“7次反问”中，笔者感受最为深刻的是“华春莹的这一问”——在福岛核事故尚未完全解决的情况下，日本政府凭什么保证自己存储的大量敏感核材料不会有核安全问题和核扩散风险？

3月11日，中国外交部发言人秦刚再次就日本囤积大量核材料指出：目前，日本大量囤积敏感核材料，不仅有钚，还有铀，远远超出了其实际正常需要；在此情况下，日政府如仓促重启核电站，是否会进一步加剧日本本已严重失衡的核材料供需水平？日方为什么要这样做？核材料只有供需平衡了，和平利用核能才不会有隐患；我们敦促日本政府以负责任的态度，正视国际社会的疑虑和关切，向国际社会说清解决上述问题的措施；唯有如此，才能消除核安全的隐患，避免出现核扩散灾难。

中国外交部发言人的严正责问，其实是真实点中了问题的要害——日本为何要储存大量敏感核材料？

这里我们先要弄清楚“钚”这种核材料到底是什么：钚是一种放射性元

素，是核能工业的重要原料，可作为核燃料和核武器的裂变剂，1945年投于长崎市的原子弹，就使用了钚制作内核部分。钚最重要的同位素是钚-239，半衰期为2.41万年，常被用于制核武器，钚-239和钚-241都易于裂变，即它们的原子核可以在慢速热中子撞击下产生核分裂，释放出能量、伽马射线以及中子辐射，从而形成核连锁反应，并应用在核武器与核反应堆上。

现在，我们就可以初步理解为何美国要急着从日本手里拿回这批核原料了——美国不信任日本能完全保管好这批核材料。不过，这只是初步理解，其深层的原因还在于：

首先，这是安倍重新担任首相一年多以来，美日两国同盟关系不断互相博弈的结果。安倍重任首相以来，其不断"自主性"的右倾扩军政策，逐渐令盟主美国担忧与不满，2013年年底安倍的"拜鬼"之举，美国罕见地表达了"失望"之情，就是美国对日本"逐渐想单独彰显实力"不满与担忧的总概括。2013年12月，安倍内阁公布了安倍安保"三支箭"战略，这一新的安保战略的最大战略目的与本质就是让日本成为一个能完全研发与生产各种尖端武器、完全拥有能够单独、自由行使武力与出兵海外执行战斗任务的军队的军事大国，安倍的这一战略目的，美国心里不会不清楚，之所以选择在这个时机，要求日本归还核材料，表面上说是为今年3月下旬在荷兰海牙召开的第三届核安全峰会营造氛围，实质上，是美国越来越担忧日本的"军事独立倾向"，美国作为世界上最大的核武拥有国，以及作为轰炸过日本广岛与长崎的核爆国，美国最清楚日本手里拥有为数不菲的核材料的可怕后果，因为，日本政界一些要人如小泽一郎和石原慎太郎等就曾经公开说过：日本可以在非常短的时间内制造出核武器，小泽与石原的话，尽管有恐吓的意味在内，但日本既然有长期运营核电站的技术与经验，那么，日本掌握制造核武器的技术也不是一件难事。

安倍反复地否定"二战"侵略历史，完全不对"二战"期间日本的累累罪行做出真诚的忏悔，除了不断加深刺激中韩等亚洲受害国的战争创伤，而且也在不断勾起美国与日本在太平洋战场激烈厮杀的历史回忆。昔日太平洋战争的惨烈，美国不会不记得，而安倍"出格"的言行，只会继续加深美国对日本这个现实盟友的怀疑与不信任。

其次，美国选择在这个时机要求日本归还核材料，反映了美日同盟的裂痕。近期，美日关系中有两件值得玩味的事，一是冲绳名护市市长选举，反对普天间基地搬迁到名护市的现任市长稻岭进获得了连任；二是美国驻日大使卡罗琳·肯尼迪公开谴责日本大规模捕杀海豚的行为，就此，美国国务院发言人对卡罗琳进行了力挺，但是，日本首相安倍晋三在接受美国CNN的采访时却对日本的捕杀海豚行为进行了维护与辩解，认为这是“日本的文化与习惯，应得到尊重”。本来，美军普天间基地搬迁和日美争论捕杀海豚是否正确与美国要求日本归还核材料基本上是互不相干的事情，但是，这些事情，却在这段时间集中发生，就不能说是孤立与毫不相关的事情。

普天间基地搬迁一直是日美关系中的最大悬案，2013年年底，在安倍的协调下，冲绳知事仲井真弘多批准了日本政府为实现美军普天间机场（冲绳县宜野湾市）搬迁而提出的在该县名护市边野古沿海填海造陆的计划，当时，安倍是“欢欣鼓舞”的，以为这可以向美国“邀功”，可以完全遮挡自己“拜鬼”所引来美国的不满情绪，不过，好景不长，名护市市长选举的结果完全打乱了安倍一举解决普天间基地搬迁的计划，致使安倍“通过解决普天间问题而减少来自美国对安倍推进扩军强国战略的阻力”的梦想难圆，而普天间基地问题的久拖不决，势必引发美国对安倍的怨恨以及对安倍执政能力的怀疑。

围绕着捕杀海豚一事，连安倍都亲自出面来应对来自美国的批评，也充分说明了美国对日本的不满情绪已经累积到了一个“临界点”，只不过是借由“海豚”这个海洋动物来发泄一下美国对日本的不满，有点“指桑骂槐”的意味，但是，碍于美日同盟这个框架，美国还不能完全撕裂与日本的同盟关系。而利用目前这个时机（普天间问题依然难以解决、安倍右倾强军步伐加快）美国就能找到收回可以被日本用作制造核武器的核材料的充足理由，同时也是美国为防止万一将来某个时候日本的“核武冲动”的一种提前预案。

三、中国的应对之策

鉴于日本日益严重的右倾扩军的形势，作为日本邻国的中国，理应也做好各种预案与防范方案，防止日本将来某个时候铤而走险——制造出核武器，因为，对于一个根本不知昔日的侵略战争"为何物"的日本，一旦真的拥有了核武器，会是后患无穷的。

第一，中国应充分利用联合国安理会常任理事国的权利（只有安理会常任理事国才有合法拥有核武器的权利），向国际社会严正表明，一个没有完全对"二战"侵略历史进行彻底悔悟的日本，是根本不能有制造核武器的计划乃至战略构想的，一个不断否定与篡改"二战"侵略历史、预谋颠覆"二战"战后结果与秩序的日本，根本不可能有改革联合国安理会结构的权利，日本想要跻身联合国安理会常任理事国的行列也是不可能的事，应打掉日本通过成为安理会常任理事国进而利用安理会常任理事国的合法权利去寻求制造核武器的战略计划。

第二，利用美日关系出现的嫌隙，可以进一步向美国交涉与表明，日本不断升级和加快的强军扩军计划与步伐，是不符合美国战略利益的，最终是对美国战略利益的伤害，我们在建议美国尽快遏制住日本右倾强军念头的同时，可以把遏止日本的"核武冲动"作为中国与美国的"战略共同点"，通过阻遏日本的右倾强军步伐以扩大中美关系的"交集部分"，既可以为如何构建中美新型大国关系寻找可行的路径，同时也可以拖滞日本不断走向军事大国的脚步。

第三，作为世界上目前唯一的一个致力推广以和平方式使用核能、防止核能被用于军事目的的权威国际组织——国际原子能机构，应该像监督伊朗核问题那样，组织专家对"日本核问题"进行反复的核查，以确认日本是否在和平利用核能，在核查时，必须客观中立，不能听凭日本的一面之词。

第四，联合国安理会，应该就"日本核问题"举行专门讨论会，研讨日本是否在和平利用核能，研讨日本掌握大量核材料究竟是何用意。安理会负有维持国际和平与安全的重大责任，是世界上唯一有权采取强制行动的联合国机构，如果"日本核问题"滑向一个不可控制的方向，是对国际社会的巨大威胁。现在提出"日本核问题"这个概念，绝不是危言耸听，而是在日本一些政要不断发表有关日本准备"核武装"危险言论的前提下、日本政治气氛不断向

“右”膨胀的情况下，联合国安理会有义务、有权利要对“日本核问题”给予高度的重视。

第五，日本已经加入了《不扩散核武器条约》（1995年9月30日加入），而《不扩散核武器条约》明确规定：无核国家保证不研制、不接受和不谋求获取核武器，把和平核设施置于国际原子能机构的国际保障之下。如今日本被“曝光”储存有大量的核材料，说明日本有违背自己当初加入《不扩散核武器条约》的承诺之嫌，而且，多年积攒储存的核材料并没有被置于国际原子能机构的监管之下，也说明了日本无视《不扩散核武器条约》的规定，一个加入了《不扩散核武器条约》国家，却对自己秘密储存了大量的核材料不能说清事实与用途，这本身是对《不扩散核武器条约》的亵渎，所以，既然日本不遵守《不扩散核武器条约》这一世界公约的规定，就应该提请联合国大会对日本是否履行《不扩散核武器条约》义务进行审议，让“日本核问题”大白于天下。

3月24日，在荷兰召开第三届国际核安全峰会，而日本首相安倍晋三也要出席此次峰会，此次荷兰核安全峰会的主题是打击核恐怖主义及核材料走私问题，直接瞄准最为敏感的“核安全”问题，现在日本秘密储存有大量核材料，但既不肯明确说明掌握大量核材料的用途，也不肯说出掌握的核材料的种类与具体数量，这其实就是国际核安全的巨大隐患，一旦被别有用心的组织或者恐怖分子掌握，后果不堪设想。所以，荷兰核安全峰会，应该也是聚焦“日本核问题”的有利时机，各国首脑特别是美国领导人更要知晓“日本核问题”的严重性。

历史不容抹杀，正义永存天地

（2014年2月26日）

近来，日本右翼保守势力又涌起新一轮否定"二战"侵略历史、开历史倒车的"恶潮"，具体表现就是：否定南京大屠杀、否定"慰安妇"问题、美化日本的"神风特工队"、参拜靖国神社"有理"、否认远东国际审判的合法性、"反讽"中国为挑起第一次世界大战的"德国"，等等，而日本右翼势力轮番和反复制造这些"谎言"与"谬论"，其主要目的就是为日本右翼势力打破"二战"后形成的战后国际秩序制造舆论声势，以帮助日本彻底摆脱"'二战'战败国"地位，从而能够使日本恢复"二战"前"耀武扬威"的所谓"帝国雄风"，成为一个日本右翼势力心中的"正常国家"。

针对日本右翼势力的"谎言谬论"，2月25日，中国通过国家立法这一庄严的方式，拟把9月3日确定为中国人民抗日战争胜利纪念日，拟将12月13日设立为南京大屠杀受害者国家公祭日，就是对日本右翼势力妄图否定曾经对包括中国在内的广大亚洲受害国发动过血腥侵略战争的最好回击，同时也是对中国人民完全赢得反侵略正义战争胜利的最好纪念。历史不容抹杀，正义永存天地。

"读史使人明智"，这是英国先贤培根说过的名言，但是用在日本右翼势力身上，反而变成了"不想正视历史、完全忘掉历史"的"梦呓狂人"。

"蒙蔽历史双眼但不可能否定历史的客观存在"，南京大屠杀、"慰安妇""二战"战争罪犯等，都是铁证如山，不容更改。

“二战”战败后的日本，制定了“和平宪法”，明言“放弃战争权”，正是这部“和平宪法”，使得日本可以重新回归国际社会，可以在和平的国际环境下放手发展经济，从而成为世界经济大国。但如今，日本是“好了疮疤忘了痛”，完全忘记了“二战”后日本经济社会的发展是建立在“放弃战争权”的“和平宪法”基础之上的，以为今天日本的成就与“二战”后形成的国际秩序毫无关系，反而认为，正是“和平宪法”束缚了日本，正是“二战”后形成的国际秩序阻碍了日本重新成为世界军事大国的努力，于是乎，修改“和平宪法”、否定“二战”历史结果、打破“二战”后的国际秩序，就成为以安倍为首的日本右翼政治势力“不懈追求”的政治目标。

历史不容假设、历史不能重演。在日本右翼势力心中，始终梦想着再来一股“神风”，可以助推日本再现昔日的“帝国军威”。但是，世界历史潮流浩浩荡荡，容不得任何力量去扭转历史前进的脚步。

当今的中国早已不是120年前积贫积弱的晚清时代，而就在69年前，中国人民彻底打败了穷凶极恶的日本军国主义势力，4年前，中国的经济总量已经超越日本成为世界第二大经济体，抚今追昔，甲午战争的耻辱、抗日战争的同仇敌忾、当今中国国力的蒸蒸日上，都决定了日本不可能重演一次历史，妄图再次做一回亚太历史的“冒险者”。

“二战”后的德国，完完全全放下了历史的包袱，彻彻底底与昔日沉重的历史做了诀别，真心向所有受害国人民进行了忏悔，并且痛下决心不让侵略历史悲剧重演，抛弃了罪恶侵略历史的德国，迎来了新生；而至今怙恶不悛的日本，只能是继续背负着罪恶历史的沉重包袱，匍匐徘徊，新生难来。

安倍访印难以拉印制华

（2014年1月29日）

1月26日，对于日本首相安倍晋三来说，是一个"无限风光的日子"，因为，安倍是第一位作为印度"共和国日"庆祝大典的主宾而能与印度领导人并排观摩印度国庆游行方队的日本首相，对此，安倍也并不掩饰自己的"骄傲"心情，他对随行的日本记者表示："在印度最大的庆典中，日本首相受邀作为主宾，这是划时代的大事，此次访印强化了日印两国的安全保障合作。"不过，安倍成为印度国庆大典的"主宾"，这点倒不是安倍最大的"兴奋点"，令安倍"最高兴"的乃是，他通过与印度总理辛格举行首脑会谈，就日本海上自卫队参加美印两国的海上联合演习达成了协议，同时日印两国首脑就加强合作以确保海上航行自由等海上安全领域的问题达成一致意见。

而令安倍"最高兴"的背后原因就是"拉印制华"，这也是安倍此访印度最重要的目的之一，在日本看来，印度与日本在所谓的"西方价值观"上观点接近，印度与日本之间没有复杂的历史和领土等纠纷矛盾，印度和日本还有所谓的"共同面对中国日益强大的战略担忧"等，正是这些日本主观上认为的与印度可以加深关系的种种考量，促使日本近年来不断向印度"暗送秋波"。安倍晋三重新担任日本首相一年多以来，在"制约中国"之路上是越走越快，而"安倍外交"的主要目的之一就是"牵制中国"，特别是在中国周边国家身上，安倍是最为关注的，而安倍一年多以来的外交路线也是印证了这一点：完成了对东盟十国的出访，访问了蒙古与俄罗斯等。

不过，安倍的拉拢某国以制约中国的外交努力未必就真能奏效。安倍此次高调访问印度，可谓是下了不少功夫，出访前还做了大量准备工作（先是日本天皇夫妇访问印度，后是日本防卫大臣小野寺五典访问印度），并且对印度寄予了高度期望，但能否达到安倍“拉印制华”的外交目的呢？不言而喻，必然会阻力重重、收效甚微。

首先，印度方面不会盲从日本的外交拉拢。这须从印度的国情说起，印度是一个人口多达12亿的发展中大国，尽管近年来印度经济获得了一定程度发展，还跻身于“金砖国家”，但印度全国各地发展非常不平衡，贫富差距非常大，据经济合作与发展组织的报告显示，印度贫富差距正进一步拉大，约1/3印度人仍生活在贫困线下，2010年印度政府统计数据显示，全国贫困人口总数达近3.8亿。除了财富分配不均的原因，印度社会根深蒂固的种姓制度进一步加深了社会分化，种姓制度以人种和社会分工不同为基础，出身于低种姓的人处于天然劣势，教育和就业机会有限，陷入贫困落后的恶性循环。而印度经济发展的严重不平衡，制约了印度在外交上扩大影响力的尝试。长期以来，印度都有“做一个有声有色”的地区大国的外交战略雄心，但这一外交战略是建立在印度“奉行不结盟”外交政策的基础上，印度的历史、国情与复杂的宗教信仰决定了印度难以完全听从另外一个大国对自己外交战略的指挥，如果印度外交听命于另外一个国家，那么，印度所谓的“成为地区大国乃至世界大国”的外交战略就成为泡影。试想，一个外交战略“跟着别国指挥棒走”的国家，还何谈成为“大国”？

其次，日印加强经济合作关系，并不一定就能带动印度制约中国的积极性。此次安倍出访印度，给印度递上了几件“大礼”：一是将以援助印度首都新德里建设地铁为核心，提供总额2000亿日元（约合人民币115亿元）的贷款；就日本新干线向印度出口一事，双方在2015年7月前完成共同调研，并得出结论；日本愿意向印度出口核电设备问题，加快签署《日印核能协定》的进程。安倍原以为，以印度最需要的基础设施建设资金与技术为突破口，通过在印度的能源与基础设施领域投资，可以更快地拉近与印度的感情联系，从而为拉拢印度一起制约中国做好铺垫工作。但是，在印度看来，印度与日本可以拓展经济合作关系，但印日经济关系的加深，并不一定要附加上针对中国的"政治意味"，印度与中国同是"金砖国家"，在印度看来，中国、俄罗斯、南非与巴西这些"金砖国家"才是与印度在经济与政治领域更能加深合作关系的伙伴，日本是印度可以进行经济合作的国家，但不是印度必须依靠的经济合作国家。仅从贸易额就可以说明问题，印度与中国的贸易额从2002年的49.5亿美元增至2011年的736亿美元，中印两国贸易额有望在2015年突破1000亿美元大关；而印度与日本的贸易额在2011年时仅仅140亿美元左右。中印贸易额与日印贸易额一对比，就有力说明了，印度对外经济合作不一定也不可能去依靠日本一个国家，推动印度经济发展不一定必须靠日本一国。所以，安倍自己认为通过向印度提供资金与技术援助，就一定能够"打动印度与日本携手制约中国的心"，这只能是安倍自己的一厢情愿，因为印度不愿意冒为日本"火中取栗"这个险，而且印度也明白，取到的"栗"，最可能是被日本得到。

再次，印度会明白，近年来印度之所以成为美国与日本等西方大国不断拉拢的对象，那是印度所处的独特的地缘政治地位所决定的。印度半岛扼守着印度洋上关键海上航线的要冲，印度与中国有着漫长的边界线，印度是连接中东与东南亚的天然大陆桥，也是东亚与西亚必经的陆上与海上的天然通道国，同时印度也是沟通东亚与太平洋和欧洲与非洲的天然陆海通道国，这些地缘优势，决定了美国与日本把印度看作是一处有利的极具战略优势的地缘据点与战略桥头堡，因为，谁拥有了在印度半岛的战略利益，谁就可以控制印度洋，谁就可以控制印度进而制约中国，谁就可以获得对东南亚与中东的双重战略影响力。对这种地缘政治的奥秘，印度心里自然十分清楚，而印度觉得，既然自己天然享有这种地缘战略优势，必然要发挥其战略功效，绝不能让日本或美国等其他国家的任何一国独享与独占其战略优势，印度可以充分利用其地缘战略的优势而在众多的国家中"纵横捭阖"，既不完全依靠美国，也不完全信任日本，而是抓住美国与日本等国对印度地缘优势的倚重心理，来乘机获得有利于印度的战略利益。

最后，日本还有一点可能是忽视了，那就是美国对其的"不放心"。日本加深与印度的关系，一个重要的战略目的是扩大日本在南亚、印度洋甚至中东的战略影响力，为日本扩军备战、伺机在印度洋增加日本的海上与空中的军力投送做好战略准备。而印度洋具有的海空战略地位，美国不会不清楚，而且美国也在印度洋拥有自己的海空军基地，美国不会容忍日本突破美日同盟框架的限制而单独在南亚与印度洋地区发挥影响力，一个想要成为政治军事大国而欲在南亚与印度洋地区彰显单一影响力的日本肯定不符合美国的战略利益。

日本名护市市长选举结果折射安倍执政困局

（2014 年 1 月 21 日）

1月19日，备受瞩目的日本冲绳县名护市市长选举结果公布，以反对美军普天间机场迁入名护市而著称的现任市长稻岭进获得成功连任，而支持日美政府把普天间机场迁入名护市的候选人末松文信则落选，此次名护市市长选举，正如日本媒体所说的，这是一次有关“敏感的普天间基地是否能搬迁至名护市”的市民“公投运动”。

本来，名护市，就是在日本，也是一个非常不起眼的城市，但是，此次名护市市长选举之所以引起了日本政坛与舆论甚至是美国的高度关注，其主要原因是此次市长选举乃是牵涉到困扰了日美两国18年之久的美军普天间机场搬迁问题，而且，这个普天间机场搬迁，是一个牵一发而动全身的敏感复杂问题，它涉及日本、美国、日本冲绳县地方政府以及冲绳县的宜野湾市与名护市等两国多方的利益博弈，而更为重要的是，普天间机场搬迁，关系到日本外交的根本——日美同盟关系。

早在1996年4月，日美两国政府就普天间机场归还给日本达成过协议，日本政府于1999年12月通过内阁决议，决定将该机场搬迁至冲绳县名护市边野古地区。在民主党鸠山由纪夫执政时期，曾提出将该机场搬至冲绳县外的方案等，但引起了美国方面高度不满；自民党重新夺回政权后，安倍内阁于2013年3月向冲绳县申请在名护市边野古沿海地区填海造地。2013年12月27日，冲绳县知事仲井真弘多认为该申请满足法律上的条件，批准了填海造地申请，当时，仲井真弘多的决定被美国称为“划时代的事情”。但就在仲井真弘多的批准不到一个月的时间里，所谓的普天间机场搬迁到名护市的计划，就被名护市市长稻岭进的连任而打断。

稻岭进的连任，说明了什么呢？说明了名护市市民对冲绳县地方政府、日美两国政府都不信任的态度，说明了普天间机场搬迁问题就犹如一个“皮球”被日美政府与冲绳县地方政府互相“踢来踢去”，但最终遭受困苦的仍旧是普天间机场所在的冲绳县宜野湾市的市民。稻岭进的连任，折射出了什么呢？折射出了安倍内阁的困局，折射出了日美关系的裂痕，折射出了日美同盟关系的不稳定，折射出了安倍内阁引以为傲的“牢不可破的日美同盟关系”，并不是“坚如磐石”，而是“嫌隙日增”。

首先，稻岭进的连任，意味着名护市市民反对把普天间机场迁入的民意得到了认可，但也意味着，今后安倍内阁按照原计划推进的普天间机场搬迁计划将受到重重的阻挠，一旦普天间搬迁仍旧原地踏步，那么，美国对日本的不满就会逐渐增多，美方会认为，安倍内阁没有能力彻底解决普天间问题，一旦美方失去了对安倍内阁的信心，那对安倍来说，将是沉重的打击。

安倍重新担任首相一年多以来，之所以毫无顾忌地在右倾保守的道路上不断“狂奔”，其中一个重要的因素是，作为日本政治与外交的基石——日美同盟关系仍旧在顺利运行，作为日本的盟主，美国基本上对安倍的急速右倾化言行并没有做出什么过分的担忧与指责，而这在安倍看来，以为是美国的某种“默许”，以为美国不会对自己的右倾保守政策提出批评，至少不会在公开场合对日本表露不满，正是基于这种判断，安倍才在去年12月底做出了公开参拜靖国神社的举动。虽然，安倍的“拜鬼”之举，随即引发了美国对其表示了“失望”的回应，但美国这种“失望”之情，更多的是一种盟友关系之间的无奈之心情，在安倍眼里，美国的“失望”并不等于是“不满”，也就是说，美国对安倍的“拜鬼”行动，并没有到无法容忍的地步，而这也是安倍迄今冒险“拜鬼”最为得意的地方，但“形势比人强”，名护市市长的选举结果，给了安倍一个“猛击”，因为，安倍认为，之所以美国对自己“拜鬼”停留在“失望”这个低层次情绪上，那是因为，自己在“拜鬼”后，马上在第二天（安倍

"拜鬼"是在去年12月26日）就向美国送上了"礼包"——冲绳县知事仲井真弘多批准了在名护市边野古沿岸的填海造地申请，普天间问题就要解决了。但是，如今形势突变，名护市现任市长稻岭进的连任，使得安倍向美国讨价还价失去了后盾，安倍如果再在右倾保守道路上过于冒进的话，必然会惹美国的不高兴，因为，美国觉得，安倍还是解决不了普天间问题，安倍不是一位"靠得住"的首相，安倍甚而没有了"利用"的价值，那么，失去了盟主美国的信任，安倍又焉能再在"右倾保守"上做文章？

其次，名护市现任市长稻岭进的连任，势必使拖延已久的普天间搬迁问题继续遥遥无期，而这必然会引起普天间机场所在地的宜野湾市市民的强烈不满，该基地已经在宜野湾市存在了将近60年，因为飞机噪声以及驻日美军滋事犯罪问题已经引发了宜野湾市市民的长期抗议，宜野湾市市长佐喜真淳在2014年1月20日接受媒体采访时表示："普天间基地的固定化绝对不行，希望大家知道迄今为止最为痛苦并做出牺牲的是宜野湾市民。"佐喜真淳的话表明，普天间问题不能早一天解决，宜野湾市民就多一天的痛苦，而名护市现任市长稻岭进的连任，其实也无形中加剧了名护市与宜野湾市两地的对立情绪，而这种对立情绪的不断累积，将直接增加日美两国的压力，因为，冲绳县两个地方的对立，完全是日美两国政府造成的，因为美国为了远东地区的战略利益，在冲绳县设立基地，而日本在日美同盟关系的关照下，得以在远东"狐假虎威"，如今，普天间问题不断发酵、愈发僵持，这个问题拖得越久，就越难以解决，而该问题越难以解决，最终被"套牢"的自然是安倍内阁，安倍本是想一鼓作气把这个棘手问题赶紧解决掉，但事与愿违，安倍还是没能走出被普天间问题拖住的"厄运"，如果因为普天间问题而致使冲绳县普通民众反美情绪加剧，那么，美国必然会把所有罪责推到安倍头上，致使安倍两头受气，最终不能排除安倍被迫下台的可能性。

安倍“拜鬼”其实在自毁日本

（2013年12月27日）

安倍在其重新担任首相任期届满一年之际，悍然参拜了供奉有14位犯下累累罪行的“二战”甲级战犯的靖国神社，此举当然要遭到曾经遭受日本侵略蹂躏之深重苦难的中国、韩国等国的强烈谴责。安倍以为通过自己“拜鬼”：一可以“抚慰”那些“战死者”的心灵，从而起到提振与强化日本国内民族凝聚力的作用，以便为其“扩军备战”制造舆论氛围；二可以兑现自己曾经向右翼保守势力许下的“任期内参拜靖国神社”的政治诺言，以便继续获得右翼保守势力的政治支持，从而更好地巩固自己的政权根基；三可以在今后的中日关系交涉中起到增加谈判筹码的功效。

不过，安倍的种种盘算，其实都不灵验，他的“拜鬼”恶行是对人类社会正义良知的公然挑衅，当今的国际社会早已与20世纪30年代不可同日而语，安倍逆历史潮流而动，不可能给日本带来任何益处，相反，受损的却是日本自身，安倍“拜鬼”必然会自毁日本。

首先，“二战”后的日本之所以能够迅速发展成为世界经济大国，除了得到美国的扶植外，更重要的一点就是，日本是在基于战后“和平宪法”确立的和平发展框架下，安心走和平发展之路，才得以获得国际社会的信任，从而在一个和平的国际环境下，得以顺利发展经济与贸易，最终在20世纪60年代末期一跃成为世界经济大国。而今，安倍内阁却早已忘却了日本的成就到底是如何得来的，而且，安倍还认为，日本如果能走出“战后体制”，成为一个真正的“正常国家”，可以发展得更快、更强大。殊不知，安倍的这种想法，与他去“拜鬼”一样是极其危险的，如果真如安倍所想的那样，日本要走出“战后体制”，换来的并不会是日本经济繁荣、国家强大，而是日本重新走上冒进、冒险、黩武、好战的“战争沉沦”之路。所谓的“拜鬼”、所谓的走出“战后体制”，其实本质都是一样的，都是要使日本完全忘却过去的侵略战争历史，完全忘却发动侵略战争失败的惨重下场，以为通过“强军与扩军”，就能使日本摘掉“战败国”的耻辱帽子，但“强军与扩军”，跟“拜鬼”一样，都是要把日本战后几十年积攒的经济成果用于备战、遏制他国、成为军事强国上面，“强军与扩军”并不能给日本、特别是给普通民众带来任何的利益，反倒是，日本在与他国的军备竞赛中被拖累直至拖垮。

其次，一个国家要想成为一个有影响力的成功大国，不仅需要有强大军队、先进武器装备、高精尖技术等“硬实力”，而且还要有能够吸引国际社会的独具特色、独具魅力的优秀文化与文明等“软实力”。反观安倍的所作所为，其主要目的在于追求日本的硬实力，要把日本重新变成一个军事大国，而今，安倍又肆无忌惮地“拜鬼”，其实，这是在自己折损日本的“软实力”，向已经得到国际公认裁定的战争罪犯顶礼膜拜，这不是一个有文化、有文明的国家的所作所为，倒有点退回到“原始蛮荒”的不文明时代。试想，在当今的文明时代，一个国家竟然还存有“野蛮”行为，那这个国家的“软实力”就毫无吸引力可言，一个没有建构“软实力”的国家，也就难以成为一个响当当的大国。

再次，安倍“拜鬼”只会导致日本成为国际社会的“孤儿”，日本将没有“外交地位”，恐有被挤出国际大家庭的危险。在小泉纯一郎担任日本首相期间，由于小泉年年“拜鬼”（共6次参拜靖国神社），日本在亚洲陷入“外交孤立”状态，而今，安倍步“政治导师”小泉的后尘，接过了“拜鬼”的衣钵，其下场可以预料，日本将会变得越来越没有“外交地位”，只会越来越陷入“外交孤立”的尴尬状态。

长期以来，日本都以完全融入国际社会、以“正常国家”身份跻身联合国安理会常任理事国行列作为外交的最重要目标之一，而今，安倍“拜鬼”，这只能使日本更加远离国际社会，跻身联合国安理会常任理事国更是一个"空想"。因为，以联合国为代表的这个全球性最权威的国际组织，是以得到国际社会公认的《联合国宪章》为基础的，而《联合国宪章》规定，联合国的宗旨是"维护国际和平与安全""制止侵略行为""发展国际间以尊重各国人民平等权利自决原则为基础的友好关系"和"促成国际合作"等，根据这一宗旨，安倍"拜鬼"的恶行，是与"维护国际和平与安全""制止侵略行为"这两大宗旨相悖的，完全是违背《联合国宪章》宗旨的。一个不能彻底反省侵略战争罪责、一个蠢蠢欲动又想要恢复好战行为的国家、一个把被远东国际法庭判处死刑的战犯灵位纳入靖国神社的国家，是不应进入联合国这个爱好和平的大家庭的，如果安倍继续一意孤行，继续"拜鬼"，继续挑战国际良知与公义，也就是把日本"自绝于"国际大家庭之外，而国际社会所有爱好和平、反对侵略战争的国家都会远离日本，日本将会变得空前孤立，不仅在亚洲没地位，就是在非洲与拉美地区也会逐渐被疏远。

最后，安倍的"拜鬼"恶行，会损害日美同盟的互信，逐渐失去美国的信任，而安倍等日本右翼保守势力之所以能狂妄地不断否定侵略历史，正是美国暗地里纵容的结果，但一旦哪一天，美国发现，安倍的"拜鬼"恶行其实会损害美国在亚太地区的利益，那么，日美互信的基础就会出现动摇。日美互信缺失，直接受损的是日本，当日本必需日美同盟存在的时候，而日美同盟却出现了嫌隙，这对日本的打击是非常大的。

不应对安倍“拜鬼”感到意外

（2013 年 12 月 27 日）

《环球网》以日本首相安倍晋三在迎来执政一周年之际参拜靖国神社为由进行了舆论调查，调查结果显示，在对“你对安倍此举是否感到意外”的提问中，回答“不意外”者高达98%，回答“意外”的仅仅为2%。这说明了什么呢？说明了安倍以参拜来给中国“颜色看”的伎俩并不能起到多大作用，也说明了安倍以所谓参拜靖国神社为手段以便在中日关系中添加筹码的做法，在中国面前反倒是自讨没趣、碰了壁。

安倍重新上台执政已经届满一年，盘点安倍一年来的所作所为，可以发现是虎头蛇尾、高开低走：前半年是兴致勃勃，打出“安倍经济学”招牌，射出了安倍经济学的“三支箭”，但这三支箭除了第一支箭——大规模量化宽松政策——收到了一定成效外，其余的两支箭却并未能正中靶心。以7月份的参议院选举为分水岭，后半年的安倍，在完全掌控政权的优势下，不顾日本经济还处在缓慢复苏的徘徊状态之中，却一门心思把精力用在了“扩军备战”上，而且自我仿效“安倍经济学三支箭”的招数，也来一个“安保三支箭”，而“参拜靖国神社”则是安倍对“安保三支箭”策略的“升华之作”。

故此，笔者认为，安倍此次选择在其任期届满一周年之际参拜靖国神社，除了大家都知道的参拜的目的是赢得日本保守势力的支持、以参拜兑现其曾经许下的诺言（任内一定去参拜）、以筑牢其长期执政的根基之外，还有一层潜在的深层目的就是：在中国已经在东海划设防空识别区——勇敢亮剑——的形势下，安倍通过参拜靖国神社——这座右翼保守势力心目中的“圣殿”，“激发起”日本其他普通民众应对“中国崛起”的“雄心”，“唤醒”日本社会因在长期没有打仗的状态下逐渐沉沦的“武士道精神”，通过“告慰”那些在日本对外侵略战争中战死的“亡灵”，来“激励”现在的日本民众在适当时候也要去“冲锋陷阵”。

不过，中国早已认清安倍的险恶用心，这就可以解释为何在《环球网》舆情调查中，会出现绝大多数舆论“对安倍参拜并不感到意外”这样的结果，因为不论从安倍本人的出身背景，还是从安倍的从政轨迹以及安倍的政治理念来看，安倍此次“拜鬼”应是“顺理成章”。

安倍此次“拜鬼”后，其后续走向如何，这是大家应该关注的问题。鉴于安倍以“首相任内年年拜鬼”的小泉纯一郎为政治导师，而小泉前段时期还提议安倍去参拜靖国神社，以现在安倍所处的形势来看，安倍恰如“骑虎难下”，既然此次参拜了，那么2014年或者2015年，只要安倍能够长期执政，他恐怕要模仿小泉那样“年年拜鬼”了，我们在做好安倍“年年拜鬼”心理准备的同时，还要想出各种应对策略，以制约安倍的“右翼暴走”行径。

首先，不能被安倍“拜鬼”这种恶行“牵着鼻子走”，中国应主动出击，作为联合国的创始国之一、作为联合国安理会常任理事国、作为“二战”的战胜国，中国应该在联合国这个最神圣的讲坛，揭露与控诉日本首相参拜供奉有“二战”甲级战犯的靖国神社——属于挑战国际公理的犯罪行为，要让整个国际社会都知道，日本首相与政要既然参拜了供奉有“二战”甲级战犯的靖国神社就不能再属于“内政范畴”，它是挑战“二战”的战争结果以及“二战”后的国际秩序，是向所有“二战”战胜国和所有“二战”中被日本侵略过的国家示威挑衅，理应受到所有“二战”战胜国和所有“二战”中被日本侵略过的国家的一致谴责。

其次，安倍“拜鬼”恶行也引起了美国很大的不安，对日本的“失望”溢于言表，这对中国来说，是个不错的机会，安倍之所以有恃无恐地去“拜鬼”，除了自身权利获得巩固外，背后一个重要因素是美国的支撑，当哪一天，日本失去美国的支撑后，安倍等日本右翼保守势力还能否继续公然去“拜鬼”？故此，中国应以中美构建新型大国关系为契机，适当与适时把“如何共同应对日本否定侵略历史问题”纳入构建中美新型大国关系的框架中去（2013年10月，美国国务卿克里与国防部长哈格尔二人双双去了日本东京的千鸟渊战殁者公墓献花，这件事象征意义非常浓厚，反映了美国方面对日本政要参拜靖国神社的慎重姿态），中美同是“二战”战胜国，在敦促日本彻底反省“二战”侵略历史与约束日本否定“二战”侵略历史方面可以找到一些“交集”，以给日本右翼保守势力形成有力牵制。

日本正在滑向危险的深渊

（2013年12月12日）

近来，日本政坛有两件事特别引人注目：一是12月4日，日本国家安全保障会议正式启动，二是12月6日，日本在参议院全体会议上强行表决通过了《特定秘密保护法案》，该法案将在一年后正式付诸实施。

这两件事不是毫不相关的，而是密切联系的，恰似一枚硬币的两面。而这两件事之所以引起了包括日本在内的国际舆论的广泛注意，是因为，这两件事关系着日本目前及将来的政治和外交走向，也即，日本是继续在遵守“和平宪法”的框架下成为走和平发展道路的国家，还是会重蹈“二战”覆辙，重新成为一个扩军备战、逞强好勇的军事冒险国家。

首先，日本成立国家安全保障会议（简称国安会）的真正目的是什么？按照日本安倍内阁的解释，成立国安会是为了像美国国家安全委员会那样，能够在遇到突发危机时更好地发挥首相官邸的“指挥塔”功能，以便高效地协调政府各部门的关系，达到更好、更快地应对与处理危机的目标。

但是，以安倍重新上台以来的所言所行来看，安倍已经向成为“二战”以后日本最右翼的首相靠拢。在安倍内阁的默许与纵容下，日本右翼保守势力蠢蠢欲动，在否定“二战”侵略历史问题、参拜靖国神社与领土主权问题等方面一再做出挑衅亚洲曾经遭受日本侵略战争之苦国家人民的感情，而安倍本人作为日本首相，也没有在彻底反省"二战"历史罪责方面拿出让亚洲曾经蒙受日本侵略战争苦难国家人民信服的行动，相反，安倍还在敏感的"二战"侵略历史问题方面遮遮掩掩、文过饰非。特别是，安倍内阁正在处心积虑地图谋修改日本的战后"和平宪法"，这部宪法因规定了"日本走和平发展道路、放弃战争权"而著名，但安倍现在却视"和平宪法"为其前进道路上的绊脚石，必欲修改而后快，特别是安倍打算修改"和平宪法"的核心"第九条"，安倍计划修改宪法禁止的日本不能行使集体自卫权的规定，还计划把日本自卫队改名为"国防军"。由此，不难看出，安倍内阁成立国安会，并不是为了日本国家应对突发危机着想，而是以成立"国安会"为名，迂回曲折地绕过"和平宪法"，行"扩军备战"之实。

其次，日本成立国安会，从其结构与功能来看，带有很强的冷战思维色彩。国安会的结构由首相、外相、防卫相与内阁官房长官四人组成，在具体部门设置方面，特别是专门设立了负责中国朝鲜事务的"中国朝鲜部"，以及负责盟国与友好国家事务的"同盟友好国部"，这两大部门的设置，就带有很强的冷战思维色彩，以价值观与意识形态划线，其制约中国的意向非常明显。

再次，日本成立国家安全保障会议的同时，与国安会一起绑定了《特定秘密保护法案》，安倍内阁的公开解释是在成立国安会后，为了能与美国等西方国家一起共享有关外交与安保领域的情报，就要通过《特定秘密保护法案》，以便排除美国等西方国家担忧泄露外交与安保秘密的忧虑，放手让美国等西方国家能把更多的外交与安保情报与日本共享。其实，就像日本许多普通民众大声抗议示威提出的那样，《特定秘密保护法案》的通过，将会使日本重新成为战前那样的"密室政治"国家，日本政府可以以保护特定秘密为由，随意剥夺民众与媒体的知情权，如果日本重新成为"密室政治"国家，那么，"二战"前的军国主义、军事至上的幽魂将会重新萦绕在日本政坛与社会，其后患将是无法预料的。

最后，日本成立国安会还有更长远的目标。表面上，日本国安会成立后的一项重要任务是，与美国为首的盟国共享外交与安保领域的高端敏感情报，以便为日美同盟在亚太地区以及全世界发挥更好的作用，同时也是日本在日美同盟的框架下，为同盟尽义务做贡献。但是，从更长远的角度来考虑，安倍以及日本政界一些人有着更大的野心，包括安倍在内的日本右翼保守政治势力，之所以顽固坚持错误的“二战”历史观点，其中一项深远的战略目的就是，日本不认可自己是“二战”战败国，不认可“二战”结束后形成至今的国际秩序，一旦时机成熟，日本就可以推翻“二战”以后由中国、美国、苏联（现在的俄罗斯）、英国与法国五大联合国安理会常任理事国（五国同时是战胜国）构建的国际秩序，一举洗刷掉所谓“战败”的耻辱，可以以真正大国的身份改组联合国安理会结构。

国安会成立后，随着日美共享情报层次的不断加深，就会无形中变成一把双刃剑，日本可以乘机获得美国等西方国家的大量的有价值的高端敏感情报，而日本掌握美国等国的高端情报越多，对日本成为一个政治军事大国的帮助就越多，日本距离成为政治军事大国的脚步越近，日本摆脱美国羁绊的野心就越强。本来，日本也深知，日美同盟既是日本臣服于美国获取美国军事保护的便利车，也是美国防范日本重新崛起的制动阀，当日本从日美同盟中尽享便利后，而且国安会成立后，这种便利的享受还可以增加日本获得挣脱日美同盟束缚的机会，那么，羽翼丰满的日本就要回过头来与美国并肩甚至对阵。一个现在就在坚决否定“二战”侵略历史的日本，届时会成为什么国家，确实应该引起国际社会的高度警惕。

不过，尽管日本通过成立国安会与制定《特定秘密保护法案》图谋向扩军备战的政治军事大国跃进，但是，各种正义与进步的力量还是存在的，阻碍日本开历史倒车的国际理性声音还是大量存在的，日本难以顺顺利利地往冒险的道路上奔驰。

一是日本国内普通民众和有识之士以及一些在野政党对日本右翼保守政治势力的反对声音，如果安倍内阁继续一意孤行，致使其本人与执政党自民党的民意支持率急剧降低，不排除内阁更迭的可能性；二是日本否定“二战”侵略历史是触犯了整个人类社会的良知与尊严，凡是爱好和平与反对侵略战争的各国人民都会抨击日本的非理性行为，而且目前的国际秩序仍旧是在“二战”的战胜国基础上制定的，联合国就是明证，联合国仍旧是世界上最权威的有权对战争与和平发言的国际组织，日本图谋推翻“二战”后的国际秩序，将是对联合国以及安理会的挑战，其野心很难得逞；三是和平发展的中国在不断壮大实力，已经是世界上具有重要战略影响力的大国，中国的蓬勃发展将是对日本走回头路、走军事冒进路的有力制约。

中国要加大北极参与力度

（2013年12月3日）

近日，日本外相岸田文雄在印度参加亚欧外长会议期间，举行了首次日本与环北冰洋地区八国（北欧的挪威、瑞典、芬兰、冰岛与丹麦以及波罗的海的立陶宛、爱沙尼亚与拉脱维亚）外长会议，就在今年5月，日本与中国同时成为北极理事会的观察员国，而此次日本与环北冰洋地区八国外长会议中的北欧五国就是北极理事会的正式成员国。日本对北极地区兴趣的突然增加，应该引起中国高度的重视。

不言而喻，日本之所以关注北极地区，自然是与该地区占有重要的地缘政治地位以及北冰洋海底蕴藏的丰富的石油与天然气等能源资源有着密切的联系。说到此，有必要谈及安倍今年以来对俄罗斯与加拿大的访问。尽管日俄之间有着难以解决的岛屿争端问题，但今年一年，安倍与普京就四次会面，其中，一个重要的因素就是，俄罗斯是在北极地区享有巨大影响力的国家，未来日本想要谋得在北极地区的利益，与俄罗斯搞好关系是不可或缺的。而加拿大自不待言，是北极地区另一个重要国家，日本关注北极，无法忽视加拿大的存在。

在日本看来，日本是一个海洋国家，也是一个高度依赖海外能源资源进口的国家，逐步增大在北极地区的发言权，可以扩展日本的海洋地缘政治影响力，同时为确保日本能源安全提供更多的选项。最新公布的东京财团（一家日本知名智库）的研究报告认为：随着全球气候变暖，北冰洋冰层逐渐融化，日本应该尽早确立自己的北冰洋安保战略，日本应该考虑利用北极航线，开发北冰洋海洋能源资源，积极派遣北极海洋观测船以及积极参与北极理事会活动等。该研究报告还特意提出，日本作为地处西北太平洋的国家，地缘上距离北冰洋地区不远，日本关心北极地区的航路开发、能源资源、渔业与环境是非常自然的，北极地区关系着日本的国家利益。

东京财团的研究报告不是空穴来风，与日本安倍内阁今年以来突然加大对北极地区的关注度密切相关。不仅是日本提高对北极地区的关注度，全球其他国家地区也在密切关注北极地区，就连处于热带地区的印度与新加坡也在高度关注北极地区，未来几十年内，北极地区将会成为各大国博弈的又一热点地区。

对于中国来说，关注北极、增加对北极地区的科学研究力度是必须也是应该的。其他因素姑且不说，单单从全球气候变化的角度，中国也应该高度关注北极地区的变化，中国整个北方地区的气候变化与北极地区的气候变化息息相关，北极气候的变化，乃至北极气候变暖，将直接关系着中国北方地区的自然环境与农业的发展变化，所以，北极问题研究，不仅仅是个自然科学问题，同时也是个人文社会科学问题，北极问题研究是综合性的、立体的、涉及多个学科的复杂的且是一个涉及千千万万人的切身利益的问题。

有鉴于此，首先，中国应该适时、适度增加在北极地区的科学考察站的数量，目前中国在挪威的斯瓦尔巴群岛上建有唯一的科考站——黄河站，今后，中国可以借鉴美国与俄罗斯等北极科考大国的做法，在北冰洋上建造“浮冰考察站”，利用北冰洋洋面上经常漂浮的不易消融的巨大的冰块，在其上建立“浮冰考察站”。“浮冰考察站”的特别之处是可以浮动漂流，利用这一特点，可以对北极地区进行深度的观察与研究，诸如洋流、海底地貌、渔业、冰川以及北极生态系统等。

其次，中国要继续研发多艘新型的极地破冰船，目前“雪龙号”是中国能够服役的唯一的一艘极地破冰船，如果中国能够拥有多艘性能优异的破冰船，就不仅能极大地提高探索北极航道的能力，而且对中国在北极建立更多更牢固的科考站起到更好的后勤补给基地的作用。

再次，中国要积极利用成为北极理事会正式观察员的机会，加深与环北冰洋地区国家的关系，不仅与北极理事会八个成员国加强关系，而且要与其他的与北极理事会有密切关系的国际组织以及非政府组织加强联系，如世界自然保护联盟（IUCN）、国际红十字会、北欧理事会、联合国环境规划署、联合国开发计划署、世界驯鹿人协会、北极大学和世界自然基金会北极规划小组等。

日本难言"亚欧新丝绸之路"

（2013年11月8日）

近日，日本首相安倍晋三对位于亚欧接合部的地缘大国——土耳其的访问，引发了国内外舆论的关注，不过，各种舆论焦点对准的一般是安倍访问土耳其是为了推销日本核电技术，但是安倍在一年之内两次出访土耳其，其目的也不仅仅是与土耳其洽谈核能合作，安倍访土的深层意义绝不仅限于此。

10月29日，安倍晋三在出席博斯普鲁斯海峡海底隧道开通仪式时称，日本和土耳其是亚洲的双翼，让我们一起梦想着，一辆高速列车从东京出发，经过伊斯坦布尔，最终抵达伦敦。笔者认为，安倍的这句话才是他本人两次出访土耳其的真意所在——日本要做新的"亚欧丝绸之路"的起点，日本要做"亚欧新丝绸之路"地缘政治的"操盘手"。

自20世纪90年代初以来，随着中亚与高加索地区国家的独立，中亚地区——这个连接中国与西亚地区的地缘中间地带重新获得国际社会的高度重视，日本也不例外。日本认为，中亚地区不仅是日本未来又一个重要的能源供应来源地，而且从地缘政治角度来考虑，中亚地区也是牵制与制衡中国发展的一根"战略楔子"。日本之所以这么考虑，是与土耳其所处的地缘战略地位密切相关。土耳其在古代时就是中国丝绸之路上的重要一环，而中亚地区则是丝绸之路的必经之地，中亚地区各国从历史、宗教、语言、文化等因素来看，都与土耳其有着密切的联系，而且，土耳其长期以来都有浓重的"大突厥情结”，土耳其一直梦想着，建立一个以土耳其为主导的“突厥语国家联盟”。土耳其的“大突厥梦想”与日本欲从中亚地区迂回牵制中国有着某种战略上的重叠性。

但是，日本意图联合土耳其构建“新丝绸之路地缘政治框架”用以遏制中国发展的图谋是难以实现的。

首先，“丝绸之路”是中国历史的光彩之处，是中国古代先贤最先开拓了丝绸之路，“丝绸之路”是中国文化远播西亚与欧洲的“彩虹之桥”，而今，中国政府又重新提出构建“新丝绸之路经济带”，这个构想的推进，将有力加深中国与广大中亚、西亚国家的经济与文化的联系。古代中国，“丝绸之路”见证了中国文化“协和万邦”的博大精深，现在与未来，“新丝绸之路经济带”将会更好地推动中国与中亚、西亚国家友好关系的发展。而随着“新丝绸之路经济带”内涵的不断充实，中亚与西亚国家会明白中国才是给中亚与西亚经济社会发展带来诸多益处的国家，如同“古代丝绸之路”促进了当时西亚与欧洲经济社会的发展那样，“新丝绸之路经济带”也会给沿线的中亚与西亚甚至欧洲国家经济发展带来新的良机，届时，日本所谓的操控“亚欧新丝绸之路”地缘政治框架的意图会不攻自破。

其次，安倍的“亚欧新丝绸之路”之想法，缺乏历史与现实支撑，提出容易，但要想付诸实施，难度很大。先且不说这个想法的对错，就是分析其字面含义，也是漏洞百出。从日本到伊斯坦布尔，中间有海洋阻隔，无法与陆路连接，而按照土耳其运输部长耶尔德勒姆的说法，这条“新丝绸之路”是要用铁路重新连接亚洲与欧洲之间的重要贸易动脉，那也就是说，“新丝绸之路”是连接亚欧陆上之间的商贸路线，日本是岛国，不与亚洲大陆相连，又谈何主导“亚欧新丝绸之路”呢？

最后，安倍的“亚欧新丝绸之路”之想法，其根本目的是牵制中国的发展，这与中国推动的“新丝绸之路经济带”构想有着本质不同，另外，那也偏离了土耳其自身的战略设想。土耳其建设博斯普鲁斯海峡海底隧道，从连接亚欧交通基础设施入手，是为了吸引来自中国、日本以及其他各国的投资来为土耳其经济发展服务，土耳其是难以做到配合日本做遏制中国的“地缘政治角色”的。另外，日本“热络”与土耳其的关系，怕只是一种“一厢情愿”，土耳其的最大外交目标是加入“欧盟”，尽管入盟之路崎岖，但土耳其从未放弃这一目标，此次的博斯普鲁斯海峡海底隧道贯通，其实也有进一步拉近与欧盟距离的考虑。而日本想的却是把土耳其也纳入“遏制中国”的阵营里，难免与土耳其的外交大目标相悖，此种南辕北辙的想法，只会令日本的设想落空。

何谓“积极和平主义”

（2013年10月30日）

“积极和平主义”——这是日本首相安倍晋三近来一段时间频繁提起的一个词语。“积极和平主义”这一概念，最早是在今年9月25日安倍在美国智库“哈德逊研究所”发表演讲时提出的，随后，安倍又在联合国大会做发言时“正式”向国际社会推出了这一概念；之后，安倍又在出席APEC峰会与东亚系列峰会期间向一些国家首脑谈及“积极和平主义”；而10月15日，安倍在日本国会发表施政演说时，也特意强调了“积极和平主义”；10月23日，安倍在日本共同社加盟社编辑局长会议的联谊会上再次强调：“日本今后将对世界和平与稳定进一步负起责任，积极的和平主义才是21世纪日本的招牌。”

对于“积极和平主义”这一概念的含义，安倍自己的解释是，“日本以更胜以往的和平与稳定的力量而存在，以与国际社会的协调为支柱，以日本努力为世界的繁荣与和平做出的无可置疑的业绩和不可动摇的评价为根基”，对于他的解释，说得通俗一点就是，“日本要以全新的面貌为国际社会做出更大的贡献”。

不过，联系到近期日本大批国会议员（包括现任阁僚在内）参拜靖国神社，以及安倍自己坦言“想去参拜靖国神社的心情至今没有改变”，还有安倍放言的“如果诸位想称我为右翼军国主义者，我悉听尊便”这些事实，让人不禁对安倍宣扬的“积极和平主义”感到怀疑。

笔者认为，安倍选择在这段时期，大力鼓吹“积极和平主义”，有以下几层含义：

首先是为安倍内阁现在正极力推动的解禁集体自卫权铺路造势。解禁集体自卫权、推动日本自卫队可以自由行使集体自卫权，是安倍内阁的一大重要目标，但目前要达到目的还有不少困难，这种困难一是来自执政盟友公明党的掣肘与阻挠，二是源自其他在野党的牵制以及无法忽视的日本普通民众的反对意见，在这些困难与障碍存在的前提下，安倍要想放手通过修改宪法或者通过重新解释宪法而使禁止行使集体自卫权的规定有所松动，短期就有落空的风险，于是，迂回一下，折中平衡各方意见，提出一个表面上能为各方所接受的“积极和平主义”，就是一个妥当的选项。这个“积极和平主义”，听上去，好像没有与任何的“行使武力”挂钩，但这实质上是一种“温水煮青蛙”的渐进式“行使集体自卫权”。在“积极和平主义”中，关键是“积极”一词，这个“积极”内涵丰富，可以有多层引申，既是日本自卫队大力参与联合国维和行动（PKO），又是日本大力向发展中国家提供政府开发援助（ODA）；既是日本以维护“国际海洋秩序”为名大力派遣自卫队舰艇出巡国际海上重要交通要道，又是日本以维护“日美同盟”为名，配合美军扩展在太平洋甚至在印度洋上的利益；既是日本以中国、朝鲜等邻国的“军事威胁”为借口，乘机加强日本与盟友合作研发尖端武器的力度，使得日本禁止出口武器及相关技术的“武器出口三原则”名存实亡，又是日本以扩大与增强联合国安理会的机能为由，继续游说各方改革安理会，以实现其跻身安理会常任理事国的梦想。

其次是为安倍提出的“强韧日本”而充实内容。这个“强韧日本”不仅是要从内部振兴日本经济，还要从外部，即日本所处的周边与国际环境着手，也即用“积极和平主义”做配合。比如，安倍在出席文莱举办的东亚系列峰会期间，就提出过“南海航行自由”问题，表示“非常关注东盟与中国之间的南海行为准则（COC）的磋商结果”，而按照“积极和平主义”的解释，所谓的“南海航行自由问题”将有可能使安倍以“积极和平主义”为名联合东盟部分国家（如菲律宾与越南等）在南海结成对抗中国的“统一阵营”。

最后是为日本的能源安全着想。安倍在纽约联大提出“积极和平主义”

的同时，也在联大会议间隙会晤了伊朗总统鲁哈尼，日伊首脑举行会晤，这是近年来非常罕见的事情，而安倍与鲁哈尼会谈时，谈及了敏感的伊核问题，安倍表示为了和平解决伊核问题，日本将做出力所能及的贡献，日本突然加强与伊朗的关系，用上“积极和平主义”的解释，可以解读为，主要是为确保日本能源安全着想，安倍打算通过为“和平”解决困扰国际社会多年的“伊核问题”做贡献，而使日本颇为倚重的中东海湾地区能源进口安全得到进一步保障。

安倍"好战言论"不能得逞

（2013年10月29日）

10月26日，安倍晋三在接受美国《华尔街日报》专访时称，日本应在亚太安全领域发挥领导作用，日本愿意为全世界做出更大贡献，而其中日本为全世界做出更大贡献的一个重要方面就是在亚洲对抗中国。10月27日，安倍又在陆上自卫队阅兵式上讲话中强调，将加强进行警戒监视及情报收集活动，要丢掉只要具备防卫力量就能起到威慑作用的想法，继续探讨集体自卫权的行使，加紧离岛防御。这些"好战言论"，出自日本政府首脑之口，不能不引起国际舆论的高度注意，包括中国在内的亚太地区各国，不得不深刻思考，安倍的"好战言论"究竟意欲何为？

首先，这是在美国总统奥巴马先前由于国内因素而缺席亚太地区的两场重要峰会后，亚太地区出现"美国力量在亚太地区收缩"的舆论背景下，日本的战略"冲动"使然。在日本看来，奥巴马曾经信誓旦旦地说要"重新向亚太地区倾斜军力"，而今奥巴马缺席亚太两场重要峰会，很明显是对自己誓言的"食言"，说明亚太地区再重要也没有美国国内情势更重要，在美国虚开重视亚太地区的"空头支票"的情况下，日本觉得，中国"抢了很大的风头"，亚太地区不能让中国"独领风骚"，日本也要显示在亚太地区的实力，在日本心里，绝不情愿看到中国与东盟、韩国、印度、澳大利亚及新西兰等亚太国家的关系走得更近，所以，日本要迫不及待地"亮明"自己的态度——承担亚太地区安全保障职责的"非日本莫属"（在美国缺席或者能力不足的前提下）。

其次，安倍通过树立中国这个“地缘政治对手”，为日本扩张军力、扩展地区霸权寻找最好的借口。从去年年底重新上台至今，安倍已经当政十个多月了，期间，安倍发现，国内反战和平的声音很强，修改“和平宪法”的阻力很大，于是乎，安倍就要在外部找“对手”、找“靶子”，以便为解禁集体自卫权、扩张军力找到最有力的托词，同时人为地塑造“地缘竞争对手”，可以为日本营造一种“风雨欲来”的战争氛围，这种氛围营造得越浓厚，对行使集体自卫权、扩军备战就越有利，到时候，不解禁集体自卫权都不行，因为，眼看着“竞争对手”越来越强大，日本再不“加紧备战”，就有被“压垮”的危险。

再次，安倍有着更深的、更长远的战略打算，如果说“安倍经济学”欲使日本脱离长达20多年的“经济沉沦苦海”，那么，“安倍政治学”就是安倍欲使日本真正走出长期“不正常”的历史阴影，通过否定侵略历史、参拜靖国神社、设立日本版的“国家安全委员”（NSC）、修改“和平宪法”、重新解释宪法、解禁集体自卫权等一连串动作，以为日本最终走向政治、军事独立，成为一个如同其他大国那样的独立充分行使外交与国防权力的大国而铺路搭桥，尽管安倍目前还在极力强调日美同盟的重要性，但安倍等日本政要明白，日美同盟并不能管日本“一辈子”，未来，若日本想要真正成为一个“响当当”的大国，日美同盟这个拄了多年的“拐杖”，必须要扔掉。

最后，受中美元首美国加州庄园会晤、构建“中美新型大国关系”的“刺激”，或者是某种“嫉妒”吧，安倍特别担忧将来美国再来一次尼克松式的“越顶外交”，届时，日本必然特别被动，与其将来“被动”，莫如现在就早做“准备”，在亚太地区高擎地区“领袖”大旗，以一种“舍我其谁”的“领军者”自居，并且辅以各种军备装备的“跟进”，以备不时之需。

安倍的种种打算与图谋也可谓“处心积虑”，不过，这种种的盘算，到底能实现多少呢？与其处处树敌，不如亲仁善邻。安倍最好做的，莫过于以平和的姿态，诚心看待周边邻国，做一个建设性的合作者。

新能源开发将是“重塑日本”的契机

（2013年10月18日）

“福岛核事故”已经过去了两年零七个多月，但日本仍在为如何彻底消除福岛核事故留下的重重隐患而头疼不已，如今，处理福岛核事故的核污水依旧在向大海渗漏，福岛近海的海水被核污水污染的威胁依旧难以完全解除，福岛核事故的阴云依旧笼罩在日本福岛地区以及整个日本，包括安倍内阁在内的全日本上下，不应该被东京能够举办七年后的奥运会而冲昏了头脑，日本须冷静思考，也不要再犹犹豫豫，应该对日本的“核电”何去何从，做一个明确的结论。

连日来，日本前首相小泉纯一郎一连串“去核电”的发言引发了日本舆论的很大反响，10月16日，小泉在一次公开演讲中再次强调了自己的“零核电”主张，他认为，即使是“零核电”日本也能充分实现经济增长，“应将东日本大地震的危机化为契机，制定易于参与太阳能和风能等替代能源计划的政策，如果日本政府和自民党制定零核电方针，大部分国民都会配合，世界也会以日本为榜样”。小泉纯一郎，这位日本政坛昔日的“怪人”，他当政时一度以鼓吹大力开发核电而著称，如今小泉一反常态，主张日本“零核电”，这不能不引起安倍内阁以及日本社会的深刻反思。

其实，早在民主党执政时期的菅直人内阁就鉴于福岛核事故的惨重教训，曾经提出过“零核电”战略，后来的野田佳彦内阁也打算提出“到21世纪30年代实现零核电”。但安倍晋三重新执政后，对民主党政府的“零核电”政策不置可否，直到今天，安倍内阁提出准备制定新的日本能源战略却是“只闻楼梯响、不见人下来”，新的能源战略迟迟不能出台，而且安倍本人对“核电政策”做模糊处理，不说“去核电”，也不说“继续大力发展核电”，给人一种“云遮雾绕”的感觉。

如果要给安倍“核电模糊政策”做个解释的话，不外乎是两点：一是高举“安倍经济学”大旗的安倍，为了能实现其“要完全推动日本经济走向复苏、重现日本经济辉煌”誓言，必须要得到日本经济界人士的支持与配合，而日本经济界大佬则极力支持日本继续发展核电，所以安倍不愿冒得罪“日本经济大佬”的险而使“安倍经济学”中途触礁；二是日本普通民众特别是福岛灾区民众希望彻底去核电，以为子孙后代永绝核电后患，以诺贝尔文学奖得主大江健三郎为代表的“反核电”人士，持续游行示威，反对日本政府重启核电，坚决主张日本“零核电”，面对日本汹涌的民意，安倍作为首相，不能不有所顾忌。一方面，安倍面临着经济界人士鼓动重启核电站的压力，但另一方面，民意的威力也不可忽视，这就使得安倍认为，以平衡各方意见的“核电模糊政策”对其巩固执政更为有利。

如果说，德国在彻底反省“二战”侵略历史方面是日本值得学习的榜样，那么德国在能源改革方面，也是日本值得借鉴的对象。2011年福岛核事故后，德国面对日本遭受的巨大核事故的沉痛教训，断然决定进行能源改革，提出到2022年，德国完全放弃核电，并且到2050年，可再生能源发电量占总发电量的80%。德国“说到就要做到”，到2012年上半年，德国可再生能源发电量已占到总发电量的25%以上，其中，贡献最大的就是风电，占比9.2%，生物能占5%，太阳能占3.3%。

与日本一样，德国也是西方工业发达国家，德国的能源改革之路可以迈出，为什么日本就不能呢？或曰，日本为何在能源改革之路上踟蹰不前呢？当然，能源改革之路不会是顺利的，有时会风险丛生，但晚一天，也有晚一天的风险，越晚，越有风险增加。

在种种理由中，日本可能会举出，日本工业分布结构与德国不一样，日本国情与德国不一样，日本能源本土蕴藏与德国不一样，甚至可以举出，日本政治外交情况与德国不一样，日本所处的周边外交环境与德国更不一样，等等。诸如此类，总之，日本可以举出一堆理由，来搪塞针对日本不能迅速推行能源改革的指责。其实，说不能进行能源改革，总能找到不能改革的理由，不是说安倍内阁不能进行能源改革，而是安倍内阁“不愿为也”。

小泉纯一郎的“零核电”主张，一石激起千层浪，安倍内阁中已经有几位要员提出反对意见，但反对归反对，日本能源战略改革，终究是需要启动改革之路的。

风能、太阳能、水能、地热能等新能源是全球社会共同享有的可再生能源，而且这些新能源都是取之不尽、用之不竭的，日本今后也应该在大力开发这些新能源上下功夫。

一是日本要发挥四面环海的地缘优势，大力开展海上风力发电技术，海上风力可持续性很强，可以弥补陆地风力随季节波动的缺点，目前日本要做的可以是尽快开发适宜近海与深海的不同的风力发电技术，并且开发出既可以排除夏秋季节台风干扰、又可以在其他季节都能充分利用风力的风力发电机技术。

二是日本要发挥日本水力、地热资源非常丰富的地理优势，大力开发水电、地热能发电。日本作为火山岛国，地热资源量约为2347万千瓦，是全球第三大地热资源国，而且，日本全国河流众多但流程短且水流湍急，适于水力发电，日本的这些地理优势是其他国家所不拥有的，这为日本发展水电、地热发电等留下了潜在的可以充分发挥的空间。

另外，日本近海海底，分布着丰富的“可燃冰”，今年3月，日本宣布，已成功从近海地层蕴藏的甲烷水合物（俗称可燃冰）中分离出甲烷气体，成为世界上首次成功实施海底可燃冰提取采集天然气的实验，目前“可燃冰”的开采仍处于试验阶段，开采成本非常高，开采技术非常复杂，未来日本如果能研发出成本低、安全高效的“可燃冰”开采技术，可以使日本成为“可燃冰”大国。

毋庸讳言，日本开发新能源，前景与优势并存，但风险与困难也俱在，而且，日本开发新能源要像德国那样，本着平和、不急躁、有步骤、有计划的态度，重要的是不要抱着嫉妒与嫉恨他国的态度，去合理、合法、有序地开发新能源。

日本能源外交战略调整意味着什么

（2013 年 10 月 15 日）

日本能源外交战略走到了一个新的“十字路口”，笔者提出这个观点，可能会显得有点突兀，但这是因为“形势比人强”，日本的能源战略确实到了该“改弦易辙”的时候了。

10月13日晚，在日本东京国会大厦周围，约有四万民众在国会前集会示威，抗议日本政府核电再启动计划，要求日本实现“零核电社会”。而就在此前的9月15日晚，日本大饭核电站4号机组（位于日本福井县大饭町，是日本全国唯一尚在运转的核电机组）由于须进行定期检查而停运，大饭核电站4号机组的停运，标志着日本今后一段时间进入了“零核电”时期，日本非常可能以“零核电”状态度过今年这个冬季。

其实，与普通日本民众坚决反对核电、支持日本“零核电”的鲜明态度相比，对于安倍内阁而言，“零核电”是苦涩与无奈的，“零核电”——意味着必须再次依赖火力发电，而火力发电对日本这个本土缺乏油气的国家而言将是沉重的负担，因为，那必须从海外大量进口石油天然气，才能维持支撑日本经济与社会正常运转的火电发电燃料。

“积极开展能源外交”，这是安倍内阁解决日本能源危机的不二选择。安倍内阁今年以来是四处出访，其中出访的要义之一就是寻求拓展石油天然气进口渠道，安倍已经两次出访中东（接下来在10月底还要第三次出访中东），出访俄罗斯、东南亚各国与蒙古，拉拢与中亚国家的关系，明年年初还要出访能源资源丰富的非洲大陆，所有这一切的访问，关键词当然不外乎是"能源"。不过，这些外访，都是继续日本历届内阁的能源外交思路，并不能说是有什么突破与转折，而真正可以说得上"转折"的是，9月下旬安倍对加拿大与美国的访问。

安倍出访加拿大的重头戏是与加拿大洽商进口加拿大出产的页岩气，而就在加拿大的邻国美国，近两年，则发生了翻天覆地的"页岩气革命"，加美两国都在大力生产页岩气，这对于日本来说，会是能源外交战略的转折点，日本与北美地区加大新型能源——页岩气合作力度，将意味着：

一是日本可以以扩大进口美国出产的页岩气为切入点，充实日美同盟关系框架的内涵，对目前安倍正在推行的加强日美关系起到"润滑剂"与"助推剂"的作用。10月3日在日本召开的日美2+2会议，提议强化日美同盟关系，但如果细说日美两国强化同盟关系的内涵，"页岩气"当是日美两国强化关系的纽带，美国正在不断扩大页岩气生产规模，而日本则在不断寻找便宜与便捷的油气进口来源地，既然日美要强化同盟关系，日美加强页岩气合作将是顺理成章之事。就在今年5月，日本多家能源企业与美国马里兰州、得克萨斯州等地签订了页岩气开发和供应协议，美国将从2017年起向日本出口页岩气制液化天然气，年供应量达1470万吨，相当于日本液化天然气需求量的20%。

二是日本以从北美地区进口页岩气为由，加强在太平洋海域的军事存在。在日本看来，从美国与加拿大进口页岩气必须经过太平洋，而以保护太平洋海域进口能源船只的安全为名，可以乘机在太平洋海域某些岛屿加强雷达等通信监控设施，而此举将会起到"一箭三雕"的作用：日本以太平洋海域会发生不测为借口，为现在日本正在急欲解禁的行使集体自卫权寻找合适与充足的理由；太平洋海上关键航线向来是美国海军的"势力范围"，这可以加强日美同盟关系；正好可以遏制中国向太平洋上发展，挤压中国正常向太平洋海域扩展的空间。10月6日，日本防卫大臣小野寺五典视察了远离日本本土、但处于太平洋海域要冲的硫磺岛，表示要尽快在硫磺岛上建立通信监控基地，以加强对进出太平洋的周边邻国机舰的监控，尽管小野寺五典没有明言是针对哪个国家，但所谓的“监控”，极有可能是中国。

三是日本若把能源外交战略重心放在北美地区的话，太平洋海域将会变得“不太平”，日美会以各自的“理由”而把“太平洋”视作日美共同的“势力范围”，将严重威胁到亚太地区的安宁。10月5日，日本外相岸田文雄在出席APEC外长会议时提及“确保区域航行自由”的事情，而所谓的“确保区域航行自由”，其实就是排他性地确保“日本自己航行自由”，具体到太平洋海域，就是首先确保日本与美国的航行自由，而事实上，浩瀚的太平洋海域，大部分是公海海域，对于其他任何国家都有符合国际法前提的航行权利与自由。

日本能源外交战略的调整，本来就不应该牵涉到其他国家，特别是中国，但日本若是以调整能源外交战略为名，暗地里却做的是遏制、牵制中国的恶事，那这个“能源外交战略的调整”还不如不调整。“行大道而利天下也”，日本调整能源外交战略，若能行得了“大道”，当也能有利于日本与亚太，但若“走小道”，怕是“夜半临深渊”。

日本举办“海上交通安全研讨会”意在扩大行使“集体自卫权”范围

（2013年9月30日）

9月24—26日，日本外务省召集印度洋与太平洋沿岸的13国负责人首次举办了以“如何确保海上交通安全”为主题的国际研讨会，这是日本首次举办涉及“海上交通安全”的大型国际研讨会。而与此同时，日本首相安倍晋三在出访美国纽约期间表示，修改与允许行使集体自卫权及联合国集体安全机制相关的宪法解释并不局限于“地理概念”，将以确保日本的国民生命安全为前提进行讨论。针对行使集体自卫权，安倍晋三于美国当地时间9月25日下午在纽约发表演讲时称，修改宪法解释以解禁集体自卫权的目的是使日本变成“为世界的和平与稳定更积极做出贡献的国家”，安倍表示自己决心使日本成为“积极和平主义国家”。

出席此次“海上交通安全”国际研讨会的共有13个国家，包括吉布提、也门、孟加拉国、斯里兰卡、肯尼亚、印尼、马来西亚、缅甸、菲律宾、泰国、越南、汤加与巴布亚新几内亚，如果把这些国家连成一线，也就是“亚丁湾—孟加拉湾—马六甲海峡—南海”，很明显，这是一条连接印度洋与太平洋的海上航线，是包括中国、韩国与日本在内的东亚地区的关键海上经济贸易路线。

日本《读卖新闻》9月26日报道指出，日本政府认为，在修改宪法解释以行使集体自卫权时，除考虑到应对日本盟国武力攻击的情况外，还将涵盖保护通向中东能源航线等“对日本安全有重大影响的事态”，其中假设会出现某些突发事件，例如，海湾的霍尔木兹海峡遭到水雷封锁时，日本将与中东各国联合扫雷等。《读卖新闻》的这条新闻分析，可以非常好地证明安倍在美国纽约所说的“不能从地理概念排除地球另一边的情况，而应从是否关系到日本国民的生命、财产和国家利益的角度来考虑问题”这句话的含义，安倍这句话的玄机就是，因为日本原油进口有80%以上都需经过“海湾—马六甲海峡—南海”这条海上航线，海湾地区的任何危机都有可能严重影响日本的安危，所以，日本行使集体自卫权的地理范围应当以对“日本安全”的影响为标准，再说得透彻一点，也就是，日本行使集体自卫权的范围应该涵盖从印度洋到西太平洋海域的海上关键交通航线，而不应该局限在“日本周边”这个小小的范围内。

到此，我们就可以明白：日本之所以如此重视与紧盯着“亚丁湾—孟加拉湾—马六甲海峡—南海”这条海上航线，当是与这条航线所处的地缘战略地位以及这条航线可以轻易当作日本行使“集体自卫权”最便捷的一个“切入口”有着密切联系。而日本联络印度洋与太平洋沿岸13个国家召开“海上交通安全”研讨会，其目的也不外乎是，拉拢印度洋与太平洋上主要海上航线相关国家，以“加强海上交通安全合作”为名，以挤压中国正在远洋国际海域行使正当权利的空间，当然，更重要的是，日本可以借此次研讨会，试探国际社会对日本正在“跃跃欲试”谋划在海外行使集体自卫权的反应。

“今后，日本要与美国一起，建立印度洋与太平洋世纪”，这是安倍晋三9月25日在美国一家保守智库发表讲演时所说的，日美共建“印度洋太平洋世纪”，言外之意，是不是“印度洋与太平洋”是日美共同的“势力范围”呢？

如果，在接下来的半年多时间内（或者更长时间内），安倍内阁最终获得了能够允许行使集体自卫权这一特殊权力，那么，日本作为一个海洋国家，行使集体自卫权将对日本海洋战略有着深远的影响，这种影响，如果不断“外溢”，将会直接牵涉到中国，因为随着中国与世界各国联系的日益加深，中国在印度洋与太平洋（这两个大洋是与中国经济发展和国家利益有密切联系的)上往返的经贸船只会不断增多，日本配合美国行使集体自卫权，尤其是配合美国的舰艇在印度洋与太平洋上行使集体自卫权，如果遇到突发事件，例如海湾或者马六甲海峡遭遇海盗等恐怖分子袭击、印度洋沿岸某国内乱引发国际社会干预等，日本有可能为了配合美国行使集体自卫权而对海上关键航线进行重点派兵，这明显是对中国在海上贸易利益的牵制与制约，到时不排除"讨价还价"，无形中增加了日本对华外交的谈判筹码。

鉴于未来日本解禁行使集体自卫权有可能导致国际形势(特别是印度洋与太平洋海域)变得更加复杂，中国应该提高警惕，未雨绸缪，做好各种应对准备。首先，在联合国这个世界上最大的最权威的多边外交舞台，向世界各国说明日本解禁集体自卫权的野心，向世界各国说明一个"完全不懂得反省侵略历史"国家是无权解禁集体自卫权的，而且一个"不懂得侵略历史为何物"的国家更不应该去"奢谈"什么"进入联合国安理会常任理事国"。其次，中国也应该广泛联系印度洋与太平洋沿岸相关友好国家，向国际社会宣示中国是和平、科学利用海洋，是为人类的共同家园——海洋做出自己应有的贡献。另外，中国也应该适时扩大海军舰艇远洋训练的力度与范围，在未来海上关键航线遭遇突发事件时以备不时之需。

日本申奥成功后应该优先处理福岛核事故

（2013年9月9日）

9月7日，日本东京赢得了2020年夏季奥运主办权，但在日本上至高层、下到普通民众“欣喜若狂”之余，日本应该冷静思考，申奥成功后，究竟最优先处理的事情是什么？一边是首都东京在高歌庆祝，另一边是位处日本东北地区的福岛第一核电站的核污水仍在不断泄漏，而核污水泄漏事故已经引发了日本渔民的不断抗议，甚至韩国政府决定，将从9月9日起全面禁止进口福岛县等日本共计8个县的水产品。针对福岛核污水泄漏问题，安倍在阿根廷首都布宜诺斯艾利斯国际奥委会申奥会场上，当着全体国际奥委会的面，信誓旦旦地说日本政府一定能够有效处理福岛核污水泄漏事故，但须知，2011年3·11福岛核事故的灾难，日本至今仍未处理妥当，目前的核污水泄漏事故，只是当初核事故的继续，距离东京奥运会主办仅有七年时间，这七年时间里，面对福岛核事故纷繁复杂的局面，日本政府真的能做到妥善处理吗？真的能兑现诺言吗？

按照安倍内阁的政策思路，所谓的妥善处理福岛核事故，很可能沦为空话。

那首先是因为安倍的主要心思并不是放在如何处理福岛核事故上，安倍想的是，东京申奥成功，充分证明了自己领导的内阁“有方”，自己更有可能成为长期执政的首相，而在“长命首相”的美梦“激励”下，安倍当下最想做的是修改宪法解释、谋求获得允许行使集体自卫权，能够“耀武”于海外，这才是安倍心中最想实现的事情，那个上届内阁遗留下的福岛核事故的"棘手问题"，既然非常难以处理，还不如"能躲就躲"呢。

其次是因为，安倍觉得，既然东京申奥成功，那么，东京包括日本全国在内，能借着东京主办奥运的"东风"，刮起"奥运基础设施建设的风暴"，从而促进国内投资消费热潮，以便乘机扭转日本持续20多年的经济不景气局面，如果真能使日本走出"通货紧缩"的泥潭，那么，安倍正在推行的"安倍经济学"就能成功，"东京主办奥运"不啻是"安倍经济学"的又一支"利箭"。在日本政界、经济界忙着利用"奥运经济旋风"分利、获利的情况下，谁还想顾着距离东京其实不远的福岛的核事故安全?

再次是因为，安倍心里很明白，所谓的处理福岛核事故，那是遥远的梦想，即使安倍能够长期执政，或者三年，或者五年，但在安倍任期内，恐怕处理福岛核事故都是一件"神马都是浮云"的事情，既然乌克兰境内的切尔诺贝利核电站事故距今27年时间都难以完全处理得当，那么，福岛核事故才不过是两年多点时间，到距离能真正妥善处理不知还需要多长时间，这是一个"未知数"，算是算不出来的，与其这样艰难应对，索性"能拖则拖"吧。

不过，安倍如果抱着"多一事不如少一事"的态度去应对福岛核事故的话，将会是大错特错、遗恨终生的。

福岛县居民就厉声质疑东京申奥的动机，因为东京奥申委主席竹田恒和在阿根廷布宜诺斯艾利斯召开记者会上竟然这样说：东京与福岛相距甚远，东京是安全的。而深受福岛核事故之苦的福岛居民强烈批驳称，"东京安全就行了吗?"，"这是歧视啊"。而所谓以强调"东京之安全来印证东京举办奥运之安全"的逻辑，其实就是说明了"福岛现状很严峻"，"福岛核事故"难以完全妥善处理。

安倍内阁申奥是成功了，但申奥陈述的理由却未免叫人有一种"掩耳盗铃"的感觉，"东京距离福岛很远、东京非常安全"，听起来非常动听，但"掩住耳朵"，并不能盖住"被盗铃声的响起"，东京申奥成功并不能掩盖福岛核事故的惨象，东京举办奥运并不能挡住距离不远的福岛核污水的不断泄漏。

既然，东京已经申奥成功，那么，安倍内阁最应该做的事，就是赶紧制定切实可靠的对策，去控制福岛不断泄漏的核污水，福岛核事故确实非常棘手，但鉴于日本是沿海国家，而海洋是永远流动的，海洋的污染会牵涉到全球人类，福岛核污水的每一滴泄漏，都会最终滴到大海里，每一滴滴到大海里的核污水，都会给全人类留下或多或少的威胁，所以，日本及时处理福岛核事故，不仅是对日本负责，更是对全人类负责。如果安倍以申奥那般的激情与精力去处理福岛核事故的话，福岛核事故也不会越弄越大；如果安倍以“解禁集体自卫权”那般的孜孜以求去处理核事故的话，福岛核事故也不会越来越难以处理，关键是，安倍内阁“不作为”也“不愿为”也。

东京距离福岛约是250千米，250千米，绝不能用“遥远”一词来概括东京“远离威胁”，

“福兮祸所伏”，东京申奥是“福”，但福岛之“祸”并不遥远，“祸福相依”，期望安倍内阁能担当起福岛核事故处理的重责。

安倍战败日谈话就是发出"战争信号"

（2013年8月16日）

8·15——日本军国主义宣布无条件投降的日子，日本首相安倍晋三在这个严肃的历史日子里，却并没有对往昔日本军国主义曾经犯下的累累罪行进行反省与悔悟，在日本政府举办的"全国战殁者追悼仪式"上致辞中，安倍抛弃了自1994年时任首相村山富市以来历任首相均在致辞中提及日本对亚洲各国的"加害责任"并表示反省的内容，更令所有亚洲受日本军国主义残害的受害国人民遗憾的是，以往每年首相致辞中都会提及的"不战誓言"今年则在安倍致辞里被罕见地"省略掉"了，而就在安倍致辞的同时，则是日本大批的国会议员以及三位内阁大臣"浩浩荡荡"地去靖国神社"拜鬼"。安倍的"省略性"发言，大批右翼政客的"拜鬼"，反映出了什么呢？

2013年的8月15日，是日本战败68周年的日子，本不是一个"逢五逢十"的年份，作为日本首相，安倍本应在2015年日本战败70周年时再发出一个"与众不同"的发言来，但就是在今年的8·15，安倍已经"迫不及待"了，他要赶紧发出他的"信号"——日本要重走扩充军备、准备战争的老路，他要和之前的日本首相明确区别开来，他就是一位"特殊"的首相，他要带领日本完成"历史使命"（安倍8月12日在其老家山口县所言），这个"历史使命"包括修宪、"自卫队"变成"国防军"、自卫队能够行使集体自卫权，其中"扩军备战、军事自主"则是这一历史使命的"核心要义"。

战争，是残酷的，特别是侵略战争，更是伴随着屠戮与血腥。8·15，当年的日本裕仁天皇选择这一天做出了无条件投降的决定，68年过去了，悠悠历史长河，日本应该做的是，静静地坐下来，就选择8·15这一天，冷静思考日本过去所做的非正义的一切，思考那场荼毒了受害国无数无辜的生命、毁掉了受害国无数家庭的侵略战争，思考那场驱使无数日本士兵走向战场、最后泯灭人性的军国主义思想的根源，思考日本发动侵略战争的残暴，思考日本丢弃战争念想，思考日本彻底放下屠刀、真心与亚洲和解……

但是，如今的日本首相——安倍晋三，却是距离冷静的思考越来越远了，他在往“穷兵黩武”的危险之路上奔去。“兵者，诡道也”，但要知，“兵者，危道也”，踏上“兵者之路”，易也；但一旦哪一天，要想回头，则难也。

时移世易，在当今的世界大势面前，想踏上“兵者之路”，想带领日本走向“武备兴国”的安倍，必然会得不偿失，必然会碰得“头破血流”。

邻国外交“搞不好”的日本，何谈“兵者之路”？进入21世纪以来，特别是近几年，由于日本右翼保守主义思想泛滥，在历史问题与领土问题上与中国、韩国和俄罗斯纠结不断，与中韩两大邻国同时处于僵局的关系，是日本近邻外交的最大败笔，可能在日本“穷兵黩武”者眼里，“远交近攻”是一种“满足感”，但“近攻”并没有多少成功之处，连“远交”也没能带来多少好处。

盟主美国心里也对日本不放心，何谈“兵者之路”？从小泉纯一郎到今天的安倍晋三，日本的首相都将紧傍“美国大哥”作为军备重新崛起的“不二法宝”，但太平洋战争的硝烟、珍珠港偷袭的耻辱，美国不会完全忘记，当安倍政权，口口声声要为“二战”历史翻案时，要否掉“二战”战后的国际秩序，那美国往哪儿摆？否掉“二战”结果，也就是否掉了日本的盟主美国，想要颠覆“二战”胜败顺序的日本，“兵者之路”如何走得顺利？

日本国内至今不能完全恢复景气的经济形势，何谈“兵者之路”？长达20余年的日本不景气经济形势，至今还在徘徊打转，安倍扬言要让“安倍经济学”带领日本走出经济泥淖，重新使日本成为经济强国，但一个“兵者的日本”与“经济的日本”是矛盾的复合体，在经济尚未拔出泥潭，就要急速走上“兵者之路”，岂不是自相矛盾？安倍妄想，“军工产业复兴”成为刺激日本经济摆脱“通缩”之路的“偏方”，但这种实质上的“军备扩张”，其实是拖累日本经济走出泥淖的绊脚石，"军工产业"并不是日本经济的"强心剂"，反而是日本经济的"迷魂药"。

安倍曾经说过要建立一个"美丽的日本"，但这个"美丽的日本"，是一个奉行和平、中立、友善、彻底悔悟侵略战争的日本，而不是一个口头上标榜"美丽"，内心里、实际上又要蠢蠢欲动搞军备扩张、否定侵略历史的日本。

一个真心融入欧洲、成为欧盟发动机之一的德国，之所以被欧洲甚至全世界衷心接纳，乃是德国从心底里、从行动中、从里到外、从形式到内容都在彻底与过去的纳粹罪恶历史决裂，完全从纳粹德国的梦魇中走出一个跟过去侵略历史不一样的德国，与欧洲和解，融入欧洲，成就了今天的德国。反观日本，至今不知自己身处在哪一个"洲"，日本好像不觉得自己是"亚洲"国家，日本虽地处亚洲，但"心"却离亚洲非常遥远，身在亚洲"心在外"，这种连自身"洲性"都搞不懂的国家，肯定也搞不懂、也从不愿意去搞懂自身曾经经历过的罪恶的历史，还硬往"兵者之路"上狂奔，这样的日本只能说是绝顶的"悲剧"。

“出云”早已死，“参拜”更无用

（2013年8月8日）

每逢8月，对于日本来说，都是躁动不安的时期，原因不外乎是，“8月”这个字眼会触痛日本那些不愿意看到“战败”的人的内心，于是乎，一些铁杆“军国主义狂”就以“参拜”来暂时“麻醉”他们内心的“空虚”，而今年的“8月”，似乎给那些“军国主义狂”带来一点“刺激”，这些刺激既包括首相大人默许“军国主义狂”去放心参拜战犯，更包括昔日的“出云”又“重出江湖”，一时间，喧喧闹闹，好不“精彩”。但旁观者清，冷眼静瞧，所谓的“出云”不过是一具“僵尸”，“出云”早已死去68年矣，而那些看似“虔诚”的对战犯的“膜拜”，更多是“瞎忙一场”，无用矣。

表面上看，搬出“出云”这具“僵尸”与参拜供奉有甲级战犯牌位的靖国神社，二者之间联系不大，但如果把二者放在“8月”这个大背景下来观察，就会明白一点，这是日本右翼保守势力在“借尸还魂”，他们心思谋着，既然以安倍为首的保守阵营已经“坐稳了江山”，那么，趁着这个“大好时机”，赶紧搬出“出云”以“告慰”那些在靖国神社的战犯，寻思着择机复辟“军国主义政权”。

美梦很美，但美梦如烟，风来即逝。

放眼整个西太平洋茫茫海域，若回溯到70多年前，西太平洋海域游弋的可能还多是日本帝国的军舰，但70多年后的今天，日本妄图再现“出云”曾经称霸西太平洋海域的盛景，恐怕已是“痴人说梦”。掌握西太平洋的制海权，当年是日本“帝国海军”的“独门密钥”，但如今，日本保守政权妄图再次夺取西太平洋制海权，已是此一时彼一时也。

掌握制海权，一需要充足数量的大型舰艇，且舰艇还须配备充足的先进的攻击性武器；二需要建设一些配备充足后勤保障设施的海上基地；三需要国内充足的经费、人员与物资供应；四需要国内外成熟的条件、机遇与时机。结合上述四个因素，日本是否完全具备？即使是70多年前，日本也没有完全符合上述因素，何况是今天的日本——至今还在经济不景气的泥淖中挣扎。另外，关键的是，日本不是一个“正常”的国家——一个没有彻底反省侵略战争罪责的战败国，拿什么去全部满足上述四个掌握制海权的因素呢？

正是因为日本目前没有完全具备掌握制海权的因素，但日本却在处心积虑、“信心满满”地张罗着要掌握西太平洋制海权，这就是其中的悖论、怪事了。是什么内在动因驱使着日本在“磨刀霍霍”、打造战舰呢？

一是日本右翼势力目前急需一个精神象征，而且这个象征还是现实感很强的东西，要能看得见、摸得着，能给日本以安慰和力量；二是日本右翼势力急需一种心理慰藉，通过心理安慰来求得某种自我满足。而“出云”“复活”再加上“参拜战犯”，就可以达到这两个目的，至少也是获得了些许“精神胜利”。

但这不禁让人感到好笑。拿一艘曾经被美军炸沉到海底的军舰的名字来给新下水的军舰命名，就以为可以再现昔日“出云”的“威风”，就以为可以再次在西太平洋海域“耀武扬威”，这是典型的“战争狂想症”，要抑制这种“战争狂想症”就得给患了这种病症的“右翼分子”以迎头猛击，让他们警醒、清醒。

幸运的是，不管日本右翼分子多么的“兴高采烈”，“出云”可能“借尸还魂”，但“出云”不可能“再现武力”。

当近日中国海军军舰编队成功地完成西太平洋海域军事演习之际，就是对“出云再现”的最有力回应，西太平洋海域是公海，不是哪个国家的私物，中国军舰有权在西太平洋海域进行正常的训练，而中国军舰在西太平洋海域常态化的训练，就是打掉了“出云再现”的妄想。

近日，美国国会调查局的一份报告表明了对日本日益右倾化的担心，报告认为，日本右倾化激化了东北亚的紧张形势，将有损美国在该地区的利益，美国的担心不无道理，就连其亲密盟友都这样担心，可见日本的所作所为，已经超出了盟友美国的界限，美国也已忍无可忍。须知，昔日的“出云”就是被美军炸沉的，葬身海底的“出云”，如今“重出”，美国作何感想？而最大的可能就是，美国不愿意看到，一个能威胁到美国西太平洋制海权的“出云”再现。

新加坡前资深领导人李光耀在其刚刚出版的新书中认为，对日本的未来感到“极为悲观”，而“极为悲观”的原因是日本“人口骤减”，试想，一个右翼思想横行、右翼势力逐渐膨胀的日本，根本想不到“人口骤减”下的日本还哪来的闲心去再现“出云”。“出云”早已死、“参拜”更无用。愿日本深思。

妄言“效仿纳粹德国”的日本难言“邻国外交”

（2013 年 8 月 1 日）

日本安倍内阁的二号人物——副首相兼财务大臣麻生太郎日前在公开演讲中大放厥词，竟然要求日本要像当年纳粹德国“不知不觉”地修改魏玛宪法那样，“静悄悄”地去修改日本战后宪法，听闻麻生的发言，不觉令人大吃一惊，须知，在德国，公开发表有关支持纳粹的言论是要负刑事责任的，而在当今日本，身为前首相、现任内阁重臣的麻生，堂而皇之地以纳粹德国为“榜样”，鼓动日本修宪，却不是一件“丑事”，用内阁官房长官菅义伟一句轻描淡写的“麻生发言的用意何在应由其本人解答”就能轻易打发。而麻生的怪论，反映出日本政坛的现实——有关日本军国主义的右翼思潮，不仅不是一种错误，反而还是一种“英雄的做法”，且这种做法还因为能激励日本回归“正常”而得到“喝彩”。

就在麻生发表奇谈怪论的同时，日本外务事务次官斋木昭隆正在中国访问，以寻求改善对华关系的渠道，而安倍晋三首相几天前在出访东南亚期间，还在急切期待着早日与中国举行首脑会晤，这可真是自相矛盾。一方面是麻生历史复辟的“妄言”，另一方面是急切盼望改善处于僵局的对华外交，在这种极端矛盾的扭曲心态下，日本又何谈重新构建“邻国外交”？

仍旧处在参议院选举大胜旋涡中的安倍内阁，恰似被胜利冲昏了头脑，号称是“坐稳”了江山的安倍内阁，以为借着“权力安稳期”，就可以“放手一搏”了，所以，麻生选在此时此刻，发表一番“谬论”，既是麻生本人一贯右翼史观的使然，又是安倍内阁“本来面目”的暴露。

本来，按照计划，安倍晋三是在根据参议院选举的结果来判断他何时具体推进早已策划好的“修宪复兴大业”，安倍的“设想”可能有三种：一是理念优先，即先行从实施修宪扩军等高端政治领域入手；二是政策优先，即继续放手实施“安倍经济学”的第三支箭——经济增长战略；三是理念与政策交替进行，即在判断内外形势的前提下，有时是理念优先，有时是政策优先，有时可能是理念与政策同时并进，即修宪扩军与经济发展政策一起推进。

目前看来，可以推断，安倍实施第三种设想的可能性很大，这是因为，如果盲目推进“修宪扩军”，肯定会使“安倍经济学”有所滞后，而“安倍经济学”一旦不能带来实效，就很可能会拖累安倍内阁的民意支持率，导致安倍内阁中途垮台。不过，如果安倍内阁只是埋头于发展经济、意图扭转日本长期经济不景气的局面，那么，执政党自民党内与其他日本政坛的右翼保守势力就会看不惯，右翼势力就会在自民党内对安倍施压，如果安倍失去了右翼保守势力的支持，安倍内阁也会出现不稳局面。在理念与政策二者都不能“独轮前行”的情况下，安倍必然会选择“双轮并行”的路子，既要求“安倍经济学”获得成效，又要不失时机地实现自己“修宪扩军”的野心。

那么，安倍的第三种选择——理念与政策交替进行，真能如安倍所愿，顺利推进吗?

难也，否也。

安倍前几天在出访东南亚三国期间，反复谈及与中国和韩国举行首脑会晤的可能性，而他的东南亚之行，也想通过加深与东盟国家的关系来反衬和倒逼中国与韩国，安倍想的是：中韩不是不与我举行首脑会晤吗，我现在还有东盟这些传统伙伴，我在东亚并不孤立。其实，安倍这么想，只能映证出他内心的虚弱，试想，连与中国、韩国这两个对于日本的地缘政治影响极大的国家的关系都搞不好的内阁，现在仍旧一意孤行，妄图重走军国主义法西斯老路，幻想着能够“理念与政策双丰收”，岂不知，当安倍内阁走“经济政策”优先道路时，还真有可能找到改善与中韩两大邻国关系的门路，而当安倍内阁走“修宪扩军”与“经济政策”并行的道路时，或者干脆执意走“修宪扩军”的黑路时，想要改善与中韩两国的关系，简直是老牛上树、难上加难。

麻生的“效仿纳粹修宪论”，不是安倍内阁的“灵丹妙药”，如果安倍听信了麻生的“妄言”，自己一再想要与中韩两国举行首脑会晤的愿望，必然会落空，麻生的“妄言”，只是送给日本重构近邻外交的“一剂毒药”。

“中期选举”胜选后的安倍应该做什么

（2013年7月22日）

7月21日，日本参议院选举落幕了，正如选前日本各大媒体所预料的那样，安倍领导的自民党获得了压倒性的胜利，安倍也一雪了六年前（2007年7月）自己在参议院选举中失利造成的“扭曲国会”的耻辱，这个长达六年的“扭曲国会”曾经是日本“一年一换相”政治丑剧的要因之一，而今，安倍自己去除了自己留下的“扭曲国会”魔咒，从而为自己今后成为一名长期执政首相“预留”了很大的“空间”，但是，对于“中期选举”胜选后的安倍来说，不要步前几任“短命首相”的后尘已不是一件难事，而最重要的是，处于大胜后“狂喜旋涡”中的安倍，究竟应该朝哪个方向走，究竟应该做些什么事，究竟怎么做才能对得起选民对他及自民党的信任。

如果安倍以为，挟参议院大胜后的“余威”，就可以触碰“修改日本和平宪法”这一禁忌；或者，安倍认为，自己已经打好了长期执政的基础，现在可以为所欲为了，参拜靖国神社、修改“村山谈话”、颠覆“二战”后形成的国际秩序、成立“国防军”、大幅增加军费开支、在和邻国的历史与领土争端中继续奉行强硬保守立场等，如果安倍照此做下去，那么，结局绝不会如安倍所期望的那样“顺风顺水”，反倒是，结局很惨、后果难料。

就在参议院选举投票前几天，安倍就在曾经遭到原子弹轰炸的长崎的国际电视台访谈节目中公开说，要修改宪法第九条，把自卫队定位为军队，如今，参议院选举已经获胜的安倍，如何对待已经施行了66年保障日本和平的

“和平宪法”，将是包括日本在内的世界舆论关注的焦点。

其实，安倍“动了”“和平宪法”，就如同在“太岁头上动土”：对内，日本如今的执政架构是“自民党与公明党两党联盟”（自公联盟），公明党虽说是自民党的执政盟友，但公明党向来对修宪持谨慎态度，与安倍的“修宪论”一直保持距离，如果安倍执意要修宪，那么，就如同是分裂了执政联盟，因为如果公明党赞同修宪，就违背了公明党的政纲，而如果公明党不配合安倍的修宪计划，或曰，公明党与安倍领导的自民党在修宪上“唱反调”，“自公执政联盟架构”也就有垮塌的危险，如果公明党退出与自民党的联合执政架构，那么，安倍引以为傲的“政权基础巩固”也就大打折扣，“自公联盟”一旦崩溃，安倍期望的长期政权，焉能长存？

对外，日本“和平宪法”是在美国的“特别关照”之下制定与施行的，“和平宪法”与美国有着千丝万缕的联系，安倍“动了”“和平宪法”，美国做何感想？不知安倍有无思量过。尽管说安倍修宪的核心是修改第九条，以便为允许日本行使集体自卫权、配合美军战时需求而铺路，但行使集体自卫权是把双刃剑，表面上是为战时“助美军一臂之力”，实则是日本为自己做“战争松绑”，失去了“战争锁链捆绑”的日本就是一只挣脱了牢笼羁绊的“猛兽”，这只“重获自由”的猛兽，一定会反咬曾经把自己装进牢笼的“美国”，“养虎遗患”“放虎归山”，这个道理难道美国不懂？安倍修宪，美国不会永久保持沉默，当哪一天，美国发现安倍修宪的真正意图时，必然会打压“铤而走险”的安倍政权。日美关系史一再证明了，日本哪个政权不按美国意旨行事，或者有脱离美国的倾向，哪个政权也就不能长久下去。

以为巩固了执政基础的安倍，在内政安稳的情况下，就可以在对外关系上特别是对邻国外交上继续逞强到底了，殊不知，安倍对邻国的“逞强示硬”，本身并不能证明自己有多么强大，这是典型的“外强中干”，一个连邻国外交都处理不好的安倍，一个连“远亲不如近邻”这个基本道理都不懂的安倍，国内要想维持长期政权，恐怕还得仔细掂量掂量，因为，安倍的“邻国外交”是四处树敌的外交，安倍的“邻国外交”是妄图颠覆战后国际秩序的外交，这种外交传递到日本国内就是“扩军备战”，当日本普通民众发现，自已通过选票选出的安倍政权并不能给自己带来生活幸福，反而可能会把自己拖进战争深渊当中去时，那么，当下次大选到来时，安倍领导的自民党政权就会被选民抛弃。

中期选举胜选后的安倍，应该做的、应该善始善终的是“安倍经济学”，此次安倍能够获胜的主要因素是日本选民对安倍执行半年的经济政策的肯定与信任，既然安倍收获了选民对自己推行的经济政策的掌声，那么，接下来，安倍应该继续完善经济政策中不足的部分，把“安倍经济学”执行好、发挥好，一个经济走向复苏的日本对东亚以及整个世界是有利的信号，而一个经济继续沉沦的日本将只会有利于日本偏狭右翼思潮与组织的滋生与蔓延。如果“安倍经济学”不能善始善终，而是虎头蛇尾，那么，这将是对日本选民信任的糟蹋，如果安倍不是将主要精力放在摆脱日本经济“20年萧条”上，而是信马由缰，去走那条不着边际的“修宪扩军”危险之路，等待安倍的将是日本选民的无情批判。当“安倍经济学”并不能给选民一个满意的答复时，当日本经济继续在萧条之路上徘徊时，安倍政权也就又敲响了下台的钟声。

必须消除安倍图谋夺取东海海权的妄想

（2013年7月19日）

7月17日，也即7月21日日本参议院选举的四天前，日本首相安倍晋三突然奔赴距离我国固有领土钓鱼岛仅百余公里的宫古岛与石垣岛，而这是自1965年佐藤荣作视察石垣岛后时隔48年后日本首相再次登临石垣岛，而且也是从1972年美军将冲绳管辖权交回日本后首次有日本首相踏足石垣岛，就在石垣市街头，安倍说出了其视察这两个岛的"心中话"——无论从历史还是国际法来看，"尖阁诸岛"（即我国固有领土钓鱼岛及其附属岛屿）无疑都是日本固有领土，不会考虑退让一步。而7月18日，日本内阁官房长官菅义伟在记者会上说："日本绝不能允许中国单方面开采东海油气田。"

安倍与菅义伟的前后发言，绝不是孤立的，安倍视察距离钓鱼岛很近的宫古岛与石垣岛，菅义伟对中国开采我国管辖海域的油气田说三道四，矛头都指向一个共同的区域——东海，不管是安倍在石垣岛的隔空喊话也好，还是菅义伟的声嘶力竭也罢，传递出的一个清晰信号就是：东海是日本的势力范围，日本掌控着东海的海权，中国不得染指，中国不得进入东海海域。俨然间，日本就是东海的主人，中国只配一边看。

其实，这是典型的强盗逻辑，把本不属于自己的东西硬生生抢走还信誓旦旦地说是自己的东西，甚至还诬称东西原来的主人来与自己争抢东西，呼天抢地地在众人面前假扮"受害者"，以博得众人的同情。当然，这种"阴招"几乎只有日本这样的国家可以做得出，如今，它正以这样一个"道貌岸然”的“强盗”面目出现，以在整个国际舆论面前，求得主动，让国际社会觉得是中国正在攫取日本在东海的利益。

东海，亦称东中国海，是中国三大边缘海之一，也是中国岛屿最多的海域，是指中国东部长江的长江口外的大片海域，南接台湾海峡，北临黄海，东临太平洋，以琉球群岛为界，濒临中国的沪、浙、闽、台4省市，东海的面积大约是70余万平方千米。这里要特别注意，东海最东端是以琉球群岛为界，也就是说东海必然包括我国的固有领土钓鱼岛及其附属岛屿，既然钓鱼岛及其附属岛屿是中国的神圣固有领土，那么，按照大陆架自然延伸的原则，中国与日本在东海的专属经济区所属海域的分界线就在冲绳海槽，所以，中国开采油气田是在自己管辖的海域，日本不容置喙。

长期以来，日本为了扩张自己在东海的利益，想当然地炮制了一条所谓的东海“中间线”，这条“中间线”的南端就是中国的钓鱼岛及其附属岛屿，为什么日本坚决不承认钓鱼岛及其附属岛屿是中国的固有领土这一事实，为什么日本坚称所谓的“尖阁诸岛”与中国不存在主权争议，奥秘就在这里，一旦日本完全控制了钓鱼岛及其附属岛屿，那么，就可以以钓鱼岛及其附属岛屿为基点，为日本凭空捏造的“中间线”提供充足地理依据，东海的大部分专属经济区海域就堂而皇之地被日本所控制，包括丰富的海底油气资源等在内的东海权益，日本就可以轻而易举获得。

早在冷战期间，美国等西方国家为了冷战的需要，就沿着日本列岛一路向南延伸，顺着琉球群岛、中国台湾岛直到菲律宾这个“弧形”，给中国等国进出太平洋制造了一条所谓的“第一岛链”，如今，这条“岛链”还隐隐约约地存在，为了遏制中国发展远洋航行的能力，日本为了配合美国的“亚太再平衡”战略，不遗余力地重新加固这条“岛链”，而觊觎中国钓鱼岛及其附属岛屿就是日本图谋牵制中国发展、妄图重新称霸包括东海在内的西太平洋、重新恢复占有包括东海在内的整个西太平洋的制海权等一系列战略中的重要一环。安倍视察的宫古岛与石垣岛，就是“第一岛链”的重要组成部分，安倍还声言要加强所谓的“西南诸岛”军事防御能力，其野心可见一斑，因为，宫古岛扼守着中国进出西太平洋的重要战略航线——宫古海峡，在宫古岛与石垣岛加强军力，自然能为日本监控中国通过宫古海峡的船只提供方便，遇到战事，更能成为锁住中国舰船前出西太平洋的"桥头堡"。

东海海域蕴藏有丰富的油气资源，东海海域还有我国的固有领土钓鱼岛及其附属岛屿，东海海域是保护我国东南沿海省份的天然海上屏障，东海的东南方向海域更是我国今后建设海洋强国、经略西太平洋的关键出口，故此，我国必须加强对东海海域权益的保护与维护力度。针对日本安倍内阁变本加厉地在东海海域制造紧张局势，我国应不失时机地坚决维护我国在东海海域的应有权利，坚决消除安倍图谋夺取东海海权的妄想，打掉日本妄图觊觎我国钓鱼岛及其附属岛屿的幻想。针对东海划界问题，在国际社会与国际舆论中，要大力宣传我国一贯坚持的大陆架自然延伸原则，坚决反对日本提出的所谓"中间线划分论"。

安倍之流，妄图打着小算盘，以为凭着自己在东海的小打小闹，就可以真的恢复"二战"中曾经拥有的东海制海权，而那个所谓的"第一岛链"都早已过时，安倍仅仅在石垣岛上的几句叫嚣，不足以撼动中国维护东海权益的决心，所谓的"遏制中国"也只能是天方夜谭。

日本围绕非洲的“焦急、嫉妒、恨”

（2013 年 6 月 6 日）

近日，日本召集非洲50余国的代表（其中有39国首脑出席）举行了第五届非洲开发会议，日本对举办此次会议高度重视，既是因为非洲本身日益具有的重要性吸引了日本的目光，更是因为日本内心万分焦虑，认为日本已经落后于中国在非洲开发与投资的力度，日本对非洲的影响力远远不及中国，日本想通过此次会议，进一步拉近与非洲的关系，力争扭转日本在非洲地区日益落后于中国的劣势，而日本共同社也毫不掩饰日本加强与非洲关系的战略打算——日本提供对非巨额援助的用意之一是为了在非洲与中国的影响力相抗衡。

日本之所以在举办非洲开发会议当中主要拿中国作为“参照坐标”，是以一些重要数据作为“由头”的：日本媒体指出，近年来，日本和中国在非洲的投资与影响不断拉开距离，中国对非洲的进出口贸易额达到约1300亿美元，而日本只有约250亿美元；中国有约82万人在非洲，而日本只有约8000人；中日在非洲国家设立的大使馆数量之比是50∶32。

这些数据本身不能说明问题，不能因为中非贸易额超过日非贸易额，或者中日在非洲的使馆数量不同，而得出结论说“中国在非洲影响力的上升是造成日本对非洲影响力下降的重要原因”。如果照此推断下去，可知，非洲在西方国家眼里仍旧是“资源供给地”的角色，他国不得染指，中国更是不能踏足非洲，好像只有日本等西方国家有资格增加在非洲的存在感，中国没有与非洲发展正常关系的权利。

其实，这可是典型的“己之所失乃他人之赐”的阴暗心理。日本应该好好反思，非洲经历过长期的被西方殖民的悲惨遭遇，摆脱了殖民地之苦的非洲理应获得自身应有的发展，独立后的非洲更有权利去选择适合自身经济社会发展的合作伙伴，西方抱着那种“让非洲继续作为西方经济的附庸”的扭曲心态的时代应该一去不复返。日本应该理性思考，为什么非洲义无反顾地选择中国作为主要经济合作伙伴？是中国感同身受，设身处地为非洲着想，是中国真心把非洲看作患难与共的兄弟国家，不带任何私心地真诚帮助非洲获得长足发展，中非成为合作伙伴是中非双方相互选择的结果，有其必然性。

当中非双方合作步伐不断加快时，包括日本在内的西方国家有股严重的不适应感，在日本等西方国家看来，中国投资非洲，主要是冲着非洲丰富的能源资源而去的，中国是在施行某种意义上的“新殖民主义”。存在这种心理的日本等西方国家，绝对是带着“有色眼镜”看待中国的，在这副“有色眼镜”下，凡是与中国有关的，或者凡是中国正在进行的某件事，都会有“冒犯西方之嫌”，中国进了曾经西方的后院——非洲，日本等西方国家自然会万分不舒服，这种“不舒服”反映在日本身上，就表现为焦虑、嫉妒甚至心生忌恨了。

说日本心中万分焦急，甚或嫉妒，不是说日本是想非洲国家之所想、急非洲国家之所急，而是说日本着急的是，怕赶不上非洲这趟快车从而失去在非洲的利益，或许在日本心里，还想着的是，如果日本在非洲得不到利益，那么中国作为日本在亚洲的邻国，最好在非洲也得不到任何利益，而中国现在与非洲关系处在蓬勃发展之中，日本心生嫉妒，觉得中国抢了日本在非洲的风头，本来，投资开发非洲“非经济大国日本莫属”。

“焦急、嫉妒、恨”，围绕着非洲开发问题，这一本不具有纠纷争端的问题，日本却为此与中国纠结，还把非洲作为与中国“斗法”的最新舞台，值不值得呢？当然不值得了，纯属空耗时间，把一个与中国争夺非洲利益的“子虚乌有”的“问题”正经化，本来是件很可笑的事情，而日本真还当了回事，只能说是非常“悲哀”了。

非洲是块美丽神奇的大陆，非洲国家期盼着发展与强大，中国带着诚挚之心去援助非洲，换回的是非洲人民衷心的拥护；而日本藏着制衡中国之心、掖着从非洲捞取私利之心，只会什么也得不到。

安倍从西南围堵中国的图谋不能得逞

（2013 年 6 月 1 日）

在5月的最后一周里，日本首相安倍晋三一口气地与缅甸和印度两国的首脑穿梭会演了“外交秀”，先是安倍晋三于5月24—26日出访缅甸，紧跟着的是印度总理辛格于5月27—30日访问了日本，可以发现，在安倍搞的这两场“日缅、日印”外交秀中，缅甸与印度都与中国西南地区毗邻，而且缅印两国还是邻国，日本同时加强与中国西南方向的两个邻国的关系，恐怕不是巧合，明显带有牵制与干扰中国发展的图谋，不过，尽管安倍有遏制中国之“心”，但不能有阻遏中国发展之“实”。

安倍之所以突然对缅甸、印度两国表现出浓厚兴趣，绝不是一时心血来潮，而是与他本人一贯推行的“价值观外交”路线有着密切的联系。安倍在他第一次出任首相期间，就曾经提出过“价值观外交”思路，但当时的安倍匆匆辞去首相职位，致使“价值观外交”销声匿迹了几年，去年年底安倍重新上台后，“价值观外交”又被他捡了起来，而且进入今年以来，“价值观外交”的势头有愈演愈烈之嫌。

所谓的“价值观外交”，简单来说，就是加强与日本在自由、民主、法治与社会制度等方面相同或相近的国家的关系，以牵制或制衡中国的发展。在日本眼里，缅甸与印度就是日本可以从“价值观”视角密切双方关系的重要拉拢对象国，而且，缅甸与印度又恰好都与中国相邻，借助缅甸与印度之力从中国西南腹地插入一根“楔子”，就可以起到遏制中国发展的作用。

当然，安倍热络与缅印的关系，“价值观外交”只是切入点，而地缘政治考量才是安倍加强与缅印关系的真正战略目的。缅甸地处南亚、东南亚与中国西南地区的结合部，自古就是沟通这三地的战略通道，而缅甸的西面与南面正对着孟加拉湾（印度洋的一部分）；印度国土的最南端深深地嵌进浩瀚的印度洋，正扼守着“波斯湾—霍尔木兹海峡—马六甲海峡”这条日本海上能源运输关键航线，尤其是，缅甸最南端的丹老群岛、印度最东端的安达曼—尼科巴群岛正好处于东亚海上能源运输咽喉要道——马六甲海峡西北角的入口处，缅印两国占有印度洋海上地缘战略要冲，关系着日本从中东非洲进口能源资源海上运输航线的安全，如能提升与缅印两国的关系，一则可以确保日本能源运输的安全，二则可以从战略层面对中国起到潜在的牵制作用，因为，中国也须从中东非洲进口能源资源，也须经过印度洋海上能源运输航线，如果印度洋海上航线突发战事，日本可以乘乱牟利，对中国海上能源输送“使绊设障”。

安倍的“小九九”倒是打得不错，但想达到遏制中国发展这个深层目的还是有非常大的困难的。

先看看缅甸，缅甸近两年为了国家经济发展需要，拓展了与美国、英国等西方大国的关系，当日本看到美国加强与缅甸关系的时候，就急不可耐地也跟在美国后面向缅甸展现“笑脸”，这自然是体现了日本外交的根本——日美同盟关系，但也说明了日本外交的“势利”，日本发展对缅关系，不是真正为了缅甸经济发展，而是“见风使舵”，觉得可从缅甸找到利益之需，这种“利字当头”的对缅关系，一旦缅甸哪天发现日本的真实目的，日缅关系不可能向深层次发展。中缅关系源远流长，素有“胞波情谊”之美誉，中国发展与缅甸的关系不带私利，是为了缅甸经济社会的发展，更不是针对哪一国。相信缅甸会明智地判断到底是谁在无私帮助缅甸发展。

再看看印度，印度是“不结盟运动”创始成员国之一，长期奉行反帝、反殖、中立、不结盟、不参加大国军事同盟的外交政策，近年来，印度受东亚地区经济快速发展的吸引，转而实行“向东看”外交政策，日本不过是印度“东向国家”中的一员而已，就共同牵制中国这点来说，印度与日本存在着“温差”，印度不会为了牵制中国而与日本结成某种程度的“同盟关系”，印度不会冒着失去中国这个比日本更大、更重要的经济合作伙伴的风险，而去吸引日本的投资或取悦日本，印度觉得，失去中国的成本比失去日本的成本更为巨大。

缅甸与印度都不想为了日本而去火中取栗，缅甸与印度懂得，即使冒险火中取到了“栗”，但“栗”会被日本抢了去，得不偿失的事，缅印不干，既然拉不动缅印，那安倍打算从西南围堵中国的图谋注定不能得逞。

"安倍经济学"给日本经济埋下隐患

（2013 年 5 月 24 日）

日本财务省22日公布的4月贸易统计初值显示，贸易逆差为8799亿日元（约合人民币527亿元），连续10个月呈现贸易逆差。究其原因，日本首相安倍晋三上台后推行的激烈的货币宽松政策——"安倍经济学"起了推波助澜的作用。

化石燃料进口价格高涨除了国际能源价格高企的因素外，最直接的因素是安倍大搞货币宽松致使日元不断贬值，对非常依赖化石能源进口的日本而言，日元贬值不是一剂良药，日元贬值带给能源匮乏的日本的是能源进口价格居高不下，而能源进口价格上涨，不可能抑制过高的贸易逆差，所谓的"安倍经济学"将给日本经济埋下大的隐患。

今年1月以来，安倍晋三大刀阔斧地推行打上"安倍"烙印的新经济政策，核心措施——疾风暴雨的货币宽松政策。在安倍眼里，只有推行大胆的货币宽松政策、加上人为设定的"2%的通胀目标"，以刺激民众消费与企业投资为手段，才能最终使日本走出长期的通缩困境，摆脱日本经济长期低迷的状态。

在"安倍经济学"中，安倍只看到了"量化宽松"的好处，没有看到"印钞机开动"后的麻烦。确实，在一轮轮"量化宽松"的浪潮中，日本出口增加了。但出口的增加并不意味着进口的减少，"量化宽松"下产生的大把日元钞票并不能抵销能源进口价格上涨带来的贸易逆差局面。

日本能源的现状，对“安倍经济学”接下来的走向绝非福音。福岛核事故造成的惨烈影响的后果目前尚未完全消除，日本大部分民众对安倍意欲重新启动核电站的动向持谨慎态度，对于曾经依靠核电提供电力的日本来说，核电的突然消失，意味着像火电这样的常规电力的增加，也意味着电价的大幅上涨，而电价的上涨，不仅给企业扩大产能带来掣肘，同时电价上涨的负担将直接转嫁到普通家庭身上。

当各个企业经营业绩的提升并没有给普通工薪阶层的收入带来任何影响时，电价的上涨，对工薪阶层来说，就是一笔不小的开支；工薪阶层没有多余的收入去购物消费时，“安倍经济学”中的“促进民众消费”岂不成了空话？

不知是安倍一时的疏忽，还是安倍故意的忽视，在“安倍经济学”中没有关键的“能源”的内容，这实在令人不解。日本目前正陷入“日本式能源危机”当中：核电发展滞后、油气进口激增、能源安全风险增大。处于能源危机的危险状态，“安倍经济学”应以如何解决能源危机为要务，思考如何规划未来日本能源的结构，如何彻底解决福岛核事故的后续消极影响；如果单纯地以为“量化宽松”就是医治日本不景气经济的万能良方，那就大错特错了。

“安倍经济学”真正应该尽早出台的措施是制订日本能源战略计划。首先是对日本争议最多的核电做个彻底交代，是保留还是废除，是有限发展还是彻底封存，必须给日本民众以及国际社会一个明确说法。其次是对传统化石能源的进口有个合理安排，而不是四处出击，且这种“出击”不能以中国等国作为“零和博弈”的对手，视中国为日本能源外交的对手，到处搅局中国的能源外交，对日本没有好处，只能是徒耗时间。

当安倍晋三最终发现，“安倍经济学”没有更好地确保日本能源安全，没有有效降低日本能源进口价格，没有扭转日本贸易持续逆差的局面，“安倍经济学”也将是“昙花一现”“盛景”不再。

日本低估中国在俄外交天平上的分量

（2013年5月17日）

近日，日本首相安倍晋三对俄罗斯进行了访问。日本急欲谋求发展与俄罗斯的关系，不外乎有两个目的：从确保日本能源安全的角度出发，想要获得俄罗斯远东丰富油气资源的稳定进口；打破日俄岛屿争执处于僵局的现状，尽快解决"北方四岛"的归属问题。

第一个目的，从日本的角度来衡量，众所周知，日本是一个能源地质蕴藏非常贫乏的国家，开展与俄罗斯的能源合作关系也属自然；但是若论第二个目的，那就不是单单纯纯地解决领土纠纷这样的国际关系中的普通现象了，日俄间的岛屿归属纠纷，涉及的是"二战"后期反法西斯战争以及"二战"后的国际秩序与机制等重大国际问题，日本如要解决日俄岛屿归属纠纷，那先得从解决日本自身的历史认识问题入手。

日本在领土主权与历史认识问题上，常常是令人难以置信的"自相矛盾"与"南辕北辙"的态度。一方面，日本坚持在"北方四岛"领土主权上不让步，另一方面，日本却又在涉及"北方四岛"的"二战"历史问题方面遮遮掩掩，极尽掩盖与回避之能事，这又如何与俄罗斯谈论"谋求解决'北方四岛'问题突破口"呢？这只能是自欺欺人了。

就在安倍通过加深与俄罗斯总统普京"私人友谊"以便培育解决领土争执的氛围的同时，日本却在打着另一个如意小算盘——联合俄罗斯以便从地缘政治上牵制中国，而这是日本加紧与俄罗斯发展关系的另一层含义，这个“联俄制华”，也是日本媒体兴高采烈地期待安倍访俄取得成果的重要原因。

在安倍看来，“联俄制华”与“北方四岛”之间存在着某种必然联系。安倍之所以希望与俄罗斯加深合作以便能够遏制中国在亚太地区不断上升的影响力，就是为了分散俄罗斯在南千岛群岛上投注的注意力，俄罗斯在南千岛群岛上的注意力分散了，或者说转移到了中国身上，那么日本就能加大与俄罗斯在领土谈判桌上的筹码，为将来北方领土面积划分更多地倾向日本创造条件。

不过，日本的这一盘算又会落空，因为，安倍过分自信了，过分低估了中国在俄罗斯外交天平上的分量。中俄两国之间，不管是中国在俄罗斯外交排序中的位次，还是俄罗斯在中国外交排序中的位次，都是非常靠前的，最起码也超过了日本在中俄两国外交排序中的位次。日本妄想在中俄两国地缘政治棋局中打入一根“楔子”，以便撬动中俄战略关系，这肯定是不行的，在中俄地缘政治战略这个大棋局中，日本这根“楔子”，显得还是太脆了些。

日本加速右倾只会损害自身

（2013年5月10日）

最新一期的香港《亚洲周刊》刊文认为，日本由于近来一系列右倾举动已经成为"亚洲最大麻烦制造者"。这话可谓是一语中的，完全切中了日本的要害。不仅是曾经受到日本残酷侵略战争蹂躏的亚洲受害国人民会对日本的右倾行为感到义愤填膺，而且整个国际社会都会为日本的右倾言行感到分外错愕与讶异。日本的一系列右倾言行，不仅仅给亚洲制造麻烦，也将会给日本自身发展带来灾难。

近来日本的一系列危险右倾言行主要包括：安倍晋三内阁的几名要员和168名国会议员参拜供奉有"二战"甲级战犯牌位的靖国神社；安倍晋三本人在日本政府公开举办的"4·28主权恢复日"纪念仪式会场上高声三呼"天皇陛下万岁"，在国会答辩时竟然宣称"侵略无定论""有关侵略的定义会因国与国关系中各国所处立场不同而不同"；安倍晋三内阁正在紧锣密鼓推进修改战后日本"和平宪法"；安倍晋三欲否定1995年时任首相村山富市发表的反省侵略战争的"村山谈话"精神，还计划另起炉灶发表一份新的"安倍谈话"等。

仔细分析上述日本的右倾言行，可以发现，其要表现的核心要义与欲达到的目的是一致的，那就是，日本根本没有发动过侵略战争，日本想要恢复到"二战"前的帝国称霸时代，日本还要完全挣脱罩在头上的"战败国"金箍，

“特立独行”发展军力与扩大国际政治影响力。

殊不知，当日本政坛的右倾言行愈演愈烈时，日本也就离走向“毁灭”的道路不远了。

殷鉴不远，历史是一面镜子。当“二战”的硝烟已经远去，日本仍沉迷于往昔历史不能自拔时，只能说明日本还活在过去，日本特别想走出战败历史阴影，但活在过去的日本永远走不出历史。

既然走不出过去的历史，那么，已经被右翼保守势力“绑架”了的日本安倍内阁，其所言所行，必会付出惨痛的代价。

停留在过去历史的日本将无法得到国际社会的接纳。众所周知，“二战”以后形成的一整套国际秩序的中心内涵就是坚决制止旨在发动消灭主权国家的侵略战争等一切非正义战争，日本不思悔改过去发动的侵略战争，只会与“二战”后形成的国际秩序与国际机制相冲突与抵制，是逆整个国际潮流而动的“反历史”行为，这种违背人类社会基本道德道义的“反历史”行为，自然会被国际社会所唾弃。

停留在过去的日本将难以得到真正稳妥的经济、社会与民生发展。“二战”以后，日本在战后“和平宪法”框架的约束下，得以一门心思发展经济，成为经济强国。“二战”过去68年了，日本如今放着好好的经济发展不谈，转而想修改战后“和平宪法”，欲恢复往昔的《明治宪法》（即“二战”前的日本旧宪法），这本身就是对日本已经取得经济成就的自我践踏，是拿日本普通民众开玩笑，是置日本经济、社会与民生发展于不顾，开历史倒车，将会使日本已有的经济成果付诸东流，因为，一旦开动军备扩张机器，再强的经济实力，也会被军备竞争拖垮。

停留在过去的日本将不可能开展有利于日本与亚洲及世界的外交。一个国家立于世界，必然要开展外交，而停留在过去的日本，其所开展的外交行动，也必将是严重扭曲的与变味的，在已经扭曲与变味的外交条件下，日本的国际发展空间将会越变越窄，乃至会“画地为牢”，没有哪个国家愿意与其交往。人而无信，不知其可也。一国如果不讲国际信用，仍旧停留在以前的错误历史中，连何谓“侵略”都搞不懂或者也不愿意搞懂，那这种国家何谈“信用”？不讲信用的国家，只会是越来越孤立，成为货真价实的“孤家寡人”了。

“悬崖勒马，可谓大智矣。”但愿此话能对日本有所触动，如果日本不顾周边邻国以及国际社会的一再警告，继续往危险的边缘滑行，那么，只会加速损害日本自身，右翼迷梦必将破碎。

参议院选举胜利后的安倍内阁将走向何方

2013年7月21日，日本举行了第23届参议院选举，执政的自民党与公明党联盟获得了压倒性的胜利，自民党共赢得65个议席，大大超过改选前的34个议席，并创现行制度实施以来的最多纪录，包括非改选议席在内重返参议院第一大党地位。再加上表现稳健的公明党，执政两党确保了过半数议席（122席），由在野党控制参议院的“扭曲国会”局面宣告终结。而就在此次参议院选举之前，最令人关注的是“扭曲国会”局面，而所谓的“扭曲国会”（即日本众参两院分别由执政党与在野党控制）则是安倍晋三本人领导的执政党自民党在六年前——2007年7月的参议院选举中失败后造成的，特别耐人寻味的是，正是安倍本人造成了“扭曲国会”局面，而今又在安倍本人的带领下一举打破了这个困扰日本政坛多年的怪圈。众所周知，这个怪圈可是直接造成日本“一年一换相”政坛破局的罪魁祸首。参议院选举后，“扭曲国会”局面终结，未来三年，日本不会再有国会选举，届时，如果安倍晋三能够使日本走出“20年经济泥淖”，抑或安倍本人不出现什么意外的话，安倍晋三很有可能成为继小泉纯一郎之后日本近年来第一位能够长时间执政的首相（三年左右），不过，安倍是一个强硬的持保守观点的鹰派首相，安倍若能长期执政，将会对日本的内政外交带来深远影响，安倍内阁领导下的日本将走向何方？这将是包括中国在内的整个国际社会今后关注与思考的焦点问题。

一、参议院选举前安倍就"鹰派动作频频"

进入2013年7月以来，日本保守政坛又开始了新一轮鼓噪与"上蹿下跳"，但这回鼓噪与蹿跳的声音与动静还特别大，一是针对的对象很单一——中国，二是做文章的地点瞄准了东海，三是历史问题与扩军备战不断相互交织，不过，无论日本政坛表演与作秀如何"精彩"，其总导演——安倍晋三——还只是"孤芳自赏"，安倍自恃"曲调"很高，但应者寥寥。

这场由安倍任总导演的日本"攻击中国秀"，是从7月3日日本政府抗议中国在东海建设油气开采设施开始的；而在7月7日（中国人非常敏感的"卢沟桥事变"的日子）那天进入了高潮，安倍在当天公开说出"日本也有自己值得自豪的历史，希望各国相互尊重"这样一句有关历史认识问题的令人震惊的话，这句话自然是说给中国听的；紧接着，7月9日，日本又发布了2013年版《防卫白皮书》，该《防卫白皮书》"火药味"浓厚，充满了歪曲中国的话语，用相当大的篇幅分析了中国国防状况，特别强调"日本面临更为严峻的周边安全环境的主要原因是中国造成的"。不仅如此，7月10日，安倍还变本加厉地声称"中国为了在尖阁（即我国的固有领土钓鱼岛及其附属岛屿）获得更多的海洋权益而利用历史认识问题，历史认识和外交是两个不同的问题，中方却将历史认识化为外交问题。"

7月17日，也即7月21日日本参议院选举的四天前，日本首相安倍晋三突然奔赴距离我国固有领土钓鱼岛仅百余千米的宫古岛与石垣岛，而这是自1965年佐藤荣作视察石垣岛后时隔48年后日本首相再次登临石垣岛，而且也是从1972年美军将冲绳管辖权交回日本后首次有日本首相踏足石垣岛，就在石垣市街头，安倍说出了其视察这两个岛的"心中话"——无论从历史还是国际法来看，"尖阁诸岛"（即我国固有领土钓鱼岛及其附属岛屿）无疑都是日本固有领土，我们不会考虑退让一步。而7月18日，日本内阁官房长官菅义伟在记者会上说："日本绝不能允许中国单方面开采东海油气田。"

二、参议院选举后安倍的"政治野心"

摆脱了"扭曲国会"束缚后的安倍，其政治野心必然会膨胀，在安倍心里，有三件事要做。

第一件事是修宪，修改1947在美国授意下制定的战后"和平宪法"，长期以来都是日本右翼保守政客的梦想，因为这部宪法的核心——第九条，明文规定，日本放弃交战权，正是这部宪法，才保证了"二战"后日本能够一门心思放手发展经济，使日本在20世纪60年代末就跻身世界经济强国，但"和平宪法"的灵魂——日本保持和平、不拥有武力——这点是日本右翼保守政客所绝对不能容忍的。当日本经济还称雄于世界时，右翼势力还能蛰伏一时，但当日本经济从20世纪90年代后期起陷入长期衰退后，曾经的经济强国的光环不再，特别是同处于亚洲的邻国中国已经超过日本跃升成为世界第二大经济体后，日本的右翼保守势力已经是坐卧不宁，在日本眼里，难于接受中日两国并肩共处亚洲的事实，于是，修改"和平宪法"，特别是如果能够修改第九条，使日本成为一个能够合法拥有交战权的国家，那么，日本就能重新扩军备战，重新成为一个军事大国，这样，军事大国的"辉煌"就能一时掩盖经济长期不景气所造成的"虚弱"。从家世背景、从政路程来看，安倍晋三都是一名保守政客，他在2006年第一次担任首相期间，就曾经图谋修改宪法，但那届安倍内阁短命，修宪的野心也就搁置，如今，安倍已经"一雪前耻"——参议院选举胜利、"扭曲国会"消除，修宪的野心在他心中肯定是蠢蠢欲动。参议院选举结束后，安倍马上出访了东南亚的马来西亚、新加坡与菲律宾三国，在出访三国期间，安倍都谈及了修宪，从中可见，安倍心中对修宪的"高度期待"。

第二件事是谋求能够行使集体自卫权，所谓集体自卫权，简单说就是指同盟国美国受到攻击时将之看作对日本本国的攻击而进行反击的权利。1981年，日本政府在国会答辩书中决定"日本拥有这一权利但宪法不允许行使"，该解释维持至今。安倍之所以极力谋求日本能够允许行使集体自卫权，是因为，"行使集体自卫权"与修改"和平宪法"二者之间存在着非常密切的联系，修改宪法，就是修改“非战、和平”的这一核心条款，而修改宪法，可不是一件易事，也不是一朝一夕就能如愿，鉴于此，就得从“行使集体自卫权”入手，而且“行使集体自卫权”更显得急迫、更显得“冠冕堂皇”。近几年，日本认为，来自朝鲜的核与导弹问题是对日本非常大的威胁，而中国海上军力的增强，对日本来说也是很大的压力，美国正在亚太地区实行“亚太再平衡”战略，美国军力逐渐向亚太地区倾斜，日本作为美国的盟国，有必要、有义务为美国做“贡献”，但日本战后以来长期奉行“专守防卫”的防卫政策，如果遇到突发战事，碍于宪法的规定，不能帮助美国解决“突发危机”问题，所以，必须打破日本“专守防卫”的规定，日本必要时也能行使“集体自卫权”。当然，安倍所谓的“谋求解禁集体自卫权”只是一种变相的“迂回策略”，其真实目的乃是为修改宪法铺路，当“行使集体自卫权”获得日本国内（从舆论到国会）完全同意后，修改“和平宪法”也就去除了不少障碍，既然能够配合美国“集体自卫”，又焉能不使日本拥有“交战权”？

第三件事是修改“二战”侵略历史，参拜靖国神社、发表一份有别于“承认日本殖民与侵略亚洲的村山谈话”的“安倍谈话”。安倍2012年9月在重新当选为自民党总裁后，就曾说过，对第一次担任首相期间没能参拜靖国神社而悔恨至极，2013年4月，安倍更是在国会答辩时说“作为安倍内阁，不会原封不动地继承村山谈话”，在2015年“二战”结束70周年时准备发表一份新的“安倍谈话”。所谓的“安倍谈话”，其精神内涵自然是模糊甚至矢口否认日本曾经在“二战”期间犯下的累累罪行。而发表于1995年的“村山谈话”，是以“二战”结束50周年为背景，时任首相村山富市发表的关于反省日本侵略战争的谈话。村山说：“殖民统治和侵略给许多国家，特别是亚洲各国人民带来了巨大的伤害和痛苦，为了避免以后发生错误，毫无疑问，我们应谦虚地接受历史事实，并再次表示深刻的反省和由衷的歉意，同时向在这段历史中受到灾难的所有国内外人士表示沉痛的哀悼。”尽管其后日本历届内阁都表示继承“村山谈话”精神，但在右翼保守势力眼里，“村山谈话”无异于“屈辱、自虐的谈话”。在安倍晋三心中，推翻“村山谈话”那种“自虐史观”，发表一份打上安倍烙印的“安倍谈话”，以能够使日本重新再现“帝国日本”时的荣景，向“为日本献出生命的人士保持敬意”而去参拜靖国神社，是安倍心中长久的“梦想”。

三、安倍“政治野心”的用意

从安倍的“政治野心”不难看出，其对准的目标主要是中国，无论是修宪、扩军，还是修改历史谈话，其借口的主要外部威胁也是中国，安倍“二次执政”以来，处处以中国为牵制与攻击对象，在安倍眼里，中国就是日本“重新强大”的“绊脚石”，中国就是日本扩军备战的“主要针对国”。

从参议院选举前的“攻击中国秀”，到参议院选举后安倍紧急出访东南亚三国，都可以看出，日本是“黑白颠倒”“无中生有”或曰“恶人先告状”“倒打一耙”，故意制造紧张局势，一时间，风声鹤唳，东亚局势也是变数陡增，这不禁让世人追问，安倍导演的这一连串闹剧，究竟为何？

首先，这是以安倍为首的日本右翼政客，不甘心看到中国发展壮大，不甘心日本沦为“二流国家”，以一种近似变态的“吃醋”心态看待中国，中国正常的光明正大的一举一动，在日本眼里，都是某种“威胁”，且必欲把这种“威胁”消除而后快，而当看到无法阻止中国的发展壮大时，特别是奈何不了中国的发展时，日本就会“无中生有”，人为制造紧张局势，故意喊出“狼来了”，以此吸引国际舆论注意，以此博取国际社会的同情，把本来是毫无根据的捕风捉影非要说成是“有根有据”，把“无理的”说成是“有理的”，以便混淆国际视线，乘机浑水摸鱼。这在近日日本热炒的中国建设东海油气开采设施中表现得尤为典型，所谓的“东海中间线”，根本就不存在，但日本“无中生有”硬要说是中日在东海的“分界线”，把中国在自己管辖海域进行的正常开发活动说成“中国侵犯了日本的海洋权益”，这只能说是日本在“胡搅蛮缠”“无理取闹”。

其次，这是以安倍为首的日本右翼政客，继续沉迷于日本军国主义过去的“辉煌”而不能自拔，以为通过掩饰过去的侵略历史，就可以重新塑造日本的“未来”，在安倍等右翼政客看来，承认、忏悔过去的侵略殖民历史就是“自虐”，就是“自我矮化日本”，曾经沾满被侵略国人民鲜血的法西斯侵略者也是值得自豪的"英雄",参拜供奉有战犯的靖国神社也是心灵慰藉,那段惨痛的"二战"侵略史反而化作了日本"优秀的历史与文化"以供后世学习,这是赤裸裸的"黑白颠倒""是非不分"。试想,就这样一个不思反悔的日本,何谈去跻身联合国安理会常任理事国为国际社会"做贡献"?

再次,这是以安倍为首的日本右翼政客,安图彻底摆脱"二战"战败国的"羁绊"与"牢笼",通过故意渲染"中国威胁论",夸大日本周边安全威胁,以为安倍力推的组建"国防军"、行使"集体自卫权"而赢得国内外舆论支持,以便使日本重新成为军事大国。即使没有"敌人",也得人为地制造出"敌人",有了"敌人",就有了扩军备战的最好借口,不管是日本国内还是美国等国外,既然日本已经有了"外部强敌"的威胁,那么,日本发展独立的武装,就无可非议,所谓的日本宪法禁止的"集体自卫""出兵海外"等都可一笔勾销了。

还有,这是以安倍为首的日本右翼政客,通过反复地攻击中国——这个日本身边最大的对手,来反衬日本在亚洲以及世界的存在,"攻击对手就是为了证明自己的强大",日本绝不愿意看到昔日积贫积弱的中国如今成为傲立日本之上的强国,而今年6月的中美首脑加州会晤,更加深了日本的不安,如果中美成功建立了"新型大国关系",那对日本是一个噩梦,中美"新型大国关系"就是对日本"依靠日美同盟进而制约中国发展"的图谋的致命一击,而当美国也对日本的玷污"二战"历史言行表现出不耐烦时,甚而奥巴马都对安倍冷眼相看时,安倍等日本右翼政客,必会坐立不安,所以,安倍就要卖力攻击中国了,攻击了中国,反复炒作中国的威胁,就会逼迫美国重新站到日本一边,帮助日本牵制中国发展。其实,这点小伎俩,不管用,为什么呢?一个断然彻底否定"二战"侵略历史的日本,才是亚太地区真正的威胁,才是亚太地区新的危险之源,美国又何尝看不明白这点呢?

四、安倍的"政治野心"不能得逞

安倍的"政治野心"不可谓不大也,但其"野心"再大,也终究如同"肥皂泡",一碰就碎,安倍想要实现"政治野心"困难重重。

首先，是由于日本国内部分健康的民意以及日本的经济形势。整个日本社会与政坛并不是铁板一块，还是有清醒与健康的民意与党派存在的，例如，与安倍的自民党联合执政的公明党，就在修宪、行使集体自卫权与修改历史问题等方面一直持谨慎态度，与自民党的日益右倾形成了鲜明对比，公明党的态度对安倍内阁是一个有力的牵制，因为安倍不想因为修宪等问题而与公明党决裂，一旦自民党、公明党执政联盟分裂，将会对安倍内阁造成很大冲击，甚至不排除有导致安倍辞职的可能性。此外，像日本共产党、日本社民党等党派，也对安倍的右倾保守倾向保持高度警惕，也反对安倍大幅度“右倾”，这些政党都是安倍内阁加速右倾的“制动闸”。另外，日本社会也有不少良知未泯、反战和平的人士，他们的民意不容忽视。在此次参议院选举中，参议院新一届各党派议席分配中，对修宪态度积极的自民党、日本维新会、众人之党、新党改革共占143席，而民主党当选者以及非改选议员中，在共同社调查时回答“应当修改宪法”的有11人，因此“修宪议席”达到154人，但离提交修宪议案所需的参院三分之二仍差8个席位，这就说明，尽管安倍的自民党占据了参议院多数席位，但想要启动修宪程序，安倍还须费不少周折，且面临不少变数。

其次，美国潜在的制约因素存在，压制着安倍的“政治野心”。2013年8月2日，美国国会调查局公布的日美关系相关报告中指出，鉴于日本阁僚参拜靖国神社曾招致中韩两国反对，认为若日本首相安倍晋三在8月15日“二战”结束纪念日参拜靖国神社，有可能会激化东北亚地区的紧张局势。该报告还认为，美国担心日本因历史认识问题而与中国、韩国的双边关系进一步恶化会引发地区不稳定，美国的利益有可能受损，日韩关系若因历史认识问题而受损将“阻碍日美韩合作的紧密化”。这份报告，透露出的信号就是，连日本的盟国美国都对安倍的“右倾化”表现出不安，而安倍一再宣称的修宪扩军是“为加强日美同盟、为日美同盟做贡献”，似乎是美国也不买安倍的“账”，那是因为，美国觉得，若安倍“右倾”步伐迈得太快的话，会“欲速则不达”，不仅加强不了日美同盟，还会伤害美国的利益。

再次，包括中国在内的整个国际社会，都对日本的“右倾”迹象保持警惕，安倍的"政治野心"将会在整个国际社会中得不到"共鸣"。日本是"二战"的战争发动国之一，对那场惨烈的战争负有主要的责任，这点已经被国际社会所熟悉，日本是战败国，理应彻底反省战争罪责。真心走和平发展之路，做一个对国际和平有所贡献的国家，是日本应走的坦途，如若安倍一意孤行，非要逆历史潮流而动，必将再次被国际社会所抛弃。

"孤芳自赏"必会"顾影自怜"，而"孤芳自赏"到极端了，必会越来越孤立，直至成为"孤家寡人"，这点，安倍，你想到了吗？

日本参拜与修宪之危险倾向要坚决遏制

（2013年4月22日）

这几天，日本国内悄悄兴起两件事很是耐人寻味的：一是安倍晋三内阁正在紧锣密鼓酝酿修改日本宪法；二是这两天安倍内阁的一些要员（其中包括副首相麻生太郎）参拜了供奉有甲级战犯牌位的靖国神社。这两件事看似并不相关，但其实暗地里潜藏着千丝万缕的联系，安倍内阁欲谋修改“二战”后施行了60多年的“和平宪法”，核心要义就是要为日本军备扩张解除“紧箍咒”，而安倍内阁的一些要员公然参拜靖国神社，核心内涵就是要为日本重新走上扩军备战、争夺海洋权益而营造气势与氛围，这两件事是“相辅相成、相互衬托”的，充分反映了安倍内阁为赢得日本右翼势力的支持以至于不惜与右翼势力合流的危险倾向，对此种危险倾向乃至险恶用心，必须坚决抵制与揭露，遏制其发展下去的势头。

首先是因为，参拜靖国神社之风与修改“和平宪法”之行动，如果任其发展下去，将会颠覆“二战”后形成的正义与良知的世界历史，将会严重冲击“二战”后战胜国用鲜血凝结成的国际秩序与国际机制。而众所周知，日本宪法的精髓是“放弃交战权、不保持军队”，安倍内阁修改宪法的最终目的也是要触及这一精髓，以便为日后“自卫队”改为“国防军”、拥有“集体自卫权”而铺路搭桥。问题就出在这里，一旦安倍真的对日本宪法做了“大手术”，那么，日本今后就更难以对“二战”中的侵略暴行做出真心的忏悔，紧跟着，参拜靖国神社就更可以堂而皇之地成为常态，因为，宪法已经完全“改头换面”，参拜也就顺理成章了。

其次是因为，参拜靖国神社之风与修改“和平宪法”之行动，如果不断膨胀，将会打压日本国内奉行健康、和平思想且有良知的人士与政党的呼声，挤缩其伸张正义的空间，乃至这些有良知的人士与政党日渐被边缘化，在右翼保守势力占据日本政治中枢的情况下，这些有良知的人士与政党的影响力渐被湮没，从而正可以方便日本右翼保守分子肆意扭曲历史，而进入政权内部的右翼势力会把日本一步步带向危险境地。

再次是因为，参拜靖国神社之风与修改"和平宪法"之行动，如果不加以制止，而是最终变成了参拜进一步制度化、修改宪法最终获得通过，那么，将会深深影响日本的外交政策，将会给亚太地区特别是东亚地区带来许多消极的难以预料的麻烦。毫不夸张地说，日本彻底挣脱了"和平、非战"宪法的捆缚，接下来，很有可能就是重新图谋行使对太平洋海域的影响力与控制力，进而掌控太平洋的制海权，这也就不难理解为何日本加紧对日本南部的太平洋上的岛礁搞海洋调查、搞深海资源研究、搞海底"可燃冰"勘探甚至不惜下大力气人为地"变礁为岛"（日本竟然声称"冲之鸟礁"为"冲之鸟岛"）了。而日本扩展海洋权益的行动，必须得到日本国内政治条件的配合，参拜靖国神社与修宪，便是对日本扩展海权的配合。因为，日本曾经在"二战"中发动过非常不光彩的太平洋战争，如今又要打太平洋的主意，就得变通变通，而参拜靖国神社与修宪就是切入口。参拜靖国神社能换取国内右翼势力对安倍内阁的大力捧场，特别是能引起发动太平洋战争中阵亡旧军人遗属的共鸣（例如近日安倍晋三就去太平洋上的硫磺岛搞祭奠活动）；修宪更能获得扩展海权的"入场券"，因为，"非战束缚"没了，搞海上军事扩张就除去了国内的阻力。

最后，参拜靖国神社之风与修改"和平宪法"之行动，绝不是空穴来风，而是安倍内阁早就策划好的，既然这样，就必须加紧遏制日本参拜靖国神社之风与修改"和平宪法"之行动，其中特别重要的是，鼓励日本国内那些拥有良知与正义感的人士与政党，与日本右翼势力做斗争。其实，就是日本执政联盟的内部也不是铁板一块，例如，与自民党建立执政联盟的公明党，就对安倍内阁的修宪动向以及参拜靖国神社持特别慎重的态度，该党明确显示出反对行使集体自卫权的姿态，公明党党首山口那津男认为修宪"是应该进行国会辩论的课题"。针对参拜靖国神社，山口那津男则表示出了担忧之情："不论做出了怎样的解释，都无法避免对外交造成影响。"

3·11两周年之际——日本须把心思放在重建上

（2013年3月11日）

日本3·11大地震迎来了两周年，而据一些欧美媒体报道，受灾地区仍然有30多万人无家可归，更为引人关注的是，在海啸中遭受巨大冲击的福岛第一核电站所引发的福岛核事故，至今仍未能完全妥善解决，而英国《每日电讯报》3月6日则报道：福岛核电厂三个反应堆的辐射水平依然过高，工人无法进入开展工作。一方面是灾区重建任务漫长又艰巨，而另一方面是日本政府应对迟缓。与之形成鲜明对比的是，现今日本政坛，似乎主要心思都放在对外展示强硬，对内挖空心思盘算着如何修改战后宪法以便为对外行使武力而松绑，特别是在涉及与邻国的领土争端上，更是咄咄逼人而乐此不疲，就好像远在日本东北的受灾地区没有发生过大灾难一样。

这里，特别要提醒日本，在迎来3·11两周年之际，日本须把主要心思放在恢复灾区秩序、彻底平息核事故、抚平灾民心灵创伤上，而不要把时间浪费在无关日本普通民众痛痒的修宪、增加防卫预算、视邻国为障碍、与邻国作对之上来，而重返执政地位的自民党，如果真要做出超出前任民主党政府的政绩，就得在重建灾区上下大功夫。

时间是无情的，3·11特大地震已经过去了整整两年，飞速逝去的时间并不会等着日本，仍处于未知状态的福岛核事故反应堆更不会一直闲等下去，日本，应该拿出果敢的勇气、果断的措施，去彻底解决核事故遗留下的阴影。

在这里，向日本提出一些建议，因为重建灾区、解决核事故，不仅仅涉及日本的利益，也关系到整个亚太地区的利益。

首先，日本要赶紧制定出一份完备与详尽的能源战略规划。3·11已经过去了两年时间，日本依然没能出台一份正式的能源战略，这不能不说是一件极大的憾事。众所周知，3·11事件打断了以前日本制订的能源计划，日本能源战略到底如何发展，似乎已不仅仅是日本一国考虑的事情，整个国际社会都在关注着日本下一步的能源战略走向，而日本如果真要出台下一步能源战略，那就应该首先明确核电该如何发展、核电事故如何处理，而不能是文过饰非，或者绕开问题去谈其他无关紧要的事情。

其次，日本要把主要精力放在完善国内治理上，而不能舍本逐末地去追求那些扩军备战、加强日美安保同盟关系、热衷于岛礁争执等虚无缥缈的事情上。可以发现，自从3·11事件之后的两年，日本内心的躁动不安比以前是愈发暴露、愈发明显了，3·11事件没有促成日本的反观内省，反而还促成了日本的狂躁异动。这两年来，是日本与邻国关系摩擦不断的两年，日本四面出击，但四面碰壁、四面楚歌，日本应该好好反思，3·11事件应是日本以恢复重建为契机，走出长达20年经济徘徊不前阴影的机会，而不能以对外强硬、叫嚣战备作为转移日本国内老百姓不满恢复重建不力视线的工具，去把矛头指向邻国，这也真是捡了芝麻、丢了西瓜。

最后，天灾是客观的，固然无可避免，但创建一个良好、清新、和平形象的国家需要人去主观建设，日本应以3·11事件这一天灾为新的起点，去创造一个全新的日本来。日本的电子产品、日本工业产品的质量曾经领先于世界，但近年来，这些神话早已打破，原因复杂，但有一点，故步自封、缺乏创新当是其中一个重要因素。3·11事件的两年，也应是日本回归自己的重心，去找寻日本产品一流时代的新的开端。

“二进宫”的安倍能走远吗

（2012年12月26日）

日本自民党总裁安倍晋三将在26日召开的特别国会上经众参两院议员的首相指名选举，正式成为日本第96任、第63位首相。接下来，重新夺取政权的自民党走什么样的政策路线，特别是其外交路线，成了日本国内以及国际社会万众瞩目的焦点。安倍晋三被普遍认为是一位鹰派右翼人物，这位鹰派人物的下一步举动，值得做一番分析。

首先，安倍誓言要修改“和平宪法”，建立一支日本版的“正规国防军”，而这也是这位鹰派人物高举的第一面“右翼”大旗，不过，此面“大旗”注定举不了多高与多久，因为自民党的执政伙伴公明党，长期以来奉行和平、反战的政策纲领，如果安倍铁下心来，非要推动修宪，那么“自公”这对保持长时间的执政盟友关系必然会出现裂痕，一旦双方的执政联盟解体，将会极大动摇自民党的执政地位，为了维持众议院的绝对多数席位，安倍领导的自民党，会不会就那么傻地硬要抛开公明党一条道走到黑?

其次，安倍如何对待参拜靖国神社问题将是审视他的重要分水岭。一旦安倍果真以首相身份前往了靖国神社，就会被认定是对日本侵略亚太地区野蛮历史的掩盖与开脱，是对亚太地区受过日本野蛮侵略的各国民众感情的极大亵渎。如果安倍真的那么做了，将注定会重走小泉纯一郎的老路，继续搞僵与中韩等国的关系。

再次，安倍如何处理与邻国的领土争端，将是他重坐首相宝座后必须紧急且妥善处理的巨大问题。这个问题牵涉自民党政府的外交走向问题，是周边邻国及全世界都会密切跟踪留意的重大课题，安倍能否拿出一个闪现政治智慧的解决方案，将是其头上戴着的"鹰派"大帽是否摘下去的最佳观测切入口，如果安倍一意孤行，执拗不回头，那么，等待安倍的将是比其前任野田佳彦还要严厉与密集的舆论压力。

我们不妨设想，安倍目前内心会非常纠结与矛盾。一方面凭着高举右翼大旗，吸引了大批被右翼思潮鼓动的选民的选票；另一方面，执政后该如何兑现曾经夸下海口的竞选诺言（诸如修宪、建军、在领土纷争上绝不让步等）呢？安倍心里明白，大选前的竞选纲领不同于执政后的政策实践，但如果明显偏离大选前的政治承诺，那么就会有"背叛选民"的嫌疑，但如果真的履行上述三点分析中的承诺，安倍也肯定不会得到什么补偿，至少不会得到延长首相生命的效应。

前车之覆、后车之鉴，安倍应该对野田的覆辙有所警醒，既然是接了野田的后任，就应该从野田的倒霉中吸取深刻教训，否则的话，难免成为野田的翻版，来也匆匆、去也匆匆。

“民族主义”并不是东亚岛争的真正动因

（2012年8月31日）

纽约时报中文网8月22日刊登了一篇题为《领土民族主义在东亚》的评论文章，文章的核心观点是：当前东亚地区岛争不断的重要动因是东亚地区民族主义日益骚动。该文还认为，正是这种已经落后与过时的主权、民族观念主导着东亚地区，才使东亚岛争不断升级。笔者对此抱有不同的看法，认为，导致目前东亚岛争的重要动因中，民族主义可以作为一种因素去分析，但如果把岛争的深层因素全部归因于主权、民族主义膨胀，则未免过于简单，有走极端化的嫌疑，将会落入西方国家所主张的主权过时论的圈套。

其实，该文的观点可能遗忘了一个重要事实，那就是，尽管民族、主权观念在17世纪后兴起于欧洲，但在300多年后的今天，欧美国家本身也没有忘记民族与主权观念，相反，有时候还特别显著，尤其是在面临着国家遭遇极大突发事件打击的时候就变得更为明显。一个典型的例子是，9·11事件，让美国全国上下群情激愤、同仇敌忾，尽管此事已过去十多年，但每到该事件纪念日，美国全国上下都要严肃纪念，这不能不反映出一种美国的爱国主义与民族主义的倾向。另外，英国与阿根廷围绕着远在南大西洋上的孤岛——马尔维纳斯群岛（英国称福克兰群岛）的岛争，英国更是武力相向，在维护该岛中迄今一直显露出坚决的民族意志，你很难说，英国为了这个远离本土的小岛，而忽视与淡化英国本民族与主权的利益，恰恰相反，英阿两国的岛争，凸显的仍是主权与民族的观念。

西方某些人士所极力主张的主权、民族淡化论，其真正用意是，借口“主权与民族淡化论”，行干涉他国内政之实，以达到欧美霸权国家继续控制世界的美梦。就在英国前首相布莱尔的外交政策顾问罗伯特·库珀认为，欧洲国家已经进入后现代、彼此之间因为领土纠纷爆发战争的可能性很小的同时，英国本身却在为苏格兰的分离主义而苦恼不已，而作为英国重要组成部分的苏格兰，将于2014年秋进行关于苏格兰独立走向的公民投票，届时如果苏格兰公投真能通过，那么英国的国名将要改写，而这件事本身也说明了主张民族与主权过时论的国家之一的英国本身也面临着民族与主权问题的极大困扰。2012年2月16日，英国首相卡梅伦在一次演讲中针对苏格兰分离问题郑重许诺：“我会与一切反对英国团结的势力斗争到底。”他紧接着说，“于我而言，这已经不是政治或者战略问题，它关系到我们的思想、心灵和灵魂。我们共同的家园已遭到威胁，任何一个有良知的人都应该站出来说话。”确实，当自己的国家直面民族与主权问题困扰时，任何一个国家是不会犹疑不决的。当英国与美国部分人士冷眼看待东亚岛争是东亚民族主义膨胀的时候，其实他们本身却非常在意本国的主权与民族身份认同，这也真应了那句老话，“只许州官放火、不许百姓点灯”，只许欧美国家高谈阔论主权与民族过时论，或者只允许欧美国家在意自身的民族与主权问题，而对东亚地区特别是中国维护正常岛屿主权的利益视而不见，或曰把中国维护非常正常的岛屿主权权益指责为民族主义膨胀，只能说是自私、偏执的思维在作祟。

如果按照《领土民族主义在东亚》文中所说的那样：在东亚国际体系中被视为理所当然的观念几乎都是欧洲的舶来品，比如主权、领土、民族主义、条约等；欧洲人经过两次世界大战的血腥洗礼已经淡化了领土主权的观念，相比之下，东亚的国际关系理念与制度似乎比欧洲慢一拍——那么中国是不是可以为了避免民族主义的膨胀而淡化对钓鱼岛主权的诉求？如果可以淡化主权与民族主义，那么不仅是钓鱼岛问题难以解决，且正中日本右翼势力的下怀，那接下来的如南海岛礁、西藏以及新疆等的问题只会更加复杂化与矛盾化。

主权、民族与领土的神圣化，并不是中国一国独有，也不仅是东亚地区在盛行，更不是这些概念相比于欧美地区而滞后，对中国这个近现代深受包括日本在内的列强殖民侵略的国家而言，之所以说，主权与民族这些概念在中国这样的东亚国家感受更强烈一些，那是因为中国的内心曾经深深地被列强刺痛过，如果不去维护自己通过无数鲜血而换来的独立的民族与主权的权利，那么就难以在至今仍是“丛林法则”的国际社会立足。

伦敦奥运会的开幕式又浮现在眼前，那盛景的背后，表露的是像英国这样的老牌西方国家曾经的辉煌历史，但场上映衬的那面巨幅英国国旗之后，是不是也在彰显英国的主权与民族权利呢？答案是肯定的。

民主党分裂暴露日本政治不成熟

（2012年7月6日）

"民主党分裂"是这几天日本各大媒体不断追踪报道的热门话题之一，这也确实有被各大媒体热炒的资格。谁能想到，民主党在成为执政党仅仅三年后，就雨打飘零、随风而散了呢？

这可真是应了中国那句老话："打天下容易，坐天下难。"想当年，小泽一郎率领一干人马加入了那时并不算硬朗的民主党，为以后几年民主党的壮大奠定了重要基础。在民主党的那六年时间（2003—2009年），也成为小泽一郎政治生涯中浓墨重彩的一笔：他成功地指导民主党把老牌政党自民党拉下马，改头换面成为执政党。然，时也、运也，无奈风云变幻，成为执政党后的民主党在稳固政权方面做得并不比自民党好。与自民党一样，民主党政坛内部也是丑闻频发，首相年年更迭。民主党在执政的三年间，同样赶上了日本国势急剧衰落，再加上党内乱象丛生，内讧不断，小泽一郎这根导火索稍微遇到一点火星，就引爆了那颗埋藏已久的炸弹。

2009年9月，民主党成功组阁后，当时舆论认为，日本会进入一个像英美那样的两党轮流执政的时代，但现在来看还言之尚早。以日本现在的形势来看，难以断言日本就一定能进入如英美那样的两党制政治生态。原因有以下几点。

首先，日本政治还不成熟，从"二战"后至今已过去67年了，日本仍旧像一艘失去了帆的木船，在海上漫无目的地漂流，而船上是一帮看客在七嘴八舌、争论不休地说着永远也不会有结论的空谈。

19世纪中后期，作为日本近代思想的开山祖师，福泽谕吉遍游欧美，给日本带回了许多新式的西方思想，当时对明治维新的成功起了很大作用。但福泽谕吉当时并没有意识到，他没能给日本带回完整的欧美先进政治文化，这就为日后日本走上军国主义道路做了铺垫。与当年中国洋务运动的失败一样，日本福泽谕吉的思想启蒙运动也留下了很多后遗症：在高喊重视西方思想与教育的同时，也非常重视西方先进的技术，特别是与军事有关的技术。虽然后来日本利用那些先进的军事技术暂时赢得了一些蝇头小利，但长期以来，包括20世纪的前四十五年，日本掉在迷信军事技术中不能自拔，信奉军力强大至上的原则，在反法西斯盟国的坚强意志面前最终倒了下去。

“二战”后，本是反思的良好时机，但日本又狂奔走上了另一个极端，显然他们并没有对那段曾经夹杂着血与火的过去进行很好的梳理。如果这种走极端又在不断继续下去的话，会发生什么呢？从战前迷恋军力至上，到战后沉入不断追美并成为“经济动物”，这两个极端中，日本都忽视了很重要的一点：对西方的一些先进的思想与制度并没有进行很好的植入与培植，有的只是机械地生搬硬套。所谓“保革对立”的五五体制，也不过是借了英美的外套，罩上了日本右翼的保守内衣。事实也的确如此，作为对保守政党自民党的制约，日本社会党（后来改为社民党）并未完全发挥其作为在野党的监督作用，而自民党作为保守以及右翼的代言人，倒是在带领日本往极端上狂奔起了不少作用。

1993年，也就是小泽一郎第一次另组新党的那年，当年的那次出走，使得日本维持多年的那套“五五体制”瞬间崩塌，转之而来的是日本政坛此后持续多年，一直到今天的分化组合、组合分化。而这20年，也是日本极度沉沦迷离的20年，战前的右翼极端思想不仅没有得到抑制，反而还在叫嚣，小泽所谓的“构建日本式的两党制”也是在这一时期提出来的。而在一个日本社会整体氛围向右转的前提下，所谓的两党制，也只能是世外桃源、一厢情愿。

事到如今，当年雄心勃勃的民主党也走向了分裂。这也正印证了，如果不能很好地继续完成福泽谕吉一个多世纪前未完成的思想启蒙，那么日本今后的政治沉沦还会继续下去。民主党之后，若其他政党上台组阁，还不能在思想上进行一次彻彻底底的洗礼，那这种分化组合、首相更迭的游戏将会不断变着花样演下去，甚至可能会更“精彩”，但也只能是给世人增加笑料罢了。

伊核问题让日本能源外交进退两难

（2012年1月13日）

进入2012年以来，日本政府接连开展了新年能源外交攻势，首先是外相玄叶光一郎历访了中东五国，特别是访问国中的沙特阿拉伯、阿联酋与卡塔尔这三国都是日本能源进口的重要依赖对象国；与此同时，经济产业相枝野幸男也在出访，其在访问缅甸时，还特意与缅甸方面商谈能源合作问题；不仅如此，日本内阁官房副长官斋藤劲出访了蒙古，而斋藤劲与蒙古方面商谈的主要话题之一就是合作开采蒙古煤炭等矿产能源；另外，日本外务大臣政务官（相当于副部长）加藤敏幸也出访了南部非洲地区的安哥拉、莫桑比克、南非与赞比亚这四个拥有各种丰富矿产资源的国家，而日本另一位外务大臣政务官浜田和幸则出访吉尔吉斯斯坦与阿联酋两国，相信他也离不开能源话题。

不过，在日本政府大规模开展能源外交的同时，愈演愈烈的伊朗问题反倒正成为日本能源外交中不好“hold”住的“烫手山芋”。

从上述日本开展的能源外交中，可以发现，日本政府要员并没有访问伊朗这个石油出产大国，这并不是说伊朗对于日本进口石油不重要，而实际上伊朗也是日本石油进口国名单中位列前位的重要国家，伊朗石油占日本海外石油进口份额的10%，之所以在此次新年能源外交中日本并没有把伊朗列入其中，只能说是日本正在游移不定、犹豫不决，或者说是“故意”忽略了伊朗。

这自然是由于美国做出了制裁伊朗石油贸易这一惊动全球石油市场的决定。在美国看来，日本作为美国的盟国，有配合美国禁运伊朗石油的义务，在关键时刻，日本只有站在美国这一边，而没有推脱与商量的余地。对此，日本心里也明白，日美同盟是日本外交的基轴，如果在是否制裁伊朗问题面前有所迟疑，必然会引来美方不快，甚至还会招致美国的施压。但是，包括伊朗在内的中东产油国是日本能源进口的重点对象国，中东地区的能源直接关系着日本能源安全的命脉，如果中东地区的能源供应出了差错或者是一些缺口，都会对日本能源安全带来致命影响，在这个大是大非问题上，日本想必心里比谁都明白。

在日美同盟与伊朗石油进口之间，日本如今面临着孰先孰后、孰重孰轻的两难选择。可现实是，这二者都很重要，都很关键，忽视了哪一个，都会给日本带来很大的麻烦。

就在美伊排兵布阵、磨刀霍霍、令波斯湾战云密布之际，美国派了财政部长盖特纳出访亚洲，对此国外媒体一般认为盖特纳访问亚洲，主要是为了游说亚洲进口伊朗石油的国家配合美国一起制裁伊朗石油出口，此言用在日本确实不虚。盖特纳在日本与野田佳彦首相会谈时，就要求日本尽快加入制裁伊朗石油贸易的行列中，而野田却说：关于伊朗核问题，日本与美国有着同样的担心，但是美国制裁伊朗法案却不能不说会给日本经济以及世界经济带来深刻的影响。从野田的回答中可以看出，日本对制裁伊朗有自己的想法。不过，盖特纳在与日本财务大臣安住淳会谈中，还是有了一丁点“收获”，对于制裁伊朗，安住淳认为，日本将在较早时期有计划地减少从伊朗进口原油，不过，安住淳话锋一转，又提出一项交换条件：日本将与美国进行协调，把与伊朗方面进行资金结算的日本金融机构排除在制裁对象之外。另据日本媒体报道，日本财务相安住淳1月13日在内阁会议后出席记者会，就此前他向美国财长盖特纳表示计划减少从伊朗进口石油一事表示：“日本必须与美国及欧洲各国保持步调一致。从安全角度出发，核问题不容忽视。”针对安住淳的发言，内阁官房长官藤村修则指出“这只是诸多意见之一”。而就在当天，日本外相玄叶光一郎在回答记者问及制裁伊朗问题时则认为，制裁伊朗可能会引起原油价格暴涨，这会影响到日本经济以及世界经济，所以在运用制裁上要慎重。

对于制裁伊朗这个国际焦点问题，日本政府要人竟然做出了非常矛盾的发言，这确实有点匪夷所思了，但从中我们也不难看出，日本政府内部对是否禁运伊朗石油问题存在着意见分歧，或者说，日本政府仍在观望，仍在权衡利弊得失，仍没有做出最终定论。

那么，又是什么因素让日本政府在是否制裁伊朗问题上抓耳挠腮、苦于应对、举棋不定呢？

这当然应该归结于去年大地震引发的严重核泄漏事故，而核泄漏事故导致日本核电发展停滞，但对日本这个制造业大国而言，电力需求量是非常大的，而核电短缺直接带来的后果就是电力供需吃紧，则会给日本经济带来一连串滞后效应，而要想弥补核电缺口，就只能靠传统的火力发电来解决，但日本本土极端缺乏能源资源，要知火力发电可是由煤炭、石油与天然气为主要燃料的，而这必然会迫使日本加紧从海外进口能源，当然这又需要大笔的资金。

近日，一则震惊日本的经济消息传来——2011年日本已沦为贸易赤字国，就更能证实日本为何在制裁伊朗问题上拖拖拉拉、王顾左右而言他。

之所以说2011年日本已沦为贸易赤字国，主要归因于2011年受核电事故影响，日本的化石燃料进口大增，贸易统计数据显示，去年1月至11月日本外贸收支出现了2.3万亿日元的赤字，这是自1980年以来首次出现这种情况，如果按照目前的趋势发展下去，日本今后数年的贸易赤字将会继续扩大。

在福岛核事故还未完全彻底平息、日本核电何去何从还没有定论的情况下，未来几年日本将重新回归依赖传统的化石能源即用石油、天然气进行火力发电肯定是一个不争的事实，由于要转而重新依赖火力发电，那么加大针对中东能源外交的力度将是日本必然之举。

但是，加大中东能源外交力度，就无法回避伊朗问题，伊朗既是日本石油进口重要国家，又占有波斯湾航运要冲——霍尔木兹海峡地缘优势，如果伊朗真要掐断霍尔木兹海峡，也就是等同截断了日本与其他海湾石油进口国之间的航路，这个"油断"的痛苦将使日本无法忍受。

可话又说回来，快速加入美国制裁伊朗的行列，虽说对日美同盟有了交代，尽了作为美国盟国的义务，但是日本国内的能源短缺问题又该如何解决？是去求助于美国，还是另寻进口石油出路？这可是今年最考验日本外交智慧的烦心之事。

日本与东盟关系的分析与思考

（2011年11月27日）

2011年11月18日，在印尼巴厘岛举行的日本与东盟首脑会议上，通过了日本和东盟各国的共同宣言《巴厘岛宣言》。《巴厘岛宣言》是继2003年《东京宣言》后，时隔八年日本与东盟之间又一个规划双方未来关系发展的新指针。而在《巴厘岛宣言》通过的同时，也正好是美国高调重返亚太地区以及欲谋在澳大利亚北部驻军、南中国海争端问题愈演愈烈等亚太地区局势非常微妙之时，尽管无法断言《巴厘岛宣言》与上述亚太地区局势有必然联系，但在此敏感时机，日本欲加强与东盟的关系，就不能不令人深入思考日本与东盟关系的发展走向及其背后的深层因素。

福田主义的提出

东盟是东南亚国家联盟的简称，是由印尼、马来西亚、新加坡、菲律宾、泰国这五个创始国家于1967年8月在泰国曼谷成立的一个地区组织。

东盟所处的东南亚地区，位于太平洋与印度洋的接合部位，是沟通东北亚与东南亚、东亚与南亚及中东地区、亚洲与大洋洲的天然桥梁，这里既有流经多国的国际河流——湄公河，也有众多纵横交错的海上战略通道，如马六甲海峡、巽他海峡与巴士海峡等，具有非常重要的地缘战略地位，自古就为各国战略家所看重。尽管该地区民族、宗教信仰、历史、文化、语言各异，同时政治体制又各不相同，但该地区各国又有着一些相似性，都是中小型国家、都遭受过西方列强的殖民与侵略等，这些相似的历史经历也是促使东盟能够成为一个有影响力的地区组织的重要内在因素。

东盟具体可分为中南半岛区与东南亚海岛区两部分，这些地区大都拥有丰富的油气资源、有色金属与稀土资源以及包括橡胶与油棕在内的丰富的森林资源。中南半岛区有越南、柬埔寨、老挝、泰国与缅甸五国，东南亚海岛区有印尼、马来西亚、新加坡、菲律宾和文莱五国。

在东盟成立前，也即20世纪50年代，日本就通过战争赔偿逐渐建立起与缅甸、印尼、菲律宾、泰国和马来西亚的关系，1957年，日本政府在《外交蓝皮书》中提出了战后日本外交三原则：以联合国为中心、与西方国家保持协调、坚持亚洲一员的立场。而日本既然提出"坚持亚洲一员的立场"，在当时的东西方冷战大背景下，发展与东南亚国家的关系便成为当时日本想要摆脱战败阴影，快速发展经济的一种战略选项。

从20世纪50年代末到20世纪70年代初的十几年间，是战后日本经济迅速发展的时期，在此期间，日本竟然成功地跻身资本主义世界，经济实力仅次于美国成为第二大经济体，而日本之所以能够取得经济腾飞的耀眼成绩，除了美国的扶助外，东南亚作为与日本地缘相近、能源资源丰富的地区，在日本经济成功方面扮演了举足轻重的大市场与原材料供应地的角色。

1977年，是日本与东盟关系发展进程中的标志性年份，该年8月，日本首相福田赳夫在出访东盟国家的最后一站菲律宾首都马尼拉时发表了《我国的东南亚政策》的演讲，在这次演讲中，福田赳夫提出了著名的日本对东南亚外交三原则，即福田主义：日本不做军事大国，为东南亚和世界和平做出贡献；与东南亚各国在政治、经济、文化等广泛领域积极合作，建立"心心相印"的关系；以对等、合作者的身份支援东南亚。

福田主义的提出，在日本与东盟关系史上占有重要的地位。福田主义提出之时，正值东盟成立十周年，经过十年的发展，东盟在当时的东南亚地区拥有了一定的影响力，而那时正处于1973年席卷世界的石油危机之后，日本在石油危机中遭受沉重打击，开始认识到了广大发展中国家团结一致的威力。而东盟本质上也是发展中国家的集合体，也曾经遭受过西方列强的殖民与侵略，通过石油危机，东盟目睹了发展中国家联合自强而给西方世界带来的巨大影响力，逐渐对日本在20世纪50、60年代以经济外交方式为名、实则向东盟进行经济扩张的做法产生了担忧与不满。由于东南亚国家在“二战”中大部分都受到过日本的侵略，如果再一味进行经济索取，就会出现类似中东国家发起的能源资源反击事件，为了避免出现东盟的集体反抗，日本需要反思以往对东盟的外交政策，改变单纯的经济外交，代之以从政治、经济和文化等多方面入手，以综合的战略的眼光发展同东盟的关系。

推动日本东盟关系深化的因素

冷战结束后，特别是进入21世纪以来的近几年，日本与东盟的关系进入一个新的发展阶段，而日本与东盟的关系之所以加深，有着一系列推动因素。

首先，东盟在20世纪90年代后，经历了三轮大扩容，成为拥有十个成员国、具有重要国际影响力的地区性组织。冷战结束后，东南亚地区逐渐从冷战时期战争与硝烟弥漫的紧张时期向和平与发展的世界大潮流过渡，先前的热点地区如柬埔寨问题的顺利解决，为位于中南半岛区的国家顺利加入东盟铺平了道路。1995年7月，越南加入东盟，成为冷战后首个纳入东盟扩容的国家；紧接着，1997年7月，缅甸和老挝也加入了东盟；1999年，随着最后一个中南半岛国家——柬埔寨的加入，东盟完成了第三轮扩容，终于成为囊括十国的大东盟。作为一个重要的地区性组织，东盟在地区和国际事务中发挥着越来越重要的作用。从20世纪90年代开始，东盟率先发起东亚区域合作进程，以后逐步形成了以东盟为主导的一系列区域合作机制，其中，东盟与中日韩、东盟分别与中日韩的合作机制已经发展成为东亚合作的主要渠道。

其次，中国经济迅速发展，综合国力不断壮大。经过改革开放后三十多年的扎实发展，中国目前已经一跃成为世界第二大经济体，尤其是进入21世纪以来，中国经济以其突飞猛进的发展势头，成为当今全球特别是亚太地区一道最亮丽的风景线，而正因为有了中国的不断发展，也才为亚太地区成为世界经济增长的推进剂而拥有了最好的注脚。

不过，作为同处于亚太地区的两个大国，日本对中国的发展是充满了焦虑之情的，经过两个"失去的十年"，日本经济现在处于步履维艰时期，面对中国的发展壮大，日本无法掩盖心中的失落，亦更难以接受"经济优等生"光环的丧失，而东盟作为日本传统的外交开展地区，而且鉴于东盟一体化进程的加快，更重要的是，2010年中国—东盟自由贸易区正式全面启动，这更是加重了日本的不满与担忧，如果东盟这个日本曾经看重的"经济后院"，成为中国对外经济贸易发展的又一重要平台，那是日本不愿意看到的。在日方看来，中国—东盟自由贸易区的建立，会无形中压缩日本的海外市场，对外向型经济的日本而言会增添无形的压力。

再次，美国重新加大对亚太地区的关注。9·11事件后，美国在中东接连发动了阿富汗战争与伊拉克战争，美国为应付这两场战争，投入了大量的财力、军力，而且还付出了巨大的美军伤亡代价，随着美国在中东战争泥淖中愈陷愈深，美国各界都在反思布局中东的价值。奥巴马政府上台后，鉴于美国与欧盟都深陷国际金融危机而自顾不暇，于是开始逐步撤退驻留伊拉克与阿富汗的大批军队，以便节省愈来愈感到吃力的军费开支，不过，在美国军力减少在中东存在的同时，美国又把目光投向了亚太地区，特别是东亚地区。今年11月，美国总统奥巴马在访问澳大利亚时，做出了在澳大利亚北部达尔文驻守美国军队的决定，达尔文紧靠印尼，战略位置重要；不仅如此，奥巴马总统今年11月还首次出席了在印尼巴厘岛举行的东亚系列峰会。美国要驻军澳大利亚北部，以及美国首次出席东亚系列峰会，这些都传递出了美国要把战略重心移到亚太地区的信号。

从以上三点分析不难看出，日本加强与东盟的关系乃是内外因素推动使然：日本自身经济实力不断下降，而又须不断开拓海外市场以维持国内经济运转；面对中国崛起心里万分焦虑与不甘；在巩固与加强日美同盟关系的外交前提下，且在美国高调重返亚太的形势面前，日本自然乐意充当美国的"马前卒"，借日美同盟之力，以谋从与东盟发展关系中捞取实惠。

《巴厘岛宣言》透露的玄机

在今年印尼巴厘岛的日本与东盟峰会上，日本达成了一个重要外交成果，那就是与东盟签订了《巴厘岛宣言》，这份全称为《强化共同繁荣的日本东盟战略伙伴关系的共同宣言》（简称《巴厘岛宣言》）的文件与八年前的《东京宣言》相比有了很大的不同，这自然与八年间日本与东盟以及国际局势发生了很大变化有关。

从日本外务省网站公布的这份宣言内容来看，与以前的《东京宣言》相比，最大的不同之处，就是明显加大了在政治与安全保障领域合作的内容，主要包括：维持地区和平稳定、促进纷争和平解决、确立为了地区的繁荣与稳定的共同的视角与各项原则；推进与深化海洋安全保障以及海洋安全的合作；要尊重南海以及南海上空的和平、稳定、自由和航行安全以及遵守国际法；促进军备控制、不扩散大规模杀伤性武器等问题的合作；加强在防卫与军事方面的合作。此外，该宣言还提及了日本与东盟要在能源安全、环境、粮食安全、基础设施、金融等经济领域加强合作，而且还要在联合国改革、气候变化与地区经济一体化等领域加强合作。而为了营造日本与东盟关系深化的声势与氛围，日本首相野田佳彦在印尼巴厘岛宣布，将向东盟计划开展的总额达2万亿日元的基础设施建设项目提供援助。

就在《巴厘岛宣言》发表前，也正是以美日为首联合东盟成员国越南与菲律宾热炒南中国海问题之际，这份宣言的通过，可谓是司马昭之心路人皆知，其矛头所指，不言自明。

日本在《巴厘岛宣言》中之所以提出要与东盟在政治与安全保障领域加强合作，一个重要的针对对象就是中国：一是意欲借南海问题牵制中国快速发展的步伐；二是借与东盟加强合作为由，打乱中国与东盟合作的进程；三是配合美国再拉拢东盟一些国家以达到围堵中国的战略目的。这就是此次《巴厘岛宣言》透露出的最大玄机。

有关南海问题，中国政府已经一再声明，南海争端是中国与有关国家之间的双边问题，南海争议应当由直接相关的主权国家通过友好协商解决，外部势力的介入，或者把这个问题放在多边场合来谈，反而会使问题复杂化，不利于问题的解决。日本在《巴厘岛宣言》中明确提出“要尊重南海的和平、稳定、自由和航行安全以及遵守国际法”，这是一种不负责任的说法，日本作为一个与南海问题没有关联的域外国家，本来没有资格与东盟谈论南海问题，更不能在一份严肃的政府间书面公开文件中出现有关南海问题的表述。正如温家宝总理在巴厘岛东亚峰会上严正表明的：东亚和东南亚经济的发展，从一个侧面印证了南海的航行自由和安全没有因为南海争议受到任何影响；各国根据国际法在南海享有的航行自由得到了充分保障；南海是中国、本地区其他国家及世界各国的重要运输通道。中国政府为维护南海航行安全做出了积极贡献。

从《巴厘岛宣言》中，还可以看出日本隐含的大国目标战略。东盟包含着十个国家，这十个国家都有着一定的地区影响力，日本加大对东盟基础设施的资金投入，无非是看中了东盟潜在的国际影响力与巨大的市场，而在此次《巴厘岛宣言》中，就包含有联合国改革的字样，而所谓联合国改革，在日本眼里，就是成为安理会常任理事国，而成为安理会常任理事国是一个国家跻身世界大国行列的标志，这对于日本是梦寐以求的，能赢得东盟十国对联合国改革的支持，就对日本成为安理会常任理事国之梦近了一步，这也是日本要在国内大地震后急需重建费用的情况下不惜财政压力而投巨资支持东盟进行基础设施建设的深层原因。

不过，纵使日本的算计再多、再精明，也是很难如愿的。因为，东盟传统上奉行的是大国平衡外交战略，东盟不愿意看到域外的大国对东盟有过深的影响，如果日本想在政治与安全保障这些敏感领域与东盟取得合作成果的话，就会不可避免地加大日本对东盟的介入力度，这与东盟一贯的原则不符；加上东盟对日本过去的历史存有警惕之心，所以日本与东盟在政治与安保领域的合作不会取得多少进展，或许最多只是一种国际宣示。而本届巴厘岛峰会上就不是所有的东盟国家支持在峰会上讨论南海问题，这也可以从一个侧面反映东盟对日本等国搅浑南海问题的警觉与不满。

日本“野田式外交”用意何在

（2011年10月19日）

10月16日，上台前即以鹰派言论而闻名的日本首相野田佳彦在日本航空自卫队阅兵式上发表讲话称，中国军事的扩张对日本的国家安全构成严峻挑战，他还以中国古语“天下虽安，忘战必危”来鼓动日本自卫队为应对未来紧急情况做好准备。而与野田这次自卫队训话相呼应的是，野田在一个多月的执政时间内，在他并不擅长的外交领域却是不断“祭出”各种“法宝”，例如，加强日美同盟关系、拉拢东南亚国家以在南海合围中国、重提针对中国的价值观外交、加强对中东的能源外交等，颇有在外交方面“一显身手”的兆头。

这里不妨再简单回顾一下日本民主党执政以来的外交历程。民主党在2009年夺取政权后，由于在内政与外交领域毫无经验可言，于是只能在鸠山由纪夫的带领下摸黑搜索、匍匐前行，而当时的鸠山竟然提出了“日美等距离外交”等令美国极为不悦的大胆外交设想，无奈由于无法解决普天间美军基地搬迁问题而只能挂冠而去。继任的菅直人恰在其任期中发生了特大地震，从而使菅直人内阁的外交戛然而止，也了无特色。作为民主党政权的第三位首相，野田佳彦反而有了前两任首相所没有的有利条件，也即民主党执政两年多的外交经验教训、美国重返亚洲战略等，而这两大有利条件无疑加大了野田想在外交领域折腾出一些东西的胃口。

从野田执政一个多月的外交实践来看，目前野田一改鸠山与菅直人在任期间那种日本外交定位不明与左右摇摆的模糊状态，开始主动出击，并且想要构筑一套以日美同盟为骨架、拉拢一些和日本有共同利益的国家为辅助、多方拓展这样一种多层次的“野田外交”模式。

这种野田外交模式主要表现为三点：加强日美同盟，这点从9月下旬野田访问美国就可一窥全豹，而这次访美也定下了野田内阁重新加强日美同盟关系、配合美国重返亚洲战略的外交基调。欲图在南海浑水摸鱼，在南中国海问题愈发敏感之际，日本这个南海域外国家也按捺不住，极力想要在南海分一杯羹，日本图谋联合东南亚一些与中国在南海有争议的国家，拼凑一个所谓解决南海问题的多边框架，这点已经在9月下旬菲律宾总统访问日本，日菲之间高调发布针对南海的联合声明，以及近日玄叶光一郎外相出访东南亚三国这些日本外交实践中有着明显的反映。加强针对中东能源富产国的能源外交力度，这点在9月野田访美之时，与海湾合作委员会商讨重启日本与海合会之间的自由贸易协定谈判、野田在联合国大会发表的演说中有关针对中东地区的内容，10月上旬日本经济产业大臣枝野幸男对中东产油大国沙特阿拉伯与阿联酋的访问，以及新近野田在航空自卫队阅兵式上宣布将向也是产油国家的南苏丹派遣日本陆上自卫队参与联合国维和行动这些外交动向上就可以清晰看出。

针对以上十分活跃的日本外交，人们不禁要问，野田大力开展外交的意图何在？其个中用意究竟为何？

首当其冲的是要加强与巩固日美同盟关系。由于日美关系是日本外交的基轴，“二战”后60多年时间，日美同盟一直是日本开展一切外交的中心，若偏离这一中心，不是遭到美国的重压，就是危及日本国内的政权，早在自民党时期日本的当政者就深谙此道，鉴于前任鸠山由纪夫翻船的教训，野田自然对日美同盟不敢怠慢，得罪了美国这位日本头上的“太上皇”，野田要想长久执政不啻是做梦。

当然更为重要的是配合美国以达到遏阻中国快速崛起的势头。自从去年中国与日本在世界经济排名中的次序发生大逆转后，日本这位多年长居世界第二把经济交椅的经济优等生的滋味肯定是非常难受的，在日本看来，长期保持亚洲经济发展主导权是日本“二战”后最引以为荣的事情，如今，情势倏变，那种屈从于中国经济发展之下的感觉无论如何都是难以适应的。于是，暗中使绊子，通过联合一些与日本价值观相同的并和中国有领土或领海争议的国家，包括东南亚的菲律宾、印尼和越南，以及印度和澳大利亚等，构建所谓的价值观同盟，这个同盟是以民主价值观为幌子，从中国与有关国家的领土或领海争议入手，以便打造一条包围中国东南与西南周边的“锁链”。

此外，还要为日本的大国梦想服务。“二战”后的长时间里，尽管日本碍于战败国地位很少提出要重新再次成为大国，但在日本内心里，其大国梦想一直在徘徊，而争当联合国安理会常任理事国就是日本长久的梦想，由于“入常”梦想的催动，也就可以明白为什么日本要往南苏丹派遣陆上自卫队参与联合国维和行动了。

不过，纵使日本的盘算有多么如意，其施行的过程与实现的程度是困难重重的，君不见，野田内阁的支持率已经下降了10个百分点，一个无法长期执政的日本内阁是很难推行其长期外交政策的。

普天间问题与野田外交的悖论

（2011年9月28日）

近两年的日美关系可谓是沟沟坎坎，尤其是自从日本民主党执政后，时任首相鸠山由纪夫意欲偏离日美基轴路线，提出构建东亚共同体构想，但由于无法解决冲绳普天间机场搬迁问题而挂冠而去，虽说菅直人内阁因特大震灾因祸得福得以在普天间问题上赢得喘息之机，但继任的日本首相野田佳彦则必须直面普天间问题的挑战，普天间问题何去何从，以平凡又不起眼的"泥鳅"自喻而登上首相宝座的野田佳彦可要绞尽脑汁，费思良久，普天间问题可谓是磨炼野田外交能力的大熔炉。

前原诚司先声访美

9月20—23日野田佳彦首相对美国纽约进行了他就任首相后的首次外访，主要目的自然是深化日美同盟关系。就在野田佳彦出访美国前不久，被称为民主党少壮派急先锋的现任民主党政调会长前原诚司已于9月7日先期访美，前原在美国华盛顿以"多国协调中的日美同盟"为题进行了公开讲演，在该演讲中前原表示，在美国腾不出手的时候和相关问题上，日本应发挥相应的作用，通篇讲话表明了他要重建目前并不顺畅的日美关系和对美国提供积极合作的姿态。

前原之所以要赶在野田首相访美前到访华盛顿，除了是为了展示其在美国政府内拥有厚实人脉资源这一个人巨大资本外，也不排除是为缺乏外交经验的野田内阁营造改善日美关系的气氛，修复因普天间基地搬迁问题而极度受损的日美同盟关系。

若说到近两年一度动摇的日美同盟关系，就必须从横亘在日美两国间悬而未决的普天间基地搬迁问题谈起，这个普天间基地问题不能不说是影响日美深化同盟关系的一块巨大的绊脚石，可不要小瞧了这块绊脚石，它绊倒了民主党政权开山首相鸠山由纪夫，也使上届首相菅直人苦于迟迟无解而苦恼不已，从而致使他正式访美一再推迟直至泡汤。

轮到野田佳彦首相上台后，普天间问题一点也不比前任少，而且其解决的压力只会增大不会缩小。9月1日，野田佳彦刚当选首相后，就马上与奥巴马总统通电话，野田本打算上任伊始礼节性地问候奥巴马，但奥巴马却直截了当地提到两国间最敏感的普天间基地搬迁问题，要求野田首相将美军普天间基地搬迁作为最优先解决的问题。按照日本对外关系中日美基轴外交的一贯原则，日本新首相上台后，先与美国总统通话是两国礼仪交往中再平常不过的事，但此次野田刚就任奥巴马就毫不客气地直切美日关系主题，无疑是给新首相一个下马威，使得野田一上台就不得不面临棘手的日美关系外交难题。

从野田与奥巴马的初次通话中，就可以解释为什么前原诚司急忙访美，而野田紧随其后把出访纽约与奥巴马总统会面当作新内阁外交的首要任务了。

而几乎就在野田首相赴美访问的同时，作为普天间基地属地的日本地方当局领导人的冲绳县知事仲井真弘多抢先赶在野田到访美国纽约的前一天访问了华盛顿，这位知事在华盛顿举行记者会时高调宣称：反对现行搬迁计划，要求美军尽快将基地搬出冲绳。仲井真在记者会上还以非常激动的口吻指出，美军驻冲绳军事基地是“用枪和剑以及推土机建立起来的基地”，日本政府积极推进普天间机场向冲绳本岛的边野古海湾搬迁的行为，就是一次新的“枪剑与推土机”的掠夺性行为。他最后表示，坚决反对日美两国政府达成协议的搬迁计划，如果日美政府无视冲绳人民的反对意志，强行实施搬迁计划的话，必将会恶化冲绳人民的感情。冲绳县知事不同寻常对美国的访问以及他颇带感情的发言，对正在为如何解决普天间问题而进退两难的野田政府来说无疑是雪上加霜。

普天间基地始建于“二战”末期美国占领冲绳后，其间经历了60多年的风风雨雨，该基地位于日本冲绳县宜野湾市中心，周围住宅、学校等民用设施密集，由于安全和噪声以及美军滋事等问题，致使当地抗议声不断。既然一个军事基地建在了市中心，就不可避免地会对周边居民造成困扰，随着时间的推移，已经在日本政府、冲绳县地方政府、美国政府两国三方之间产生了长期龃龉，并且围绕着普天间搬迁问题，日本虽已经历了三届政府，但迄今还是一头雾水，破解之希望渺茫。

野田加强日美同盟关系面临着困难

野田在9月13日众议院举行的首次施政演说中明确宣布：将日美同盟视为世界稳定与繁荣的“共同财产”，表示“将深化与21世纪相匹配的同盟关系”。9月21日，野田到纽约后的第一要务便是与奥巴马总统进行会面，野田在会晤中再次强调了日美同盟是日本外交的核心这一基本立场，而在至关重要的普天间机场搬迁问题上，奥巴马并没有给初来乍到的野田留什么面子，直接要求日方努力促使问题取得具体进展，并明确提出“要求拿出一个具体的结论”这一不亚于最后通牒的断语。对此野田只能无奈地表示，将会根据日美协议推进将机场搬迁至冲绳县名护市边野古的工作，并表示将尽全力谋求冲绳居民的理解。

原本指望借访美与奥巴马会面以提升日美同盟关系从而达到巩固执政地位的野田，这趟美国之行很难说是完全舒心的，普天间问题就是日美关系前进道路上的一座大山，无法回避也无法绕行，因为不管是对于野田首相抑或是其他任何日本首相，要想取得美国方面的理解与支持以便继续深化日美同盟关系，就必须在普天间搬迁问题上制定出一套切实可行的方案，而这套方案首先得让美国方面满意才行，但在冲绳地方方面的强烈掣肘下，如何既不会激化矛盾导致出现冲绳居民的严重抗议局面，又不会得罪美方，这个巨大的难题实在是考验着野田外交的智慧。

普天间问题也从一个侧面折射了日本外交政策的失衡与无奈，从“二战”后至今的60多年间，鉴于日本战败国的地位，日本外交奉行的是围绕美国为重心的日美基轴外交，也即日本外交政策的出发点离不开美国的巨大影响力，这种“唯美国马首是瞻”的日本特有的外交政策随着时间的推移，也为日本以及国际社会不少人士所诟病，而如何纠正这种外交偏向，绝不是一朝一夕所能完成的，因为这涉及深层的历史原因与日美两国的政治走向等复杂的因素。从日本民主党上台执政后所经历的三届政府来看，鸠山提出的“日美等距离外交”无果而终，菅直人“见风使舵”又重回日美基轴原点，而野田内阁鉴于前两任日美关系不顺的教训也会继续遵守强化日美同盟的老路，因为，在维持日本民主党政权生存这一基本原则上，野田还是不得不去跟着美国“冲锋陷阵”。

日菲加强关系意欲何为

（2011年9月28日）

9月27日，对日本访问的菲律宾总统阿基诺三世与日本首相野田佳彦举行了会晤，并发表了联合声明，据日本共同社报道，该联合声明称：“南海的和平与稳定极为重要，在航行自由、和平解决纷争等方面遵守国际准则将对整个地区有所裨益。”日本共同社又指出，日菲双方就加强南海安全合作达成一致，是有意牵制中国的海洋活动。

众所周知，有关南中国海海域的争端问题只是中国与相关国家之间的双边问题，根本不是某些国家宣扬的多边问题，在南中国海问题由于被美国等域外国家介入而愈炒愈热之敏感之际，现在又冒出日本与菲律宾首脑之间谈论南海问题，这就不得不令人感到匪夷所思了。

其实，说怪也不怪，日本与菲律宾之间针对南海问题而相互靠拢，已于阿基诺三世总统此次正式访日前就显露出种种迹象。

9月9日，日本和菲律宾两国政府在东京举行了有关亚洲地区海洋安全的首次磋商，其中日菲双方谈论的主要议题竟然是所谓的“中国加强东海和南海主权主张的动向”，而若从双方政府派出的部门来看，更能看出其“来者不善”。在此次日菲磋商中，日本派出了外务省、防卫省、海上保安厅等部门的负责人出席，菲律宾则派出海洋主管部门、海岸警备队有关人士参加。而果不其然，日菲双方就海洋领域的双边合作以及地区性、全球性课题交换意见，另外，重要的是双方还确认，将推进合作，以确保日本在南海海域的航行自由和船只安全。不仅如此，日菲双方接触交往的领域还涉及影响菲律宾国内安全稳定的分离主义问题，又据日本共同社报道，日本驻菲律宾大使卜部敏直于8月18日前往菲律宾南部棉兰老岛，在反政府武装“摩洛伊斯兰解放阵线”的营地与该阵线领导人进行了会谈，此前在日本政府的斡旋下，菲律宾总统阿基诺三世于8月4日在日本与该组织领导人进行了接触。

从以上两项就可以看出日菲两国的关系和双方的互信已达到很高水平，而近年来日菲两国间的经济合作水平更是处于快速发展阶段，其标志性成就就是2008年12月生效的《日菲经济伙伴关系协定》。据日本外务省公布的资料，2010年，菲律宾进出口贸易对象国中日本均占第一位，而近年来日本在对菲律宾的经济援助方面更是高居第一位。

那么，既然南海争端问题是中国与相关国家间的双边问题，那现在又是什么深层因素在推动着菲律宾与日本这个南海争端的局外国家在大谈特谈南海安全合作问题呢？

从日本方面来看，日本加深与菲律宾的关系首先看重的是菲律宾所处的重要海洋战略地位。菲律宾地处南中国海海域的东面、太平洋的西缘，菲律宾的东北角隔巴士海峡与日本西南端的先岛诸岛遥相呼应，菲律宾的正北面又与中国台湾相距很近，且紧挨台湾海峡，所以菲律宾在东南亚享有得天独厚的海洋地缘战略地位优势。由于日本本土缺乏石油等能源，其所需的大部分石油（90%左右）等能源都需从中东地区进口，而在日本进口石油路线中，南中国海海域是日本进口油船所必经的重要路线，这条石油航线堪称是日本维持国内经济社会运转的生命航线，一旦发生不测，将会给日本带来致命的打击。明白了这点，也就不难解释为何日菲要重点商讨南海海域安全合作问题了。其次，也不排除日本与菲律宾在共同牵制中国发展方面找到了战略妥协点。从去年以来，由于南海问题的升温，菲律宾不断凸显与中国在南中国海主权争端中的强硬姿态，而日本由于与中国在东中国海和钓鱼岛上存在着纠纷，也急欲寻找战略伙伴以为其自身在海洋权益争端中获得声援与支持，这样，日本与菲律宾由于都与中国存有海洋争端而一拍即合，相互投机。再次，包括菲律宾在内的东南亚诸国传统上都是日本经济外交开展的重点地区，是日本重要的海外投资地以及原材料与能源资源进口的来源地，发展与包括菲律宾在内的东南亚各国的关系一直是日本外交的重点，在中国与东盟经济贸易飞速发展的情况下，日本内心肯定是不会痛快的，必然要继续争夺与保住东南亚这个日本的传统大市场。

再从菲律宾方面来看，菲律宾是一个拥有九千多万人口的国家，巨大的人口负担拖累着这个狭窄岛国的发展。多年来，日本对菲律宾进行了大量的政府开发援助，这点菲律宾心里很清楚，要想进一步发展菲律宾国内经济，消除南北经济发展差距，遏制分离主义趋势，都离不开日本的经济投资和大量经济援助，于是，在日本特别关心的"南海航行自由"问题方面，菲律宾自然会为之分忧解愁。

最后，还不要忘了日菲两国背后美国的影子。美国同为日本与菲律宾的盟国，在遏制中国崛起方面，尤其是南中国海争端方面，美国是挑动者和带头者，在南中国海争端上，美国非常愿意看到南海问题多边化以及复杂化，而就在阿基诺三世总统访问日本前，他还专门去了一趟美国，而日本的野田佳彦首相前几天更是为了加强日美同盟关系而访美，这恐怕就不是巧合了。日美同盟、美菲同盟这两对美国构筑的亚太安全同盟体系，少不了对南海问题投以高度的关注。

不过，不管日菲两国如何加强双边关系，如何谈论所谓的"南海安全合作"问题，都挡不住中国和平发展快速前进的脚步，过去那种围堵中国的陈旧做法只不过是镜花水月。

知史对日本而言更是一种勇气

（2011年9月17日）

英国著名哲学家培根说过：读史使人明智。中国古代先贤也说过：以史为鉴，可以知兴替。而80年前由日本蓄意挑起的那场侵略战争，虽说硝烟早已散去，但历史的记忆仍旧在世人心中永存。

在近日《环球时报》登载的《对华担忧成日本"国家情绪"》这篇特别报道中，日本一家著名媒体的编委竟然认为：在战争问题上日本民众承认日本是被美国打败，但是否是被中国打败，很多人都有疑问。相信看到此种想法的人心中都不会平静，都会去深入思考那场给近代中国带来深重灾难的惨绝人寰的战争。

从1894年中日甲午战争起，近代中国就开始了忍受日本侵略铁蹄的一次次蹂躏，一直到1945年8月日本战败，在那51年的中国历史长卷中，注定要与日本的侵略无法分解。

这里不是旧事重提，而是让我们再次重温那些沉甸甸的数字：整个抗日战争期间，中国军队共进行大规模和较大规模的会战22次，重要战役200余次，大小战斗近20万次，总计歼灭日军150余万人；在抗日战争中，中国军民伤亡共3500多万人，中国损失财产及战争消耗达5600余亿美元。正是中国付出的巨大的民族牺牲，才为整个世界反法西斯战争的最终胜利赢得了宝贵的时间并做出了彪炳世界史册的光辉贡献。如果没有中国军民对日本法西斯侵略嚣张气焰的压制与打击，如果没有以中国战场为主导的亚洲战场的同仇敌忾，也就没有世界正义力量彻底打败德意日法西斯的最后胜利。甚至可以说，第二次世界大战后形成的至今仍权威运转的国际机制，即以联合国安理会常任理事国阵营为代表的战后国际秩序安排，也是在中国无数军民可歌可泣、浴血奋战的基础上无可争议地形成的。

不过，与留在中国人心中无数的伤痛所不同的是，在日本一些当政的人中，仍旧存在着一些对过去的历史说三道四的杂音，他们不愿直面过去那段不光彩的历史，有时甚至道出一些怪诞话语，其目的无非就是：（1）争得一些保守舆论的支持，以便在议会选举中获取席位，继而赚取执政大权；（2）沉湎于过去帝国的荣光不能自拔，继续在做殖民他国的美梦，幻想着政治大国的重现。

可是，滔滔两岸阔，毕竟东流去，如果日本某些人士再在历史问题上犯迷糊的话，时间将不会再去等他们，在滚滚东流的历史长河里，他们的某些话语会被迅速流过的浪涛冲走而逝去。

曾记得在1970年12月的一个冬日，原西德总理维利·勃兰特在拜谒波兰华沙被德国法西斯杀害的犹太死难者纪念碑时那突然下跪的惊世场景，几年后，勃兰特在接受记者采访时，说出他当年心中的一种感受在催促着他去那样做，“太多的人需要排除孤独感，需要共同承担这个重责……承认我们的责任不仅有助于洗刷我们的良知，而且有助于大家生活在一起”。是的，让行动去洗刷过去的罪责，赢得的是尊敬，收获的是历史的敬仰。

《礼记·中庸》有云，知耻近乎勇。这里可以进一步引申为“知史近乎勇”。知道了、知晓了、参悟了过去的历史，就会去省思一些错误的地方，乃至有所具体行动而改正之。

极大自然灾害与核灾难在今年及至再往后可以说是日本一个翻天覆地的转折点，在此拐点之际，如何制定一个明晰的正确的令周边邻国信服的放心的国家战略，应该成为日本每一个为政的人士不得不深思熟虑的重大课题。

日本频繁换相的深层次原因

（2011年8月26日）

8月26日，在日本参议院如期通过《公债发行特例法案》与《可再生能源特别措施法》这两个同时是菅直人辞去首相职务重要条件的法案后，菅直人正式宣布辞职，这意味着几天后日本这个国家将迎来五年内的第七任首相，对于日本政坛这种领导人像过客一样匆匆一闪而过的“流星”现象，国际社会好像已是见怪不怪了，因为，大家似乎觉得，在日本，首相在位时间长反而是件稀奇之事，而首相在位时间短是很平常的，并没有什么大惊小怪的。若说到没有什么大惊小怪的，那也能找到一些理由，诸如日本社会秩序并没有因为频繁换相而发生像非洲一些国家的混乱等，但是，不可否认的是，日本近年来政府不断更迭或多或少已给日本这个西方经济大国带来一些负面影响，而且这些负面影响已经在不断显现。

英国《经济学家》杂志在最近一期的封面上，用了一个别出心裁的大标题，“变得像日本一样”，意在批评美国两党在美债危机中的表现是“变得像日本一样”。该杂志报道称，这次危机中，西方领导力的丧失如同日本一样，政客优柔寡断、不负责任、缺乏透明和智慧。而《纽约时报》日前也批评美国的政治状况，“几乎达到了日本那样的僵局”。就连日本《产经新闻》也将美国恶化的经济形容为“日本化”。“日本化”一词的出现，从另外一个侧面说明了日本政局的多变与日本领导人的无力，日本政治似乎成了无能、低效、不负责任的代名词。

曾经的日本是经济飞速发展的优等生，而如今的日本，经济滞后，政坛颓废，外交空白，这巨大的反差，迫使人们不得不思考到底是什么原因导致了

“日本化”。

首先，是日本的政党制议会政治体制。日本的议会政治体制，是在明治维新后模仿欧洲的英国与德国等国的产物，尽管明治维新在推动日本走向近代工业化的过程中取得了一定作用，但在引进借鉴欧美政治体制方面日本未必做得有多么完美，还未能完全消化与吸收欧洲资本主义政治体制，这在20世纪前半期日本发动的惨绝人寰的侵略战争中暴露无遗，在一意孤行开动侵略战车的法西斯军部面前，日本议会体制显得极度虚弱。“二战”后，作为战败国，日本无奈接受了美国一手操纵的战后政治改编与安排，在保留天皇制的基础上，建立了一个不充分的议会内阁体制，而所谓的不充分，指的是“二战”后，日本长期存在的自民党一党独大的政党体制，即五五体制，也就是自民党长期在议会属于多数党，并是能长期获得组阁权的政党，而其他政党尽管在议会也有席位，但始终处于在野党地位，这样，随着时间的推移，自民党内部就不断分化组合，形成了大小不同的派别，这些派别相互倾轧，钩心斗角，其最终目的只有一个，即获取首相职位。五五体制既不同于欧美国家的多党制，又不同于当时的各种一党制，具有日本自己的“独创性”，而这种“独创性”时间一长，就会存有许多弊端，由于不管谁组阁都是自民党人在执政，所以派别轮流坐庄、不停更换首相也就成了自民党的政党生活常态。而现在执政的日本民主党，由于其成员很多是以前的自民党脱胎而来，那么民主党在执政后就不可避免地会遗传有自民党的风气。而事实确实如此，在菅直人辞职后，本次民主党竞选党首的候选人数众多就说明了民主党也是一个派系林立的政党，所以有舆论就认为，现在的民主党就是以前的自民党的翻版，抑或是自民党的影子，而派系间争权夺利、互不相让、谁都想当首相的怪圈，不管在以前的自民党，还是现在的民主党，都原封不动地保留了下来，这也难怪日本首相会频繁更迭了。

其次，由于日本不成熟的政党政治体制而致使日本的众参两院体制也不健全。从自民党后期安倍晋三开始，日本的议会进入了所谓的“扭曲国会”时期，这种“扭曲国会”也直接导致了自民党执政地位的丧失，在民主党赢得政权后，原本期望扭曲的国会能够摆正，但在去年的参议院选举中，由于民主党的失利而致使国会又恢复了以前朝野政党各自控制众参两院的扭曲局面，而之所以出现“扭曲国会”，是因为日本的政党体制不成熟，没有形成一个像英国、德国那样的运转较为成熟的几大政党有序竞选（如英国的工党与保守党，德国的社民党与基民盟）的政党体制，在这种不成熟的政党体制下，也就很容易出现不健全的“扭曲国会”局面。而在“扭曲国会”条件下，由于在野党一方主要以迫使执政党解散国会重新大选赢得政权为目的，所以执政党一方的各种法案就无法顺利通过，国会也就成了朝野政党相互攻讦、讨价还价的场所。在这种“扭曲国会”局面下，由于首相威信扫地，执政党一方不得不以更换首相这一自己政党的颜面而重新赢得民意支持率以维持政权。

再次，日本的各大媒体在日本首相不断更迭中发挥着推波助澜的作用。这几年日本首相下台的一个重要参数就是民意支持率，一旦某个首相民调指数低于20%，就意味着这位首相到了该下台的边缘，而从安倍晋三、福田康夫、麻生太郎到鸠山由纪夫和菅直人都是在民调指数跌破20%后而黯然辞职的，这也说明大众媒体在日本政党政治中所起的独特的作用。由于各大媒体极大地影响着选民的投票意向，所以如果某位想要当选首相的日本政治家没有过硬的个人魅力或者是高超的表演技巧而无法取悦各路媒体，那就无法在首相位子上长待下去。当年小泉纯一郎之所以能够执政五年有余，就是因为小泉在日本各大媒体和普通民众中具有超高的“人气”，即使在小泉辞职后，呼唤他重回首相宝座的也是大有人在。而近年来，日本的几位首相都没有在日本各大媒体的民调中占有较高的支持率，在数次民调中始终在低位徘徊，而为了维持住执政党的执政权，换马也就是换执政党的颜面也就势在必行了。这也可以解释为什么前原诚司在前段时间推脱不想参选下届首相，而当各路媒体的民调率推高了前原的人气后，前原一改以前的暧昧态度而宣布出马竞选的重要原因。

正是以上的几种深层次原因，才造成了日本更换首相如召开年度会议一样的政治怪现状，而这种年年换相的局面如果一再重复下去，很难说日本这个国家还有多大的前途。近日，国际信用评级机构穆迪就下调了日本的主权信用评级，而下调的理由之一就是日本频繁更换首相而缺乏一贯的政策，穆迪下调日本主权信用评级这一行动让人们没有理由不担心缺乏航向的日本到底将驶向何方。今年日本已遭受了极为沉重的自然灾害等多重袭击，在这危难关头，日本更需要一位能够勇挑重担、拨云见日的真正政治家去重建日本，去重拾日本社会失去的信心。

南海争端中不容忽视的日本因素

（2011年7月7日）

近一个月以来，南中国海争端问题渐成国际舆论中的焦点问题，这一片在过去本不十分引人注目的海域，现在却成了各国争相进行战略博弈的舞台。这个本是中国与相关国家之间的双边海域争端问题，由于美国的介入而使解决的前景变得扑朔迷离，不仅如此，由于南海重要的地缘战略地位，日本也在密切注视着这片海域，也成了这场海域争端中另外一个潜在的不容忽视的因素。7月5日，日本外相松本刚明在记者会上回答有关南中国海主权争端问题时，表明了对所谓"海上安全与航行自由"的高度关注，他认为"海上安全与航行自由"直接与日本的海外经济供应链相联系。从松本的谈话中可以看出，南海所谓的"海上安全与航行自由"与日本的经济与贸易直接相关，日本关注南海的"海上安全与航行自由"乃是"自然之事"。

日本关注南海的原因

众所周知，南海之所以成为各国纷纷觊觎之地，一是南海蕴藏有各种丰富的能源资源，二是南海所处的重要的得天独厚的地缘战略地位。早在"二战"时期，日本就侵占过南海各岛礁，当时日本军国主义侵占南海岛礁的重要目的就是着眼于中国南海诸岛的重要地缘战略价值。日军大本营确定的"南洋防卫三角"，就是指夺取并固守中国香港—马尼拉—新加坡之间的陆地与海域，以确保南方物资的运输安全。其中新加坡—马尼拉—日本，或新加坡—中国香港—日本的海空航线，必须经过南沙海域，而西沙海域在新加坡—中国香港海空航线之西，西贡—海防—中国香港海运线之东；东沙海域更是中国香港线及菲律宾线的必经之地。而在南海诸岛中，当时日本又特别看重东沙群岛，因为它距离其控制下的我国台湾地区非常近，并且扼守着台湾海峡南口及巴士海峡西口这一战略要冲。

在冷战期间，由于战败国地位和日美同盟以及美苏冷战的国际大背景等因素，日本在南中国海问题上并没有显露出更多的关注。但冷战后，南海周边的国际形势发生了与冷战期间截然不同的变化，美国与昔日敌手越南的关系出现了戏剧性的转折，俄罗斯则收缩了在越南的军事存在，东盟进行扩容并且一体化程度在渐趋加深，中国经济在快速发展且国际影响力在不断提升，更重要的是南海海域在国际能源棋局中的地位日显重要。这些变化都使日本重新关注南海形势，并且开始在日美同盟框架下，以配合美国的姿态或明或暗地介入了南海争端。

在日本看来，南海对于日本的重要性体现在两点，一是南海周边所在的东南亚国家都是日本开展对外经济贸易的传统重点地区；二是南海海上航线的重要性。

在南海周边国家中，如印尼、马来西亚、菲律宾、新加坡、文莱以及泰国等，都是与日本保持着传统贸易往来的国家，而这些东南亚国家在“二战”后日本经济复兴中扮演着日本原材料供应地与商品销售市场的重要角色，一言以蔽之，南海周边国家对日本战后经济发展起着不可或缺的战略作用，是日本战后开展经济外交的重点地区。而在南海的南端则是素有“世界海运咽喉要道”之称的马六甲海峡，马六甲海峡—南海—台湾海峡这条航线是日本进口中东石油以及日本与东南亚国家、欧洲、西亚与非洲国家贸易往来的必经航线，堪称是支撑日本经济发展的“能源与经贸大动脉”。

近来日本关注南海的表现

自去年7月以来，由于美国的高调介入而使南海局势变得异常紧张，在局外观察多年的日本看准了这一时机，欲在纷乱的南海纷争中分“一杯羹”。

据日本共同社报道，去年7月24日，日本时任外相冈田克也在越南河内与越南副总理兼外长范家谦举行会谈，就近期召开由两国外交、国防人士参加的"日越战略对话"一事达成共识。日越双方将围绕中国和越南等国"各自主张拥有主权"的南沙群岛问题密切交换信息。在会谈中冈田竟然声称"日本对南海问题不能毫不关心"，范家谦则希望日本对越南的立场给予理解与配合。而几天后，也就是7月27日，日本外相冈田克也在记者会上就南中国海的领土争端又强调说，除当事国外，应该促进包括东盟各国、日本、美国等在内的国际框架下的对话。冈田就日本参与的必要性称："南海是交通要道。如果发生不稳定，有可能对亚洲的和平造成影响。"关于中国主张各当事国间单独进行谈判以解决争端，冈田称："领土问题或许最终是两国间的问题，但各种主张错综复杂，希望在东盟地区论坛部长级会议等场合进行建设性的讨论。"

进入今年6月以来，南海危机呈愈演愈烈之势，而就在这一个月之内，日本一些直接与南海争端相关联的外交动向很值得关注。

首先是日越关系的拉近。据日本共同社报道，6月2日，越共中央书记处常务书记张晋创应邀访日，日本首相菅直人和外相松本刚明等相继与其会晤，在会谈中日越双方讨论了就南海局势紧密合作的计划。

其次是日本加强与南海周边重要国家印尼的战略关系。6月15日日本政府决定，计划每年与南海周边重要国家之一的印度尼西亚举行外交、安全和经济等领域的部长级对话。将定期举行的是日本和印尼两国外长战略对话和防长会谈，另外将新设外交、防务部门的高级工作磋商，在这一系列对话中，中国与越南等部分东盟国家的南中国海主权纷争将成为议题。日本外务省干部称，日本政府的立场是：为确保南海安全，希望通过包括日、美两国在内的多国框架对话解决问题。6月17日，日本首相菅直人与到访的印尼总统苏西洛举行会谈，会谈中除了讨论加强日本—印尼双边战略关系外，还就如何应对南中国海地区局势日益紧张这一敏感问题进行了讨论。在其后举行的一次记者会上，日本外相松本刚明表示，确保南中国海的航行自由和海上安全对于日本来说极其重要，日本还希望印尼在这些事务上发挥作用。

再次就是加强与巩固日美同盟关系。在6月21日的日美安保磋商委员会（2+2）会议上，日美公布了含有"敦促中国遵守国际行动准则"等内容的共同战略目标，鉴于南中国海争端日趋紧张，该共同战略目标强调“遵循国际准则”和“通过遵守航行自由的原则维护海洋安全”尤为重要，并明确要求中国停止对他国船只采取妨碍行为。

南中国海争端问题，本来应该是中国与相关争议国家通过双边直接谈判和友好协商，以和平方式妥善解决。但目前的困局是包括美国与日本在内的一些域外国家直接的介入使得南中国海形势变得高度错综复杂，而这种复杂甚或混乱对美国与日本当然有利可图，不可谓不有“趁火打劫”之势。

综观日本近来在南海上的表现，可以看出，其要达到的目的：一是维护日本一贯在东南亚的传统利益，继续彰显日本的存在，保持在东南亚的传统影响力。近年来，随着日本经济常年的低迷徘徊，日本在东南亚的影响力渐有力不从心的感觉，而东南亚国家对于日本经济振兴来说仍旧具有不可估量的重要作用，在对日本能源资源的供应及与日本贸易往来等方面的重要性仍旧不可替代，而且东南亚国家也是日本梦寐以求获得联合国安理会常任理事国的重要拉拢对象。二是通过介入南海问题以牵制中国的发展。近年来中国飞速的发展给包括日本在内的西方国家造成无形的压力，尤其是日本很不情愿看到中国的发展超过自己，如果能在中国周边制造一些混乱致使局势不稳从而牵制中国的发展，那样就正中日本等西方国家的下怀。南海问题对于日本等西方国家来说就是一枚牵制中国快速发展的战略棋子，如果中国最终顺利解决了南海问题，那对日本等国来说不啻于一场噩梦，因为那就等于为中国找到一处极好的海洋战略纵深点，将会助推中国得到进一步发展的空间，那时将会给日本在南海的战略航线带来意想不到的麻烦。另外，上述的马六甲海峡—南海这一战略航线，同时也是中国能源与经贸的重要海上航线，如果能在南海制造不可收拾的混乱，就能打乱中国的经济战略部署，从而为日本等西方国家坐收渔翁之利提供便利，而这一点，也正是日本等西方国家最为看重之处。

不过，纵使日本的图谋有多么周全，其扰乱南海局势从中得利的计划很难奏效，因为中国经济继续在稳步快速发展，中国综合国力继续蒸蒸日上，而且中国奉行的睦邻安邻富邻的周边外交政策正在不断获得进展，南海紧张形势终究会获得稳定，南海问题也一定会得到妥善解决。

菅直人虽涉险过关，但挑战犹存

（2011年6月7日）

2011年6月2日下午，日本众议院全体会议就在野的自民党、公明党和日本奋起党日前联合提交的针对日本民主党代表（党首）、首相菅直人内阁的不信任决议案进行了表决，结果该议案最终以293票反对、152票赞成被否决。这样，菅直人首相就侥幸又一次躲过了一场政治大危机，得以继续维持其处于风雨飘摇中的内阁。

自然灾祸，菅直人两次躲过政治危机

让我们不妨把目光再拉回到3·11大地震那天，地点同样是在日本国会议事堂，菅直人在当天上午出席国会参议院预算委员会会议时，承认自身资金管理团体曾在不知情情形下接受一名在日韩国人政治捐款，最大的在野党自民党本来想阻止2011年度预算案相关法案通过，让菅直人政府无法执行预算，从而迫使他或者下台或者解散众议院。当在野党自民党发难逼迫菅直人辞职的时候，日本突然发生了大地震，这无异于给本处于悬崖边缘的菅直人扔过的一根救命绳索。在这场巨大惨烈的自然灾祸面前，日本在野党只好无奈地放弃了"逼宫"的打算。

随着日本震后重建工作的开始，更重要的是，由于在处理福岛第一核电站事故过程中暴露出来的种种沉疴弊病，菅直人内阁的应对乏力便再次给在野党提供了第二次倒阁的口实与机会。

不过，令人感到巧合的是，这次菅直人能够再次涉险过关，也是得益于

3·11大地震及其连带的福岛核危机。

首先，目前日本全国上下正忙于震后恢复重建和尽快解决福岛核危机，可以说这两件要事，不管是对执政的民主党政府还是对在野的自民党等其他党派来说，都是重大而紧迫的，都不能拖后，更不能耽搁延误，特别是在惨烈的核危机面前，任何闪失都会招致更大的麻烦，这既不是菅直人领导的民主党政府所能承担得了的，也不是瞄准时机、期望重新夺取政权的自民党所能负责得了的。

其次，由地震和海啸引发的福岛核危机是一场综合性的、高度复杂的核事故，从某种程度上说，平息处理福岛核危机更是需要日本朝野一致、倾力而为，如果朝野政党非要争个高下，假使6月2日对菅直人的不信任议案真的顺利通过，那么，在新首相重新选出来之前，势必要造成一段政治空白期，在这段群龙无首的空白期里，对正急需制定合理对策、彻底平息福岛核危机的关键时期，不啻是自带枷锁。

再次，能否成功与顺利地使重灾区恢复重建以及完全平复福岛核危机也在考验着日本朝野各政党的政治智慧，是评判哪个政党今后是否能够有资格执政的标杆，也是朝野各政党争取民意支持率的重要依据，同时，更重要的是关系着各政党在下届众议院大选中的得票率以及能否获得组阁权。6月2日的不信任决议案之所以能以大多数票数被否决，也不无与日本朝野各党各派受制于日本面临的巨大灾难有关，这从这次民主党内的投票动向也可见一斑。在6月2日不信任决议案投票前几天，民主党内暗流汹涌，小泽一郎誓言要在不信任决议案中带领其支持者投赞成票，但在6月2日当天的表决中，小泽一郎竟然出人意料地缺席，没有参加对菅直人内阁不信任决议案的投票表决，而极力劝说菅直人辞职的前首相鸠山由纪夫也在表决中投了反对票，小泽与鸠山的意外转向，其实质上是二人及其所属的派别在日本面临巨大灾难面前的一种折中的选择，与其投了赞成票使得民主党分裂而使自民党得以重新上台，还不如先保住民主党的执政地位，以给民众和舆论营造一种“大难当前，大局为重”的所谓民主党的“良好形象”。

闯关虽过，菅直人执政前路依旧坎坷

尽管说，是在巨大的自然灾害与核危机以及朝野各党权衡利弊得失的情况下，菅直人得以闯关，暂时保住了首相位子，但菅直人执政前路依旧坎坷，能否继续执政，执政时间能维持多久，后菅直人时代的人选与走向如何，这都是日本国内以及国际社会所不得不关注的问题。

首先，震后恢复重建与平息核危机的艰巨任务依然摆在菅直人的面前，这由不得菅直人以及其他各党去分心他顾，因为这是关系着未来日本走向的重大原则问题，而真正能够完成灾后重建与彻底平息核危机又是何等的艰难，尤其是核危机问题，更是难上加难。据共同社报道，多名东京电力公司官员日前表示，东电"不可能在年内平息核事故"，由于已判明1~3号机组发生了堆芯熔化，而且反应堆压力容器出现了破损，因此东电官员认为"作业进度或将大幅延后"，一名东电官员甚至认为，"所谓9个月的期限，只是一个努力目标"。这从一个侧面也说明了福岛核危机有可能将长期化，而福岛核危机已不仅仅是一个日本国内的问题，更牵涉到国际社会，能否成功处置核危机问题，不仅日本国内各党派和普通民众高度关注，而且整个世界都在密切注视着日本是如何处理这场突如其来的核危机的，处理得好，自然能为菅直人继续执政增添合理性，处理得不好，抑或有延误或失误，都会使菅直人乃至整个民主党背负失职的重责，而菅直人在救灾中的任何纰漏都会成为其对手或者在野党发起下次倒阁风潮的最好把柄。

其次，菅直人首相在6月2日表示将在日本大地震灾后处理有了一定眉目后辞职，这就使后菅直人时代日本政坛走向的问题提上了日程，而且由于菅直人的表述很模糊，并没有明确说明辞职的具体时期，这就给后菅直人时代日本政坛的又一轮分化组合埋下了伏笔，同时也可能会带来一些隐患，如会给日本灾后重建和处置核危机带来一些决策上的掣肘，而且也会部分影响到日本的对外关系，特别是日美关系，由于近期日美两国在普天间美军基地搬迁问题上争议与分歧不断，致使菅直人首相的访美计划一再推迟，而6月下旬日美两国还计划举行日美安保磋商委员会会议（2+2），在此节骨眼上，日本政坛的纷争不已，必然会弱化与牵制日本与美国深化同盟关系的努力和进程。

核电安全——非传统安全领域的新重点

（2011年5月23日）

日本福岛第一核电站事故已事发两个多月，但平息核事故仍然处于极度艰难进行状态，这也说明了核电事故的解决既与普通事故不同，也不同于其他自然灾害，核电事故的解决是一个涉及人员、机制、理念以及地理环境、大气海洋甚至整个国际社会的综合复杂问题，可以说牵一发而动全身，作为地球的主宰，人类社会如果还要继续利用核电来支撑能源供需的话，就要永久重视核电发展与利用中的安全问题。

一、核电安全是中日韩三国峰会的主题

5月22日，中日韩三国首脑在日本举行了三国首脑的第四次会议，而在此次峰会召开前的一天，中日韩领导人专程到福岛对因核事故而避灾的民众进行了慰问，此举也从侧面为这一次中日韩三国峰会定下了基调，那就是如何因应福岛核事故所带来的巨大影响，而中日韩是比邻而居的三个国家，福岛核事故不仅仅给日本造成重大的损失与深远的影响，给中韩两国也会带来不小的冲击。

在中日韩三国峰会中，核电安全、加强核事故信息交流、核事故应急机制建设等成为三国首脑讨论的重点话题，峰会后发表的《第四次中日韩领导人会议宣言》中，“加强核安全合作”的话语被醒目地写入这个宣言里，说明了核电安全的重要性愈发凸显，已超出了日本一国的范围，同时也将使核

电安全成为一种理念，成为一种要逐渐深入普通人心的核能利用文化。

二、核电安全将成为非传统安全领域的新重点

在当今纷繁复杂的国际关系体系中，各种非传统安全因素纷纷涌现，比如大家耳熟能详的恐怖主义、海盗、大规模传染病等，但核电安全却是一个新近的对人类社会可能带来恐慌的非传统安全因素。

往常在国际关系中，石油安全已被各国充分认知，由于20世纪70年代的石油危机，石油对各国经济安全造成的不利影响已让各国领略过其中的滋味，再加上中东地区局势的变幻莫测，加强石油安全、确保石油安全早已是各国尤其是各大石油消费国家关注的重点，所以说石油安全的理念较为深入人心，并不是夸大之语。尽管美国和苏联两大国已经发生过两次严重的核电事故，而且苏联切尔诺贝利核电站事故的情况更为惨烈，不过，由于核电的发展与利用一般先在发达国家而且属于高技术集中行业，这样与石油、煤炭和天然气等传统化石能源相比，其在普通民众中的普及率就很低，而石油与煤炭这两种很平常的能源，与普通大众的生活息息相关，所以，说起石油与煤炭的重要作用、讲起石油与煤炭安全等，相信大多数人都能说个大概，而与石油安全相比较，核电安全的概念与理念就好像离普通大众远了一些，至少在普通大众心中，危险甚或威胁都似毫不相干。

但核电安全并不以人类社会忽视抑或轻视其的客观存在而有所减少或削弱，自从人类社会开始利用核能试图为工业文明再添一个轻便的能源阀门之时起，核电安全就始终与核能发电相生相伴，核电就似一把双刃剑，如果利用不好，在利用过程中的任何疏忽大意，都会伤到利用核电的人类的自身。

就从此次福岛核事故来看，尽管是无法预见的巨大地震与海啸导致了核反应堆的受损，但如果日本相关核电运营与监管机构有战略眼光、有高度的预见性、有完善的应急方案以及严格的规章制度，或许就不会发生与切尔诺贝利核事故同样级别的重大事故，或者即使发生事故，也是可以把事故及时控制住的，或者是可以把事故带来的损失减到最低程度。

三、预防第一应成为核电发展与利用的要义

中国传统的中医学认为：上工治未病。其中的深刻含义就是指在疾病未发生时，良医要有预见性地告诉患者，通过调养身体自身免疫系统而达到预防疾病的目的，要把疾病消灭在萌芽状态。如果把中医的治未病思想放在核电发展上，那就是预防第一应成为今后人类社会更好地驾驭核能发电这驾马车的重要理念。

在5月22日发表的《第四次中日韩领导人会议宣言》中，中日韩三国明确表明：认识到核能仍然是许多国家的重要选择，但发展核能应以确保核安全为前提，并坚持“安全第一”的原则。这句话也从一个方面体现了预防第一发展核电的思想理念，在目前各个核电拥有国家中，由于福岛核电事故的消极影响而完全彻底摒弃核电毕竟不是现实的选项，在人类社会还没有研发出既能低碳排放、不污染大气环境，又能成为人类经济社会发展所大规模需要的低成本能源之时，核电作为一种能源选项，在今后的十几年里，恐怕还得是各国经济社会发展所依靠的能源来源之一，在此现实条件下，如何科学、安全、高效及有序地发展核电就不能不成为各个核电拥有国家所深入思考的重要课题了。

核事故的惨烈、核辐射与核废物污染的无国界，将会迫使预防第一成为今后核电发展过程中重要的理念，如果“预防第一、安全第一”这一科学理念能完全真正贯彻到核电发展过程中的每一个环节，也就能更好地发挥核电的益处，从而推动人类经济社会获得更好的发展。

日本核危机或对国际能源格局产生影响

（2011年4月6日）

日本东北部3·11大地震及其引发的强烈海啸，严重冲击了临近震中的福岛第一核电站，直至目前，对福岛核电站事故的解救与处理仍在紧张进行当中，尽管其最终结果仍待进一步观察与评估，可福岛核事故是继1979年美国三里岛核事故与1986年苏联切尔诺贝利核事故之后的世界上又一起重大核事故，恐怕也是不争的事实。福岛核事故是一次重大的核危机，但或许也是一个转机，可能成为新一轮世界能源格局演变的契机。

一、福岛核事故促使各国重新审视核电发展

尽管世界核能发电并不会因为此次日本福岛核事故而完全搁置，但福岛核事故对世界各个核能发电国家及全球能源格局无疑会产生深远的影响。这种影响体现在：核电发展理念、核电安全标准、核电应急体系、核电燃料与废弃物严格管理、核电科学选址等。目前，随着各国开始评估本国核电站的安全性，必然会促使各国重新审慎看待未来核电发展规划，必然会促使国际社会重新思考未来能源发展格局。

国际社会对日本核事故反应最为强烈的是德国。德国总理默克尔3月14日在柏林宣布，暂停去年通过的延长核电站运营期限计划3个月，在此期间，德国将对所有17座核电站的安全性进行毫无保留的彻底检查。这是日本福岛核电站事故后，德国政府首次在延长核电站运营期限问题上做出重大政策

转向。不仅如此，德国数万民众也于3月26日同时在柏林、汉堡、科隆以及慕尼黑4大城市举行反核电大游行，要求政府关闭本国核反应堆。而在3月27日的巴登–符腾堡州议会选举中，默克尔总理领导的基民盟遭遇失利，绿党则赢得了历史性胜利，绿党之所以能赢得选举，主要得益于此前发生的日本核事故，巴符州有4座核电站，而绿党主张关闭德国所有核电站，日本福岛核事故的巨大冲击迫使选民认可了绿党的政策主张，绿党也成为日本核危机的间接受益者。

世界其他一些国家也表示或慎重发展核电或加强核电安全检查，如瑞士、澳大利亚、以色列、菲律宾、印度、泰国、俄罗斯等，而世界上另外两个核电大国美国与法国，其国内也对是否进一步发展核电产生了激烈的争论。

二、福岛核事故可能引发世界能源格局变化

据日本共同社报道，日本首相菅直人3月31日表示，由于发生了福岛第一核电站事故，日本要将原先制定的到2030年年底前新建14座以上核电站的政府能源基本计划“推翻重审”。关于福岛第一核电站1～6号机组，菅直人也表示“不得不废堆”。这就意味着占日本总发电量比例达34%的核电未来将会大幅减少，日本需要重新评估核电在日本能源结构中所占的比例，今后几年日本核电的走向将面临很大的不确定性。

为了因应日本核电事故的影响，作为世界核电大国的美国也在重新思考未来能源发展规划。在此背景下，美国总统奥巴马于3月30日上午在华盛顿乔治城大学发表了能源政策演说，奥巴马这次演说的主要观点为：美国不仅要增加国内石油的生产，还要与美洲邻国加强合作，共同开发油源；大力开发风能、太阳能与生物燃料等可再生能源，并鼓励制造新能源汽车。奥巴马发表能源政策演说也说明了日本核危机的影响已超出了日本一国的范围，都对美国这个在世界能源格局中占有重要地位的国家产生了一定的影响，而美国这个能源大国一旦对其能源政策做出调整，也必然会促使世界能源格局发生变化。

三、福岛核事故对化石能源与可再生能源的影响

受福岛核事故的影响，各个核电国家会延缓核电发展进程，将会使核能发电量下降，而包括日本在内的各大能源消费国家将被迫增加石油与天然气等化石能源的进口，受此影响，再加上中东一些产油国局势不稳，世界石油和天然气价格会大幅飙升。得益于石油与天然气价格的上升，一些中东国家以及俄罗斯等富含石油与天然气的国家将会从此次日本核危机带来的世界石油与天然气大需求中获益颇多。

不过，在石油、天然气和煤炭等传统能源储量有限的情况下，如果各国重新加大对传统化石能源的消费，势必会造成供需矛盾，一方面致使化石能源价格大幅上升，另一方面也会加大节能减排的压力，无意中给全球气候变化带来消极影响。

福岛核事故后续处理的艰难，也使各国进一步思考今后世界能源利用的走向。这样，风能、太阳能、水电与生物燃料等可再生能源就很有可能成为下一轮世界能源消费格局的重要角色。

太阳能与风能都是取之不尽、用之不竭的可再生清洁能源，而且太阳能与风能发电具有无污染和安全性高等许多的优势。近几年，世界太阳能光伏发电发展很快，欧洲、日本和美国都制定了庞大的光伏发电发展规划，尤其是日本与德国，其国内太阳能发电起步较早，近年来已取得很大进步。

国际社会在总结日本核事故惨痛教训的同时，客观上也为风能与太阳能这两种集安全性能高与对环境空气无污染这两大优点于一身的可再生能源提供了大显身手的舞台，如果风能与太阳能未来能够克服自身的一些缺点，在发电技术上取得新的技术突破，那么，人类社会就能更加科学、安全、合理与高效地去发展与利用这些可再生能源了。

能源——中日竞争还是合作

（2010 年 2 月 3 日）

近日，日本《选择》月刊2010年第1期载文指出，中国正在赶超世界第二大石油进口国日本，并且开始主导中东油价走势，油价形成机制的主导权从而逐渐向中国转移。与此同时，《日本新华侨报》载文转引《日本经济新闻》指出，中国已经取代日本，正在成为亚洲地区在中东进口石油最多的国家，该文又引述日本经济产业省的统计数据指出，2009年1月至11月，从总体来看，日本从中东地区每天进口361.3万桶原油，中国从中东地区每天进口398.9万桶原油。文中不无忧虑地指出，如果中东产油国对中国的出口不断扩大，就有可能影响对日本原油的安定供应。

上述日本报刊对中日两国从中东进口石油的议论，是有一定原因的，结合2009年6月、12月中东产油大国伊拉克举行的两轮油田对外招标活动，我们可以看出此中的端倪。去年6月，伊拉克政府举行2003年美军入侵伊拉克以来首次大型能源招标，英国石油公司和中国石油天然气集团公司联合中标伊拉克最大油田鲁迈拉油田（蕴藏约170亿桶石油）；去年12月，在伊拉克大型油气田开发权展开的第二轮国际招标中，中国石油天然气股份有限公司联手道达尔和马来西亚石油公司联合中标伊拉克哈法亚油田（可采储量约为41亿桶）。与中国在伊拉克接连成功获得大型油田开发权相比，日本在伊拉克两轮对外油田招标中收获不多，仅仅在去年12月的伊拉克南部加拉夫（Gharaf）油田竞标中，日本石油资源开发公司（JAPEX）与马来西亚国营石油公司

(Petronas)联合中标，而加拉夫油田的探明储量约为8.6亿桶。

由中日两国在伊拉克获得油田开发权可知，日本对中国在伊拉克不断扩大油田开采权，是怀有一种莫名其妙的焦虑心情的。日本共同社在对日本中标伊拉克油田的新闻报道中这样说，"这是日本企业首次竞得伊拉克油田的开发权，尽管在资源外交上落于中国之后，但凭借此次在伊拉克获得的权益，日本得以在能源安全保障上迈出一步"。从中可以看出日本对确保本国能源安全的急迫心情，也从侧面表明了对中国在中东扩大原油进口的担忧。

众所周知，中东地区是世界上原油蕴藏最丰富的地区，而沙特阿拉伯、伊朗、伊拉克、阿联酋则是世界原油储藏与生产大国。由于中东地区在世界能源版图中的独特地位，长期以来都是日本重要的石油进口来源地。根据日本外务省公布的资料，以2008年为例，日本从中东石油输入比例占到89.2%，其中沙特31.1%，阿联酋25.4%，伊朗11.5%，卡塔尔10.2%，科威特8.2%，阿曼1.5%，伊拉克1.0%。从这些数据可以看出，中东石油对确保日本能源安全起着至关重要的作用。从20世纪50年代末开始，随着世界各大工业国逐渐加深对石油等化石能源的依赖，以石油为代表的化石能源就成为工业国家经济社会发展的战略支撑，日本也不例外，20世纪60年代，是日本经济飞速发展的时期，而成就日本成为经济发达国家的重要因素，就是当时能够从中东进口到源源不断的便宜的石油，可以这么说，离开了中东石油，日本不会在战后20多年内就成为经济强国，或者说离开了石油，日本的经济发展就会迟滞。这一点，在20世纪70年代的两次石油危机（1973年与1978年）中得到了印证，而这两次石油危机都打击与延缓了日本经济发展，迫使日本从此以后一直到今天都高度重视中东伊斯兰产油国家，并为了避免石油危机的再次发生，日本采取各种措施与中东伊斯兰国家加深关系，有时甚至不惜冒违背盟国美国意志的危险，而与像伊朗这样的反美国家保持能源合作关系。

从客观的角度来说，日本重视与中东发展关系是与其国内极端缺乏能源有关，日本是一个本土几乎不蕴藏石油的国家，而石油又是支撑日本经济发展的战略命脉，所以日本自然会把目光瞄准产油非常丰富的中东地区。在经历了两次石油危机沉重打击后，日本也想摆脱对中东石油的过度依赖，通过采取发展核能、太阳能、风能以及生物能源等新能源的措施，来化解对石油等传统能源的进口依赖风险，但是不管如何，石油这一传统化石能源在日本能源消费中的比例直到今天仍旧保持在45%左右，在日本能源消费比例中还是占据首位，所以在可预见的二三十年内，日本依然会把确保石油进口安全尤其是中东石油进口安全列为日本能源外交与能源安全的重中之重。

在分析了日本为何高度重视中东石油进口后，再看中国的石油进口。中国在20世纪90年代中后期后，随着经济发展的增速，对石油的需求在不断增加，中国国内已有的油田产量已不能或不够满足国内对石油消费的需要，在进入21世纪后，中国加大了从国外如中东与非洲国家进口石油的力度。但这样一来，同处于东亚的日本就会感到无形的压力与竞争感，在日本看来，石油就如同一块大蛋糕，不管是谁多咬了一口，肯定会使这块蛋糕变少，而对依赖于海外石油进口的日本来说，多了一个石油进口大国，就会对日本的石油安全造成影响，尤其是对于日本这样一个缺乏能源的国家，石油进口一涉及竞争就格外敏感。

说到这儿，好像是中日在海外石油进口上狭路相逢，竞争在所难免。其实，如果说有竞争的话，也是日本自己在制造紧张局面。国际能源贸易，和其他国际贸易一样，都要涉及进出口、涉及市场份额、涉及价格、涉及买方卖方等因素，既然是贸易，就有一定的竞争，当然这种竞争是良性的合法的竞争。日本与中东国家的石油贸易比中国要早很多，也比中国经验要更丰富，中国也就是仅仅近年来才涉足从中东进口能源的，而真正涉及竞争，也只能说是日本和其他从中东进口能源的国家，如美国、欧盟国家、印度、韩国等，而且像美国和欧盟国家，都是中东的石油进口消费大国，尤其是美国更是把中东产油国如沙特等视为自己的利益范围。虽说中国近年来对中东石油有些倚重，但和日本、美国对中东的依赖相比，根本不可同日而语，所以说，日本认为中国增加从中东进口能源对日本是一种压力或是竞争甚或是威胁，只能说是日本的片面理解与偏见。

既然中国从中东进口石油与日本不是一种竞争关系，或对日本不造成威胁，那么在所谓的竞争或威胁的背后，是不是可以探索到双方利益的共同点，抑或是合作的共性呢?而这种合作的因素愈多,就愈能驱散中日能源竞争的阴云,也愈能推动中日关系的良性互动。

中日两国既然都从中东进口石油,那么就都面临着远洋运输问题,而中日两国远洋运输原油需经过波斯湾的霍尔木兹海峡、阿拉伯海、孟加拉湾、马六甲海峡等海洋战略通道,这条航线时常会有海盗等非传统安全威胁,一旦中国或日本的巨型油轮遭到海盗劫持,将会对当事国的能源安全造成很大影响。而海盗等问题已不是中国或日本一国面临的问题,它已成为一个世界性难题,所以打击与防范海盗是中日等远洋能源运输国家都需解决的问题,在打击防范海盗问题上,中日可以找到合作契合点。

石油等化石能源作为一次性能源,未来毕竟会有枯竭的时候,所以日本多年来致力于提高能源效率与开发新能源,已积累了丰富的经验和掌握了领先于世界的技术,中国作为能源消费大国也急需节约能源、提高能效和发展新能源,如果中国这样一个世界人口大国,能够在节能方面做出巨大成绩,那将不仅对中国有利,而且给全球都会带来积极的影响。中国进行节能,能够很好地改善中国国内的环境与气候,进而对周边的海域和大气形成良性循环,这样对一海之隔的日本也会有很大好处,所以中国和日本可以尝试在节能与环保上进行合作,这对中日两国来说是件双赢的事情。

为了避免和预防中日两国在中东以及其他地区的能源竞争,中国、日本、韩国、印度等亚洲能源消费大国可以探索成立一个亚洲能源消费国论坛,论坛参与人士可以由官方、民间有识之士组成;该论坛讨论的范围包括:防止能源进口恶性竞争、中东石油出口定价机制、石油储备机制、协调成员国的能源政策、节能措施与开发新能源等;论坛召开时间可以选在每年召开的东亚系列峰会的间隙,这个论坛发展成熟的话,可以为东亚地区经济一体化建设形成助推力。

日本与印度缘何不断接近

（2009年12月31日）

日本和印度同为亚洲大国，日印两国近年来不断接近，其双边关系的发展值得关注。

2009年12月27—29日，日本首相鸠山由纪夫对南亚大国——印度进行了访问，这也是2009年一年，日印两国首脑进行的第四次会晤，而就在之前，2009年7月，时任首相麻生太郎在参加意大利八国峰会时，与印度总理辛格举行了会谈；2009年9月，日本新任首相鸠山由纪夫趁出席在美国举行的20国集团金融峰会之机，与印度总理辛格举行了会谈；2009年10月，日本首相鸠山由纪夫出席在泰国举行的东亚峰会时，与印度总理辛格举行了会谈。日印两国首脑一年内在多边与双边场合举行了四次会谈，足见日本与印度这两个地区大国对发展与加深双边关系的高度重视。

日本与印度于1952年建立了外交关系。冷战期间，鉴于日美同盟与东西方冷战的背景，日本与印度的关系处于缓慢发展期，冷战后，不断变化的国际形势，促使日本逐渐开始重视印度的地缘战略地位。

从地图上看，印度位扼波斯湾与马六甲海峡这两大海上战略要冲，而且印度国土的最南端好像一把利剑直插茫茫印度洋深处，如果发生战事，印度就会占有天然的地理优势。9·11事件后，美国发动的两场直接牵涉到南亚与中东的地区战争——阿富汗战争与伊拉克战争，使得波斯湾—阿曼湾—阿拉伯海—孟加拉湾—安达曼海—马六甲海峡这一环印度的海上线路的战略地位愈加凸显，而日本是一个能源贫乏国家，其经济社会发展所必需的大多数石油等能源都要从中东地区进口，而上述的环印度海上航线就是日本的海上能源运输大动脉，这条海上航线，关系着日本的经济战略发展前途，如果遇到突发事件或重大自然灾害而使航线中断，那就不是油轮绕行致使航距大幅变长的麻烦，而是会危及日本国内的发展与稳定。

尽管日本与印度相距很远，尽管印度并不一定是日本最适合的投资国或是日本较好的经济合作伙伴，但急速变化的南亚中东地区局势迫使日本不得不开始重视印度。

进入21世纪以来，日印双边关系迅速拉近。2000年8月，日本时任首相森喜朗作为10年来第一位访问印度的日本首相访问了印度，日印双方决定建立日印“全球伙伴关系”。2005年4月，日本时任首相小泉纯一郎访问了印度。2006年12月，印度总理辛格访日，双方宣布将两国关系升级为“全球战略伙伴关系”，还把2007年定为“日印交流友好年”。2007年3月，日本与印度举行了第一次两国外长战略对话。2007年8月，日本时任首相安倍晋三访问了印度，安倍与印度总理辛格围绕着政治与安全保障、经贸合作、环境能源等双方关心的话题举行了会谈，两国首脑发表了《关于新时代日印全球战略伙伴关系路线图的共同声明》以及《日印环境与能源共同声明》。2008年10月，印度总理辛格访问了日本，与时任日本首相麻生太郎举行了会谈，两国首脑发表了《关于推进日印全球战略伙伴关系的共同声明》和《关于日印安全保障合作共同宣言》。

近年来日本与印度的经济合作也呈逐年增加趋势，印度作为新兴国家，能为日本出口导向型经济找到较为合适的市场。

日本对印度出口逐年递增：2005年35.4亿美元，2006年44.5亿美元，2007年61.5亿美元，2008年79.1亿美元。日本对印度直接投资呈逐年剧增趋势：2005年298亿日元，2006年597亿日元，2007年1782亿日元，2008年5429

亿日元。

日印两国关系的拉近并不是日本或是印度任何一方的一厢情愿，日印构筑战略伙伴关系是日印两国出于各自的大国战略目标的相互需要。

1. 日本、印度都有大国情结，日印都谋求成为政治大国，都想成为联合国安理会常任理事国。近年来，日本、印度、巴西和德国四国为寻求成为联合国安理会常任理事国而组成集团，尽管遭遇挫折，但这几国并没有放弃目标，例如这次鸠山访问印度时，日印两国发表的《共同声明》中又提到安理会需要改革，再次确认要扩大常任理事国。

2. 日本与印度社会制度相近，都是西方资本主义国家，拥有相同的民主价值观。

3. 在防范中国崛起、制约中国发展上，日印两国有战略共同点。近几年，日印两国在安全保障领域的合作不断扩大。2009年4月底到5月初，美国、日本以及印度海军的舰艇、飞机和潜艇在日本冲绳进行代号为“马拉巴尔09”（Malabar 09）的海军演习，表明美、印、日三国的海上联合演习逐步走向机制化；2009年11月9日，印度国防部长安东尼就访问了日本，与日本防卫大臣北泽俊美就加强海上安全保障合作进行了会谈。鸠山访问印度，在安全保障领域达成的一个重要成果就是日印“2+2”会谈，也即日本与印度将每年定期召开外交和防务部门的副部长级对话，继美国后，印度是第二个与日本签署此类协议的国家。日印在安全保障领域的合作，不能不说与针对中国有关。

4. 在确保能源安全以及在节能与环保技术上，日印两国有合作的共同需求。日本与印度都是能源进口与需求大国，尤其在石油领域，日印两国都需要从中东进口石油，而两国都需要确保海上进口石油路线的安全，所以在确保海上石油进口安全上，日印两国有共同利益。近年来，印度洋海域海盗问题日益猖獗，在共同打击海盗上，日印两国也有相互合作的必要。在印度国防部长安东尼访问日本时，日印发表的《共同新闻公报》中，就明确提出“日印双方要确保相关海域的海上交通路线安全”。

日本拥有先进的节能与环保技术，而印度是一个能源消费与进口大国，印度也需要节能与减排，以抑制其不断迅速增长的化石能源需求。这样，日本与印度在节能与清洁能源技术上以及减少温室气体排放上互有合作的需求。在日本首相鸠山与印度总理辛格发表的《共同声明》中，日本与印度表达了要在提高能源效率与节约能源上加强合作的意向。

日印逐渐扩大的战略关系，对中国有一定的影响，因为这涉及中日关系与中印关系的发展。在中、日、印三边关系中，要密切注意观察日印关系的发展变化，同时要积极继续发展与深化中日关系、中印关系。

后 记

本书是笔者自2011年至今应邀为一些媒体所撰写的有关日本时政动态的时评类文章的结集。

几年时间过去，当初只是一时兴起而为媒体撰写的时评文章，如今已经能够积累到结集出版，我自感欣慰。

国别问题研究特别是日本问题研究，需要从历史的角度去挖掘现实问题的根源，需要从历史的角度来诠释现实问题“为什么会这样”，需要从历史的角度来分析现实问题“该怎么办”。

日本问题研究尤其是“二战”后（特指当代）的日本问题研究，存在着现实与历史交织，历史问题频频“光顾”现实问题的客观状况，如果不对历史问题做一个长期、深入与理性的关注与分析，那么，就难以深入认识与认清现实问题，就难以从纷繁复杂与扑朔迷离的现实问题中厘清头绪。

这里所说的“历史问题”，是指已经深刻并将继续影响到现在日本政治与外交走向的“二战”历史认识问题。

如何看待与认识“二战”历史认识问题，如何解决“二战”历史认识问题，是牵涉到日本外交政策以及日本外交走向的根本问题，同时，这一“巨大的问题”，也牵涉到日本与东亚地区国际关系的大格局。

如果日本能真心看清“二战”历史认识问题的极端重要性，如果日本能够以战略眼光看待与处理“二战”历史认识问题，如果日本能把真诚解决“二战”历史认识问题作为其国家完全融入国际社会的切入点，如果日本诚心实意有以解决“二战”历史认识问题为前提作为其真正成为“亚洲中的日本”的愿望，那么，日本与亚洲邻国的关系也会有一个新的起始。

日本是与我国隔海相望的一个邻国，而且是一个非常重要的邻国，这个邻国，我们对其怀有复杂的感情，而正因为是邻国，使得我们不得不去细心研究它。

一方面，20世纪30年代至40年代，日本军国主义曾经对我国发动了惨无人道的侵略战争，致使我国生灵涂炭、山河破碎；而另一方面，进入21世纪的十多年以来，日本右倾保守主义政治氛围渐趋浓厚，日本在政治、外交与安全保障领域的任何动向都牵动着包括中国在内的国际社会的敏感神经。之所以说，日本的动向都很敏感，那是因为，日本是一个至今对其在“二战”期间犯下的累累侵略罪行没有进行彻底反省的国家，一些政要时常发表一些否认“二战”侵略历史的言行，一些政要屡次去参拜供奉有“二战”甲级战犯牌位的靖国神社，而就在这种情况下，2012年年底重新上台后的安倍内阁，又接连在政治与外交领域做出了一系列敏感的动作：解禁集体自卫权，出台新安全保障法，执意修改“和平宪法”，肆意否认与篡改“二战”侵略历史，加强日美同盟关系，积极配合美国的“亚太再平衡战略”遏制中国发展，等等。安倍内阁的所作所为，其根本目的乃是使日本成为一个可以像美欧等西方国家那样的能够完全发挥政治与军事影响力的国家，从而彻底脱离“二战”战败国的地位，重新成为一个拥有巨大国际政治与军事影响力的“大国”。而近年来日本形势发展的实际动向，更加让人不得不加深对日本未来战略走向的思考，更加让人忧虑日本的动向将会让日本成为一个“什么样”的日本，更加让人关注日本未来到底将“走向何处”。

鉴于此，笔者近年来，应邀在人民网、环球网、中国网、新华网、《中国日报》《经济导报》等权威媒体上撰写与发表了大量有关日本形势发展的时评文章，可以说，这些时评文章是笔者近年来对日本形势发展追踪与思考的心得与结晶。

日本与东亚国际问题，长期以来都是一个热点频发的研究领域，从专业研究人员到一般知识阶层与普通民众，都对日本与东亚国际问题非常关注，相较于其他国际问题领域，日本与东亚国际问题这一领域，其关注的人群、可写的热点、时间的存续都更为宽泛、更为众多、更为长久，有时几乎不存在“时效性”问题，因为“日本”这个词汇本身就是一个热点词汇。

在本书能够付梓之际，特向对我的工作与生活给予关心与支持的中国社科院日本研究所的各位领导与前辈：李薇研究员、高洪研究员、杨伯江研究员、张季风研究员、吕耀东研究员、吴怀中研究员等致以衷心的谢意，同时对各位同事的关心表示诚挚的感谢。

求学多年，各位尊敬的师长给了我莫大的鼓励与帮助，在此谨向云南大学的肖宪教授、吉林大学的王彩波教授等恩师，致以学生衷心的感激之情。

多年以来，父母亲的无私养育与教诲，使我终生难忘，而就在我的书稿付梓之前，挚爱我的、一直关注着我学术成长的父亲不幸离开人世，在此，谨向父亲致以深深的无尽思念之情。同时向挚爱的母亲李美玲致以无尽的感恩之情。

多年以来，我的哥哥姐姐都对我的成长给予了无私的关爱，在此向我的胞兄亦是我的人生导师庞中英送上我心中的无数感恩，向我的胞兄庞中伟与庞中彦、我的胞姐庞中兰与庞月兰送上我美好的祝福之情。

我的妻子任淩云女士以及岳父母为我近年来的工作与生活付出了许多，在此谨向妻子与岳父母表示我无以言说的感恩之心，同时向我们的小宝宝乐阳致以最美好的祝愿。

最后，特别对知识产权出版社的领导同意出版本书深表谢意，并对本书的责任编辑李瑾女士细致周到的工作致以由衷的感谢。

庞中鹏

2016年8月12日于北京